河出文庫

『忘れられた日本人』の舞台を旅する

宮本常一の軌跡

木村哲也

河出書房新社

はじめに

宮本常一（一九〇七〜八一年）という人の足跡を追って、旅をつづけてきた。

この人の名をはじめて知ったのは、ほんの偶然だった。高校一年のとき、岩波書店のPR誌『図書』第四五四号（一九八七年五月）で、岩波文庫創刊六十周年記念アンケート「私の三冊」という特集があり、各界著名人の回答を発表していた。そこで司馬遼太郎が、宮本の『忘れられた日本人』を挙げ、次のように評していた。

「宮本さんは、地面と空気のように動きながら、歩いて、歩き去りました。日本の人と山河をこの人ほどたしかな目で見た人はすくないと思います」。

簡にして明。いま読んでみても、最も短く、最も優れた宮本評であると思う。

ぼくの両親は高知県の西の外れの幡多（はた）郡下川口村貝の川（現土佐清水市）という漁村と、橋上町（現宿毛（すくも）市）という山村の出身である。広い水田もなく鉄道すら通わない「陸の孤島」と呼ばれるこの土地で、ぼくも祖父母とともに幼少の一時期を過ごした。

東京で暮らすようになってからも、故郷への興味から、土佐を舞台にして書かれた歴史小説はできるだけ読んできた。司馬遼太郎『竜馬がゆく』、大岡昇平『天誅組』、安岡章太郎『流離譚』。これらの作品は、土佐の歴史や風土をじつに細かく描いていて、くりかえし読んだ。宮本の名も知らない高校生にとって、司馬遼太郎が敬服している宮本常一という人物は、いったいどんな人だろう、どんな文章を書く人なのだろう、と大いに興味をそそられたわけだ。

岩波文庫版『忘れられた日本人』を手にとったのは、大学入学を目前に控えた一九九〇年三月、土佐への帰省のおりだった。電車のなかで読み進めるうち「土佐源氏」という文章にいたって、ガツン！　とやられてしまった。それまで親しんできた歴史書や小説のどれとも違って、歴史上の英雄でなく、無名の庶民が語る一代記。宮本常一という人は、土佐どころか全国を桁外れな旅に歩いて聞き書きを積み重ねた人であることがわかって、体が震える思いだった。

その時、たまらず祖母から檮原（ゆすはら）への行き方を教えてもらい、東京への帰路、電車を途中下車し、過疎バスに乗り換え、ヒッチハイクをしながら、「土佐源氏」の舞台となった檮原という土地へ足を向けた。その時には檮原のどの橋の下がその文章の舞台となったのかはむろん特定できるわけもなく、何もできないまま、ただ揺れ動く気分を静めるために発作的にそんな行動をとってしまったのだと、いまにして思う。

大学に入ってから、とにかく宮本常一という人について知りたかった。どうやら民俗学者らしい、ということはわかっても、当時宮本常一の評伝は一冊も書かれていなかった。宮本について知るには、彼の著作を愚直に読むしか手はなかったのである。自分の通う大学の図書館が所蔵する宮本常一の著作は、ひととおり読んでみた。すべてを読むのに三年半かかった。読めば読むほど、彼の見聞の広さ、話題の豊富さに圧倒され、どうしてこの人物について誰も注目しないのか不思議だった。

そしてまた、宮本の文章には読み手を旅に煽る力が秘められていた。ひとり彼の著作を読んでいると、「歩いてみろ。旅はええぞ」という声が聞こえてくるのだった。図書館にある最後の一冊を読み終えて、よし、「今度は旅だ」と思い立った。誰も宮本を語らないのなら、彼を知るために彼が歩いた土地を自分も同じように歩いてみるしか方法はない。宮本の故郷である瀬戸内海の周防大島を皮切りに、『忘れられた日本人』の舞台となった土地々々をすべて歩く旅がはじまった。

ここにおさめたのは、その一連の旅の報告である。同じ土地を二度三度歩くよう心掛けたので、旅の日付の順に文章は並んでいない。その代わり、宮本が歩いた順にその土地を紹介するように構成し直した。宮本がそのときどきに関心を向けたテーマが、時期によってどのように異なり、変化していったのかを具体的にたどれるようにした。

さらにまた、これらの旅を通して、宮本が話を聞いた古老たちのご親族全員にお話をうかがうことができた。宮本が歩いた土地や人びとの暮らしのその後の変化についても、できるだけ書きとめるようにつとめた。

いわば本書は、宮本常一の軌跡であるとともに、忘れられた日本人のささやかな近現代史である。

『忘れられた日本人』の舞台を旅する

宮本常一の軌跡

◉

目次

＊宮本常一撮影写真＝周防大島文化交流センター所蔵

『忘れられた日本人』の舞台を旅する

宮本常一の軌跡

1　ふるさとの島より

「私の祖父」「世間師（一）」
山口県大島郡東和町長崎（現周防大島町）の旅

島へわたる

瀬戸内海に、本州と四国と九州を同時に見渡せる島がある――。そう聞いただけで、いてもたってもいられなくなった。

山口県周防大島――ここが宮本常一のふるさとである。

著作のなかで、周防大島にふれて書いた文章が飛び抜けて多いことから見ても、彼の民俗学の基盤に周防大島があったことは間違いない。ひととおり宮本の著作を読み通した区切りに、そんな宮本の故郷を歩いてみたい、そしてお墓参りをしたい、というのが今回の旅の目的だった。

一九九三年五月一日二三時四〇分、東京駅発大垣駅行東海道本線普通列車に乗りこ

んだ。現在この列車は廃止され、同じ経路を走る快速ムーンライトながらになっているが、当時はただの普通列車で、指定席券は必要なかった〔快速ムーンライトながらは二〇二一年一月廃止を決定〕。大垣からは、米原―姫路―岡山―広島と乗り継いで、周防大島に最寄りの山陽本線大畠(おおばたけ)駅に着いたのは翌五月二日の一六時一五分。じつに十七時間電車にゆられっぱなしの旅だった。大畠駅から周防大島には橋が架けられ、防長バスが本州と島を結んでいる。一六時五〇分発のバスに乗りこみ、周防長崎のバス停に着いたのは一七時三六分。

それにしても、寒い。姫路駅あたりで雨が降りはじめ、一日中降りつづいている。

宮本常一は自分の故郷についてじつに多くの文章を残しており、自伝『民俗学の旅』に「私の生まれたのは大字西方(にしがた)のうちの長崎で、家のすぐ前に下田(したた)八幡宮の大きな森があり、その下にあるので明治になって姓をゆるされたとき宮本としたのだといわれている」とあるものの、行ってみないことにはどんな土地なのか見当もつかない。

ただ、このとき持参した『私の日本地図9 周防大島』には地図の付録がついていて、はじめての旅行者にもその土地が歩きやすいようにできているところがいい。出版当時からの時間の変化も楽しめる。それを見て、長崎というのが島のちょうど中央部の北岸にあることだけはわかっていた。その近くに神社があるらしい。それをまず探そう。

ぼくの旅は、とにかく旅費を安くあげるために、次の三つを鉄則にしてきた。①移動手段としては普通列車にしか乗らない。②食事はなるべく質素に。③宿代を浮かすために寝袋で野宿。

大学三年の夏からこれを実行してすでに一年がたっていたから、野宿の旅もすっかり板についていた。野宿といっても重くてテントなど持ち歩けないので、いつもバス停の待合室や公園の屋根付きベンチ、そして神社で寝るのが定番になっていた。雨をしのげるところを探す。これだけは日が暮れる前にやっておかねばならない。その点、この時にははじめから神社があることがわかっている。気はずいぶん楽だ。

バス停を降りると、果たして神社はあった。下田八幡。予想していたよりずいぶん大きなお宮で、鳥居をくぐって本殿にたどり着くまで予想以上に石段を上らなければならなかった。そこへとりあえず寝袋とリュックを置いて、こんどは夜食の調達。バス停の近くに日用雑貨食品店があって、唐揚弁当とバナナを買う。いちおうそこで、おそるおそるたずねてみた。

「宮本常一さんという人のお墓参りにきた者ですが、宮本さんのお宅はまだ残っているのでしょうか」。

現在も生家が残っているという保証は何もない。せめてお墓の所在だけでも確かめたかった。ところがお店の人は、

「この店の裏が宮本さんのお宅ですよ。息子さんご夫婦が住んでます。ごあいさつされたら」、とあっけない答え。

おどろいた。こちらはまだやっと目的地にたどりついたばかりで心を落ち着けていない。雨足も強くなって気ばかりはやる。そんな興奮状態のまま、教えられたとおり、宮本家の玄関をくぐった。すると中から眼鏡をかけた小柄なおばあちゃんが出てきて、しどろもどろで来意を告げるぼくに、

「あら、わざわざ東京からお墓参りに。私が宮本の妻です。さあどうぞお入り下さい」とよどみなく言った。

妻——？　一瞬その言葉をはかりかねた。いったいどなたの？　失礼な質問に再びその人は、

「宮本常一の妻です」。

——息をのんだ。たいへん失礼な話だが、宮本常一の生家が残っているのかどうかさえ知らなかったのだから、宮本常一夫人がご健在だとは想像の範囲を超えていた。

「今晩はどちらへお泊まり？」

神社に寝袋で野宿だと正直に打ち明けると、

「あら、雨で寒いでしょう。今晩はここへ泊まっていらっしゃい。うちは全然かまわないのよ」。

あまりに意外な展開に、どうしようかと迷ったが、思いきってお言葉に甘えることにした。

「神社に置いてきた荷物をとってきます！」

宮本家の人びと

その人が、宮本常一夫人のアサ子さん（一九一二年生まれ）、八十歳になる。東京都府中市の家には長男千晴さん（一九三七年生まれ）が、大阪府堺市の家には長女恵子さん（一九四三年生まれ）が住み、現在この周防大島の家には三男ＨＫさん（一九五二年生まれ）の家族が暮らしているという（一九四六年に次男の三千夫さんが生まれたが、夭折）。現在の家は一九七三年に改築された。

まず差し出されたのは芳名録で、宮本の死後、この家を訪れた人の署名がある。多くの民俗学者の他に、永六輔、水上勉、金田一春彦、高田宏、といった意外な人の名もあった。

アサ子さんは、「宮本の遺品は東京の家に運んでしまってほとんどないの」と言いながら、宮本常一の著作がズラリ並んだ本棚を指さした。読んだことのない本もいくつかあって、感激。いちいち声を挙げながら、手にとった。

お茶をいただきながら、三人のお孫さん、ＨＪくん（中二）、Ｔくん（小六）、Ａくん（小三）を紹介される。HJくんは中学に入るとテニス部に入り、外で遊ぶことは少なくなったが、夏には友達とセミやクワガタをとりにいく。Tくんは、料理が得意で、よくお母さんの手伝いをするという。工作も好きで、自分で作ったという操り人形を見せてくれた。Aくんは人見知りをするということがまったくなく、ひょうきんなことを言っては周囲を笑わせている。

ほどなく黒縁のメガネをかけたHKさんが現れ、長身をペコッと曲げて、「いらっしゃい」と笑った。とてもいい笑顔だった。いっしょにお連れ合いのN子さんも帰宅した。宮本家は、この六人家族である。

「せっかく来てくれたけど、明日はゴールデンウィークで休日なもんでね。子ども三人も連れて、岩国に焼きイモの露店を開きに出かけるんじゃあ。何のおかまいもできませんけど、ゆっくりしていってください」とHKさん。

恐縮するのはこちらだった。

「何にも用意がなくてごめんなさいね。今晩はカレーライスで、すぐにできますからもう少し待ってね」とN子さん。

HKさんはこの島で生まれ、幼少までを過ごしたのちに家族と上京し、東京の大学に進学した。そこでN子さんと知り合い結婚し、この島にもどったという。

「親父の代から農業はまったくしていなかったんじゃあ。母が少し手をつけていたけど。この島はサツマイモと麦→桑→ミカンと作物が変わった歴史があってね。今はミカンとサツマイモと大根を作ってる。親父のじいさんの代までは土地を持っていたけど、火事で家を焼いて、その時に土地を売ってしまって、以後小作に没落してしまったんだね。地主には不在地主と在地主とあって、不在地主は本州にいて、島のことなんて考えずに、外部資本に土地を売ってしまう。在地主は島のことを考えて、土地が荒れるよりは作物を作ってくれる人のためにタダ同然で土地を貸してくれる。地代なんて、収穫物を少し収めるだけでいいっていってね」。

ここへ来たいきさつを告げると、

「へえ、高知県の出身。ここで作るイモの苗は高知県の南国市まで車で仕入れに行ったんだよ」。

そういって、地図帳を本棚からひっぱりだして広げた。この島の東の先にある伊保田という港から出ているフェリーで愛媛県の松山まで出て、それから山を越えて高知県まで走ったのだそうだ。

「それにしても、親父の本をぜんぶ読んだなんてすごいね。ぼくですら親父の本なんてぜんぶは読んでないのに。どこがそんなに面白かったの？」

ひとことで答えるにはむつかしい質問だった。ぜんぶ読んだといっても、面白くておもしろくて、次からつぎという感じでちっともしんどくはなかったし、旅は楽しいぞ、旅をしろと煽られる感じ。それに旅先で出会う人びとへの視線があたたかいのがいい。そんなことを答えた。それから自分も寝袋しょって野宿の旅をしているのだ、と言うと、

「旅先で嫌がられたりしたことはない？」

と、これまた直截的な質問。ＨＫさんは、そういう人だ。ニコニコ笑いながらも、時々びっくりするようなことをストレートな言葉でぶつけてくる。

はっきり言って、それまで人に迷惑をかけたと思う旅はしたことがなかったので、正直にそう答えたのだけれど、本当は自分が気づかないだけで、旅先で地元の人に不愉快な思いをさせたことがあったのだろうか、この先あるのだろうか。それともそんなことを考えなくてすむほど、表面的な旅しかしてこなかったのだろうか、この先面白いと思う旅をすればするほど、だれかに迷惑をかけるということがあるのだろうか。後になってそんなことをあれこれ考えさせられるのだった。この言葉は今も忘れられずに胸にある。

そんな話をしているうちに、カレーライスができあがった。ヒジキ、大根の漬物、ミカンがついた。ヒジキは島でとれたものをアクが強いのをけずって食べられるようにしたもの。大根は家の畑でとれたのを切らずに丸干し。二カ月かかるという。切るとあっというまに乾くが、丸のまま水を抜くのは大変。それをハリハリ漬けという漬

物にしている。ミカンも家の畑でとれたもの。ネーブル〔トロビタオレンジ〕と温州ミカンをかけたキヨミという品種。どれも手作りの島の味。おいしくいただく。

N子さんの実家は東京の郊外で、武蔵野美術大学で宮本常一の教え子だったという。ぼくが中央線武蔵境駅の近くの都立高校に通っていたというと、「私は――」と言ってすぐ近くの都立高校の名を挙げた。

「吉祥寺も今は若者の街になってるけど、当時の駅は木の階段だったのよ」などと話がはずむ。

食事のあいだにお風呂が焚けた。いまどき珍しく、薪で焚くお風呂だった。高知県土佐清水市にある父の実家の五衛門風呂で慣れているから、弥次喜多のような失敗はしない。お風呂からあがると、野宿のつもりで寝間着も用意していなかったので、それも貸していただく始末。夜は宮本常一さんの仏壇に頭を向けて寝かせていただく。ニコッと笑った遺影が掲げられている。

何からなにまでめまぐるしく、まだ今日の出来事が信じられなかった。それでも体の奥からうれしい気持ちがこみあげてきて、ぐっすりと眠れた。

民話の世界

翌五月三日は朝七時半に起きた。昨日の雨はウソのように上がり、文字どおりの五月晴れとなった。家族みんなは岩国の縁日で焼きイモを売りに朝早く出かけ、すでにいなかった。アサ子さんだけはお留守番で、一日相手をしてくださるという。

朝食をすませて家のまわりをぶらぶら歩く。昨日の雨でずぶ濡れになったスニーカーにだれかが新聞紙を詰めてくれていて、はき心地は最高。あとになってHJくんの心遣いだとわかった。

持参した『私の日本地図』のなかの写真では、宮本家の周囲の石垣のすぐ下が海になっていて、その海岸の埋め立てがまさに始まろうとしている様子がとらえられている。その石垣は今もそのまま残っているが、埋め立てが進んで海岸線はずいぶん遠のいていた。家のすぐ近くの海に浮かぶ真宮島（しんぐうじま）は、宮本の少年時代には潮が引くと道ができたという。『私の日本地図』の写真では竹の橋がかけられているが、現在はコンクリートの橋になっている。そうした時代の変化を歩きながら確かめるのは楽しい。

宮本の代表作『忘れられた日本人』は、一九五八年十月に未來社から創刊された『民話』という雑誌に隔号で連載された「年よりたち」という文章を中心にまとめられ、一九六〇年に未來社から単行本になった。そのさい、連載時の順番は変えられ、文章も若干修正されているが、『民話』第三号（一九五八年十二月）に「年よりたち」第一回の連載を開始したとき、まずはじめに取りあげたのが、単行本でずっと後ろにまわされている「私の祖父」という文章だったのだ。宮本が特別な思いを祖父に込めてこの連載をはじめたことがわかる。

祖父宮本市五郎は一八四六年にこの島に農家の次男として生まれ、一九二七年にこの島で八十一歳で亡くなった。この島ではみな大工になる気風があり、市五郎もはじめは大工になろうと思ったが、師匠に金槌で頭をたたかれたため、そういう苦労をしてまで大工をしたくないと家に帰って農業をはじめたという。

「市五郎さんて、常さん（アサ子さんはそう呼ぶ）にいちばん似てるところがあったと思うの。泣きみそで、立場の弱い人にやさしくてね。その点、お父さんの善十郎さんは厳格な人で、ちょっと違ったタイプだったんじゃないかしら」。

宮本は、八、九歳になるまでこの祖父に抱かれて寝て、いくつもの昔話や民謡を聞かされて育っている。

市五郎は、いつも朝四時には起きて、この地方の食文化である茶粥を自炊して食べ、仕事をはじめた。田植、草刈、草取り、臼ひきなどの労働歌をはじめ、盆踊歌やハンヤ節、ションガエ節のようなものも歌った。

宮本が草取りを手伝うと、ツバナ、スイバ、イタドリ、イチゴ、野葡萄、グミといった田畑のあぜに野生しているごほうびをくれた。

お宮の拝殿の床下に黒い子犬が一匹ないていると、かわいそうだといって家に抱いて帰って餌をやってなづけた。ところが近所の子どもがいじめて困る。仕方なく祖父は村境の山まで捨てに行ったりもした。

山奥の井戸にカメがいるのを宮本は家にもって帰ったが、だんだん亀の気持ちがわかってきて、かわいそうになって泣いた。祖父は「カメにはカメの世間があるのだから、やっぱりここにおくのがよかろう」といって井戸に返しに行ってくれた。

ある日、日が暮れかけて谷をへだてて向こうの畑にキラキラ光るものがある。なんだろうかと祖父に聞くと、「マメダが提灯をとぼしているのだ」。マメダ（マメダヌキ）は愛嬌のあるもので、悪いいたずらはしないし、人間が山でさびしがっていると出てきて友だちになってくれるものだと教えてくれた。

宮本がチンコを腫らしたとき、「ミミズに小便をしたな。野っ原でするときにはかならず『よってござれ』と言ってするものぞ」と教えられた。小学校をでるまでは、立小便をするとき、ついこの言葉が口からでるようになった。

溝の穴からよくカニが出た。それをヨモギの葉を糸にくくって吊るのが子どもの楽しい遊びだった。「カニをいじめるなよ。夜、耳をはさみに来るぞ」とよく言われた。カニのはさみをもぎとると、「ハサミはカニの手じゃけえ、手がないと物が食えん、ハサミはもぐなよ」と戒めた。「カニと遊んだら、またもとへもどしてやれよ、遊んでくれんようになるけえのう」と、カニを友だちとしてあつかうようにしつけた。

こんな話が次からつぎへと語られてゆく。「その生涯がそのまま民話といっていいような人であった」という言葉でしめくくられるのが「私の祖父」という文章だ。具体的な生活の中に、どのように民話が息づいていたのかをいきいきと伝えている。ぼくも高知県の海や山や川で、祖父に自然とつきあう術を教えられただれにもゆずれない体験をもっているので、それが思い出されて胸にくる。祖父母と孫というのは、人の生い立ちにとって、両親と子とはまた違った関係をもっている。

民話について宮本の残した文章は決して多くはないが、そんななかでもキラリと光る一篇が、書評として書かれた「民話の会編『民話の発見』」である。民話の会といえば、『忘れられた日本人』のもとの文章が連載された雑誌『民話』の母体となった会で、宮本ものちにそのメンバーに名を連ねたが、この書評はまだそれ以前のことで、会員に対してずいぶん手厳しい。『民話の発見』は、「大衆に呼びかける目的」をもって刊行されたという。しかし、この本を読んでの宮本の感想は、次のようなものであった（引用は著作集。初出と比べ、それでもずいぶん穏やかに修正されている）。

「この書物を書いた人々は昔話を耳で聞き（一つや二つではなくて、一連の語りとして）、そういう話に深い感銘をうけた人はあまりいないようである。つまり本当の昔話を知っておられる人もいないし、また本当の農民生活とか農民の意識にふれた方もいないようである。／私は民話の発見は同時に農民の発見でなければならないと思っている。しかしこの書物ではまだ農民を外側からながめて、それぞれの立場からものを言っていると言っていい」。

知識人と農民の意識の乖離に、批判の矢を放っているのである。宮本は民話を自らの主義主張の道具として使う知識人に対して怒りを込めて言う。「戦後はまた、封建的という言葉のもとに知識人との間の感覚のずれたものは知識人から憎悪をもって否定されようとしている」。知識人によれば、「農民は権力者から圧迫され搾取され」る存在と決まっており、農民が生み出した無数の民話の中から、「悲惨なはなしや抵抗したはなし」ばかりが好んで取り上げられる。「しかし、私の接した多くの農民は、決して保守的ではなかった」という自らの見聞を盾に、「農民は本来素朴で健康なものだ」という主張がなされる。最後には、「民話が民話の発見に終わらずして、農民の発見にすすみ」、「そして、それは単に農民の発見に終わらずして、農民をめぐる人々が執拗にうえつけた農民の卑屈感・劣等感をぬぐいさるものであっていただきたい」という提言につながってゆく。

この書評を書いた二年半後に、宮本は同じ民話の会の仲間たちと作る雑誌『民話』に、「私の祖父」を書き、『忘れられた日本人』につながる一連の文章を書き継いだ。思い返せば、この書評は後の連載の宣言文のようなものであり、ここに書かれたひとつひとつの言葉を、自らの連載を通して実践して見せたと言ってよさそうである。

出稼ぎと移民の島

市五郎が島にいつづけた人だとすれば、島を出た人の典型が、『忘れられた日本人』の「世間師（二）」に登場する増田伊太郎であろう。

この文章のなかには明記されていないが、伊太郎は宮本の母方の祖父、つまり外祖父にあたる。しかも宮本家とは隣りどうしだったため、宮本は幼少時代、四人の祖父母に毎日接することができた。対照的な二人の祖父に育てられるという環境は、宮本の成長に決定的な影響を与えたものと思われる。

「日本の村々をあるいて見ると、意外なほどその若い時代に、奔放な旅をした経験をもった者が多い。村人たちはあれは世間師だといっている」、という一文で始まるこの文章は、一九五九年十二月、『民話』第十五号に、「年よりたち」連載第七回として発表された。

周防大島は江戸時代末期から段々畑の開墾が進み、サツマイモの生産量が上がるにつれて人びとの生活が安定すると、人口がぐんぐん増えた。耕地の狭いこの島では農家の次男三男に分け与える土地が無く、そのため仕事をもとめて島外へ出稼ぎをする風を生んだのだという。大工、木挽、石工、水夫、浜子などが多かった。

宮本は「島のくらしと出稼ぎ――周防大島の場合」という文章の中で、明治期に入ると海外移民も増え、一八八四年の第一回官約移民には渡航者九四四人のうち周防大島から一五六人が参加したと書いている。以降、その後この島からの移民は、ハワイ、アメリカ、西インド諸島ガードループ島、フィジー島、クインスランド、フィリピン、ペルー、メキシコ、ブラジル、朝鮮、中国と世界中におよんだ。

増田伊太郎も、若いころ幕府を相手に長州戦争を戦い、戦争が終わって明治の世の中になると、木挽、大工になって伊予から土佐へ出稼ぎに行くようになる。彼らは他国で「長州大工」と呼ばれた。西南戦争が起こり熊本の町が丸焼けになったと知ると、町の復興のために九州へ。濃尾地震が起これば美濃地方へ。日清戦争で台湾が領土になれば台湾へ。さらに朝鮮へ。仲間たちとよい仕事を求めては、どこへでも出かけていった。しかし日露戦争で長男が戦死したのがガックリこたえ、周防大島に帰ってきて一日中きざみ煙草をキセルで吸って余生を過ごしたという。

じつは宮本は、民俗学に興味をもち雑誌に文章を書きはじめたごく初期のころから、この外祖父の放浪性にとんだ人生に幾度も言及している(いずれも引用は著作集)。

一九三二年に書かれた「村の移転と話の運搬」では、この島から土佐へ出稼ぎに出た大工は、「一〇〇戸に足らぬ長崎から多い時は四十人近くも出ていた」といい、彼らが村に持ち帰って話される昔話は「軍談」と言われたという。「土地に居つきの老人も私の祖父ともう一人あったがこれも死んだ。こうしたことに興味を持ってみると、何故もっと早く気がつかなかったかと腹立たしさを感じる」。

一九三五年に書かれた「渡り者の事など」という文章は、「日本民俗学は農村方面にはすでにはなはだ採集の歩を進めて来つつ、職人社会の方は、も一つゆるがせにせられているようである」という新たに興った民俗学という学問への野心的な一文ではじまるが、様々な島の職人の事例が語られる冒頭にも、この外祖父が真っ先に取りあげられている。

一九四三年に出版された『家郷の訓』でも「年寄と孫」の項で、祖父が素朴な昔話をしてくれたのに対して、この外祖父は講談が好きで、歴史上の人物の物語から人生に役立つ教訓をさかんに語ってくれたと述べている。本を読んで知ったのではなく、旅先で聞いてきたものばかりだった。このなかで、すでに外祖父を指して「世間師」という言葉が使われており、ぼくの知るかぎり、宮本が「世間師」という言葉を使った最初の例である。

アサ子さんにこの増田伊太郎さんのことをたずねると、

「本名は升田仁太郎っていうのよ。なんで名前を変えたんかしらね」。

と不思議そうだった。理由はわからない。

現在ご遺族はすべて島の外に出て、一人も残っていないという。お墓は宮本と同じこの島の神宮寺にあり、お盆や法要の時にはお墓参りに訪れる。現在その家には四国の松山から移り住んだ人たちがお茶屋さんをひらいている。この島は人情が厚くて住みよい、というので住みついたという。この島の者はよそ者でも他人あつかいしない気風がある。これも人の移動が多いということの島の歴史に由来している。

後日、お盆に仁太郎さんのお孫さんにあたる方がお墓参りに帰省されたおり、仁太郎さんのことを尋ねてくださったというアサ子さんからのお便りがとどいた。

「さて、昨二〇日、升田吉重という亡夫の従弟が大宮から自家用車で神宮寺へ墓参りにまいりました。（中略）私はお寺で二〇分許り雑談中、仁太郎爺さんのことを尋ねてみました。（中略）昭和十一年に仁太郎妻カネが亡くなり、私も葬儀に列して写真があり、升田家と宮本家の総勢十六名が並び、欄外に亡くなった仁太郎、カネ、その外、外地に居た常一の弟市太郎の写真が入れてあります。仁太郎さんは長い顔です。吉重『仁太郎祖父さんは鴨居にとどく位背の高い人だった』。吉重さんも現在七〇才位なので当時は幼く記憶している事少ないようで、私が貴方のことをざっと話して、逢ってあげてほしいと頼みましたが『いやいや何も覚えていないから』と断りました」（一九九五年八月二十一日）。

律義なアサ子さんは、さらに神戸市灘区に住む別のお孫さんにあたる升田雅晴さんを紹介してくださり、直々にお便りをいただくことができた。阪神淡路大震災で大きな被害を出した年のことであり、ご病気の奥様の看病をするという事情を抱えながら、以下のような懇切きわまる文面のお便りがとどけられた。

「早速ですがお申し越しの御質問にお答えします。
・増田伊太郎こと升田仁太郎についての思いでは私には全然ありません。
・伊太郎こと仁太郎は嘉永六年（一八五三年）癸丑五月二日の生れで昭和五年（一九三〇年）十月十二日に78才で亡くなりました（浄心院清誉明鏡居士）。
・墓のあるところは周防大島の東和町西方にある大歳山神宮寺の境内の墓地にあります（宮本宅の南方四〇〇米）。
・宮本常一氏が升田仁太郎を増田伊太郎として「世間師（一）」で紹介した理由は常一氏に聞かねばわかりませんが、恐らく何の事情もないと思います。母方の祖父のことですから血族として単に本名を避けたものと思います。
・参考までに明治四十年（一九〇七年）升田家の写真のコピーを添えておきます。この写真はたまたま宮本常一氏の赤坊の姿がありますが、恐らく宮本宅にもないと思います。
・仁太郎の長男は日露戦争で満州（今の中国）で戦死、次男はハワイで死亡、三男の仁助は第二次世界大戦でマーシャル諸島のヤルート島で自決しました。四男は東京に出た関係で全員が昭和の初めには周防大島を離れたわけで、仁太郎の妻カネの死後は長女のマチが宮本と一緒に升田の墓も守り、その遺志をついで宮本アサ子夫人が墓のお守りをして下さっており感謝しております。尚、昨年も仁助の五十回忌で兄弟姉妹が帰郷しました。
以上が質問に対する返事ですが御賢察下さい」（一九九五年九月十七日）。

文中にあるように、この手紙には貴重な写真が添えられている。一九〇七年といえば宮本が生まれた年で、まだ零歳。口におしゃぶりをくわえ、母のマチに抱かれている。かわいい。伊太郎こと仁太郎は立ち姿で、確かに背が高く、顔が長い。眉間にシワを寄せて、頑固そうな風貌だ。これが維新の戦闘をくぐりぬけて、果ては日本国内、海外を奔放に飛びまわった男の顔なのだな、としみじみ思う。

いま、『忘れられた日本人』の舞台となった土地をすべて歩いたあとで思うことだが、この本に登場する人物のご遺族が、その土地に一人も残っていないというのはほかに例がなく、しかもよりによってそれが島を出て奔放に生きた増田伊太郎こと升田仁太郎であるところが、じつにふさわしく感じられて愉快だった。

御一新のあとさき

「私の祖父」の宮本市五郎にしても「世間師（一）」の増田伊太郎にしても、明治維新の体験者であった。祖父市五郎は百姓であるにもかかわらずこのとき幕府軍との戦いにそなえて剣道にいそしみ、祖母カネまでもが若いころは島の女たちと薙刀（なぎなた）の稽古をしていたという。

一般庶民が明治維新をどのように生きたか、これは宮本がごく初期にとりくんだテーマのひとつであり、聞き書きの対象は他の地方の体験者にも広がり、くりかえし発表されている。

『忘れられた日本人』に限っても、「世間師（二）」河内滝畑の左近熊太（くまた）翁、対馬浅藻（あざも）の「梶田富五郎翁」という古老の聞き書きが収録されている。この他、「御一新のあとさき」（『村里をゆく』所収）では、周防大島の矢田部宗吉翁からの奇兵隊の聞き書きと、河内の金剛山の麓に住む横屋垣外（がいと）という老人からの天誅組の聞き書きをまとめているし、同じく「御一新のあとさき」（『日本発見』連載）と題して、周防大島を舞台に史話風の作品を書いたりしている。いずれも「明治維新」という後世の歴史家がつけた術語ではなく、「御一新」という当時の庶民が実際に口にした言葉をそのまま用いているところが宮本らしくていい。「海ゆかば」では、大阪府泉南郡南海町波有（ぼう）

手〔現阪南市〕と、淡路島仮屋の老漁師の話を紹介している。どれも当時の人びとの息づかいまでもがリアルに伝わってくる聞き書き群だ。

そんななかで宮本がもっとも早い時期にあたる一九三三年に発表した文章に、「俚談防長征伐」がある（引用は著作集）。

「記録された征長記事というものは、ほとんど当時の知識階級によってなされたものである。しかしあの戦も農民から見ると、それが単に幕府との戦としての意義を見いだすばかりでなく、農民が武士を圧してゆく快い戦でもあったようだ。／私の祖父などは死ぬる前まで、あの当時の話をしていた。その祖父も、外祖父も死んだ。聞いた私でさえが、もうボツボツ記憶のおぼろになったところがある。まったく失念してしまわないうちに記録して、人々のお目にかけることも無駄ではないように思う。俚談であるから考証ではない。祖父や外祖父が見聞きした話なので、誇張もあれば、まちがいがあるかもしれぬ。しかし、そのためにこの価値は傷つけられるものではないと思う」。

記録された文献資料のみに頼って歴史を復元する歴史学を向こうにまわして、柳田国男が口承資料による常民の歴史の復権を目指して民俗学を打ち立てた初発の心意気が、当時まだ民俗学に目覚めたばかりの小学校教員であった宮本にも共有されていることが見てとれる、みずみずしい文章だ。

幕府軍を敵にして戦った長州軍のなかでは、武士にかぎって敵のいないようなところへ、いないようなところへと逃げまわった。気概のあるのは武士ではなくて百姓たちだった。祖父も外祖父もこの戦に参加し、長州軍の勝利に島民はわきかえった。祖父市五郎二十三歳、外祖父伊太郎十四歳の時だった。

「外祖父はよくいっていた。侍なんていうものは屁にもならん、あれは家柄と金がものをいわせるんだ、と。この戦争に出て以来、侍は少しも恐ろしくなくなったと祖父はいつも語った」。

幕藩体制の根幹をなした身分制が、庶民の意識のなかで崩壊してゆく様子が、手にとるように伝わってくるセリフではないか。

こうして明治維新の体験者からの聞き書きを集めようと思い立ったのは、長いこと宮本の独創とばかり思っていた。しかしのちに尾崎秀樹の文章によって、思わぬ事実を知らされた。

一九二八年というのは戊辰六十年にあたっていて、幕末維新に関する回顧談や史話などがあいついで刊行されたというのである。大正という時代が終わって昭和という年代に入り、幕末明治を回顧しようとする風潮が強まったということもあった。

横瀬夜雨編『明治初年の世相』（一九二七年）、同『太政官時代』（一九二九年）、同好史談会編『漫談明治初年』（一九二七年）、文明協会編『明治戊辰』（一九二八年）、

東京日日新聞社会部編『戊辰物語』（一九二八年）、尾佐竹猛『明治秘史疑獄難獄』（一九二九年）、河野桐谷編『江戸は過ぎる』（一九二九年）、篠原鉱造『増補版　幕末百話』（一九二九年）などを、尾崎は挙げている。

こうした風潮を宮本がどれほど自覚的に受け止めていたかは、本人の言及がいっさいないのでわからない。これらの本を実際に読んでいたという記述もないから、直接の影響関係を断定することもできない。

ただ、一九二八年というのは『旅と伝説』が創刊された年で、宮本は八月号から連載された柳田の「木思石語」に強くひかれ、次第に民間伝承の研究にはいっていったことが年譜からはっきりしている。時期はちょうど重なるわけで、古老に昔の話を聞いてまわるのに、明治維新回顧の風潮がつよくはたらいた可能性は否定できないのである。

尾崎が挙げた一連の本にすべて目をとおしたわけではないが、ひとつだけ読んだ篠原鉱造『増補版　幕末百話』は、すべて江戸町人という都市生活者からの聞き書きであり、宮本が聞き書きをした農山漁村の維新体験者の話とはおのずと性質を異にしている。そこに宮本の集めた聞き書きの特色があると、いまになって評価できるだろう。

やがて、明治維新から一〇〇年後にあたる一九六八年に向けて、国家を挙げておこなわれつつあった「明治百年」の顕彰運動に対して、庶民の視点で「日本の百年」を叙述しようと企てた鶴見俊輔は、宮本の作品を指して「幕末の空気をほうふつとさせる」「すぐれた聞き書」と評した（『日本の百年10　御一新の嵐』解説）。

先に挙げた「御一新のあとさき」が収められている『村里をゆく』に戦後に付された「追記」には、「こうした聞き書きがとれたのは終戦までのことで、終戦後は維新を知っている人はほとんどなくなった。それほど遠いものになったのである」と記されている。宮本が、維新の体験を語って聞かせる両祖父をもったこと、そんな彼らに心からの共感を寄せたこと、粘り強くその問題意識を持続して聞き書きを積み重ねて後世に残してくれたことを喜びたい。

その日の朝、アサ子さんに連れられて、念願の宮本常一の墓前に参ることができた。家から東に歩いてすぐの小さな丘の上に神宮寺はある。その年の一月三十日の命日はちょうど十三回忌で、内外からたくさんの関係者がおとずれたとか。その墓は、つつましい五輪塔で、見栄を嫌った宮本にふさわしく思えた。

帰りがけに訪ねたのは杉山友一さん。アサ子さんはその日、方々へ連絡をとって、宮本を知る人たちに引き会わせる段取りをととのえてくださっていたのだった。友一さんは宮本とは従兄弟の関係になる。八十三歳になり、目や耳はご不自由だが、若いころから耕してきた畑の道順は覚えていて、毎日鍬をもって仕事に出かけるという。

「宮本先生は（杉山さんはこう呼ぶ）、農道を作ってくださって、私たち百姓はずいぶん助けられた。でも、それを偉そうに誇るということはなかった。名前が残ることを嫌ったんで、今もただ、農道が残っただけです」。

杉山さんは、そのことをくりかえされた。この農道は、戦後になって、離島振興に尽力した宮本の遺産であろう。本当に役に立つ農道なら、作った人の固有名詞など消え果てて、ただ道そのものだけが、後世に残される。杉山さんが話してくださらなければ、ぼくも宮本が作ったとは知らずに歩いていた道だ。

杉山友一さんのお宅を辞去したあと、自転車をお借りし、晩年宮本の尽力で架けられたという橋を通って沖家室(おきかむろ)島に渡った。アサ子さんから宮本を知る方々を紹介されていたのだが、この時の模様はあらためて終章で紹介することにしよう。

旅を誘う白木山

翌五月四日、快晴。ゴールデンウィーク真っ最中とあって、三人の子どもたちはHKさんに連れられ、山口市方面へキャンプへ行くというのでお見送りする。本当はN子さんも行くはずだったのだが、昨日の焼きイモ売りで腰を痛めてしまったため、家でおとなしくしているのだという。

ぼくは宮本家でまた自転車を借りて、いよいよ白木山に登る。標高三七四・三メートル。途中、白木神社で湧き水を飲む。ここにおいしい湧き水があるとＨＪくんから教えてもらっていた。旱魃のときに祈願したら水が湧いたので島民たちがお宮をたてたのが神社のおこりだという。上り坂を一時間半ほど自転車でこいで、頂上についた。

空は五月晴れ。見えるみえる。

北の対岸に本州。宮本の文章によれば、昔は岩国駅を出た機関車が煙を吐いて近づいてくるのがハッキリ見えたという。南の対岸には四国。土佐へ渡った長州大工たちが、さびしい山中を歩いてふと振り返ると、ふるさとのこの島が見えて、また歩く元気をとりもどしたという話を宮本は伝えている。西を望めば九州が見えるはずなのだが、山影が多すぎて、どれが九州なのか判然としなかった。「まだ空気が澄みきっていたころには阿蘇の煙まで見えたと親父は言いよったもんじゃが」とＨＫさんからうかがっていた。国東半島なら今も十分見えるとのことだが……。

でも、いいのだ。これだけで十分。宮本の魂を養った情景の一端はうかがうことができた。子どものころからこの山に登っていれば、やがて大きくなったとき、海のむこうに暮らす人びとに想像をめぐらせ、旅をしてみたくなろうというものだ。果たして宮本は、日本列島を歩きにあるいた。

この山からのながめについて宮本が書いた文章はいくつもあるが、ここでは『中国風土記』から引いてみる（引用は著作集）。

「家の南には白木山という四〇〇メートルたらずの山がそびえていて、その上にあがると南には四国、西には九州の山々ものぞまれた。見はらしがきくということは人びとに遠い世界へいろいろの思いをはせさせるものであった。

私は百姓の子で、小さいときから田畑ではたらいた。冬になると白木山へ父や母とたきぎをとりにいった。そこへ仕事にゆくのはたのしかった。たくさんの島が見えるからである。昼べんとうをたべるときなど、父からその島の一つ一つの名をきき、またその島の様子を話してもらった。父はその知識をどこから得たものか、学校へ行ったこともないのに実によく知っていた。

島にはみんな名があった。名のない島というものはなかった。そしてそれぞれ何か話題になるものをもっているのである。

そういう話をきいていると、自分も一つ一つの島へわたって見たいと思った。また中国や、四国や九州の山々を見つめていると、その山の向こうに何があるだろう、どんな世界があるだろうと山の彼方の世界に心をひかれた」。

ここに明らかなように、宮本に旅を教えたのは、父・善十郎（一八七三〜一九三二年）だった。父に連れられて旅したことはなかったが、父はよく一人旅をした。早めに仕事を終えて家に帰ってきては「ちょっと出てくるから」といって行き先も言わずに島を出て、方々を歩いたという。

祖父・市五郎と対象的に、厳格な人だったようだ。それもそのはずで、宮本の祖父の代に、親類が赤痢の発生源となって村びとに多くの罹患者を出し、また火事の火元となって周辺の家を焼くという不幸が重なり、代々耕していた土地を手放さなければならなくなり、極貧のどん底から這いあがるような苦労を一身に背負ったのが、この父だったのだ。

若いとき、フィジー島の甘蔗（サトウキビ）栽培の人夫を募集していることを知って参加。ところが二五〇人が出発したが伝染病にかかり、生還したのは一五〇人（一〇五人とも）だった。以来、その時の苦労を思えば何でもない、と自分の信念を貫く力強い生き方をした。隣りの家の娘を妻にもらうとき、出刃包丁を持っていって娘をくれねば殺すといって畳に包丁をつきたて親に迫るような一徹な人だった。しばしば妻を怒鳴りあげて叱るのを、少年宮本は胸を痛めて聞いている。

宮本が父について書いた早い時期の文章に、『家郷の訓』の「よき村人」がある。そこで善十郎は、村の風をよく理解してこれに従いながら、村に新しい風を送り込むのに功のあった人だったと紹介されている。村に養蚕を普及させ、養蚕界の不況がくると、やがてミカンを村へ植え広めた。しかも、別に功績らしくも見せかけずに、知らぬまに広めていった。

戦後になって農業技術を伝えて歩いた宮本は、講演をたのまれたときのテキストとして「篤農家の経営」を書いており、その冒頭に「ある農民の生涯」として、父・善十郎を真っ先に取りあげている。そこでも不況を乗り越えるための血のにじむような努力がつづられている。宮本が終戦前後、食糧対策のための農業技術指導というテーマにとりくむのに、この父の生き方があるべき理想像として思い起こされたことがわかる。

一九二三年、宮本が十六歳のとき島を離れて大阪に出るにあたって、父が伝えた十箇条の心得はあまりにも有名だ（『家郷の訓』の「父親の躾」の項では五箇条となっている。自伝『民俗学の旅』で十箇条になった）。ここには、のちの宮本の民俗学の方法論となる核が、すでに示されている。とくに（2）の項など、白木山から四方の景色をながめた経験がもとになってもいよう。

（1）、汽車へ乗ったら窓から外をよく見よ、田や畑に何が植えられているか、育ちがよいかわるいか、村の家が大きいか小さいか、瓦屋根か草葺きか、そういうこともよく見ることだ。駅へついたら人の乗りおりに注意せよ、そしてどういう服装をしているかに気をつけよ。また、駅の荷置場にどういう荷がおかれているかをよく見よ。そういうことでその土地が富んでいるか貧しいか、よく働くところかそう

白木山。晴れた日は山頂から本州・四国・九州が見渡せる。(1978年8月13日　宮本常一撮影)

白木山より見た宮本常一の生家のある長崎地区。この山からの眺望が、宮本を旅人にした。(1993年5月　著者撮影)

でないところかよくわかる。

（２）、村でも町でも新しくたずねていったところはかならず高いところへ上がってみよ、そして方向を知り、目立つものを見よ。峠の上で村を見おろすようなことがあったら、お宮の森やお寺や目につくものをまず見、家のあり方や田畑のあり方を見、周囲の山々を見ておけ、そして山の上で目をひいたものがあったら、そこへは必ずいって見ることだ。高いところでよく見ておいたら道にまようようなことはほとんどない。

（３）、金があったら、その土地の名物や料理はたべておくのがよい。その土地の暮らしの高さがわかるものだ。

（４）、時間のゆとりがあったら、できるだけ歩いてみることだ。いろいろのことを教えられる。

（５）、金というものはもうけるのはそんなにむずかしくない。しかし使うのがむずかしい。それだけは忘れぬように。

（６）、私はおまえを思うように勉強させてやることができない。だからおまえには何も注文しない。すきなようにやってくれ。しかし身体は大切にせよ。三十歳まではおまえを勘当したつもりでいる。しかし三十すぎたら親のあることを思い出せ。

（７）、ただし病気になったり、自分で解決のつかないようなことがあったら、郷里へ戻ってこい、親はいつでも待っている。
(8)、これからさきは子が親に孝行する時代ではない。親が子に孝行する時代だ。そうしないと世の中はよくならぬ。
(9)、自分でよいと思ったことはやってみよ、それで失敗したからといって、親は責めはしない。
(10)、人の見のこしたものを見るようにせよ。その中にいつも大事なものがあるはずだ。あせることはない。自分のえらんだ道をしっかり歩いていくことだ。

また、宮本に大きな影響を与えたことのひとつに、宮本家が「善根宿(ぜんこんやど)」をしていたことが挙げられる。野間宏・安岡章太郎との鼎談「逃げ場のない差別のヒダ」のなかで、善根宿がいつごろから始まったのかはわからないが、十歳くらいのときまで人をタダで泊めていたと回想している。備後あたりのゴザ屋、ナシやモモを売りにくる人たち、旅芝居の役者、サル回し。世間で一段低いと思われているような人たちばかりが泊まりに来た。この村では宮本の家だけがそれをやっていた。

「いまでも覚えてるんですが、顔中が大変な吹き出物、皮膚病で、すごい包帯をした人が泊まったんです。(中略)私の祖母なんかは、それでも、たらいに水を入れて、ちゃんと世話してた。昔ですから、まず、私の家へ着きますと、みんな足を洗って上へ上がる。その水をくんであげて、『あんたは顔がしみるだろうから』と、手ぬぐいをしぼって顔をふかせてた。いまでも、それが気味が悪かったのを覚えてるが、決してそれを疎外しないでやっておったんです」。

人の出入りが激しかったぶん、人と人とのふれあいを見て育ち、よそ者を拒絶せずにあたたかく迎え入れる雰囲気が確かにこの土地にはあって、閉鎖的な絶海の孤島、というステレオタイプな島のイメージは当てはまらない。今回の周防大島の旅で、それをいちばん強く感じた。

少年宮本の夢をかきたて、彼を旅人にした白木山からのながめ。今も地元の学校遠足では、決まってこの山が選ばれるという。この風景をながめて育った子どもたちが、今度は将来どんな夢を描くのか。いろいろなことを思わせる。

山から下りると、帰りのバスの時間がせまっていた。

「本当にお世話になりました」とありきたりなお礼を述べる。

「宿代は、出世払いでいいですからね。お気をつけて」とアサ子さんがいたずらっぽく笑う。むろんアサ子さんのユーモアである。

下田の停留所から、一八時四六分発の最終バスに乗る。アサ子さんはお弁当と家でつくった干し大根をお土産にと包んで下さった。

バスは島の北岸を西へ走る。宮本常一ほど大きな民俗学者を、顕彰する記念館はおろか、碑ひとつ立っていないふるさと。じつにふさわしくていいではないか。あいにくアサ子さんの言うような出世をする予定はないけれど、そうだ、自分の足で、『忘れられた日本人』の舞台になった土地をすべて歩いてやろう。このときはじめて、そんな決意をひそかにして、周防大島を去った。こうして、これから報告する一連の旅がはじまった。

2　世間師に会いにゆく

「世間師（二）」
大阪府河内長野市滝畑の旅

あてずっぽうの旅

宮本は、「あるいて来た道」という一九五五年発表の自伝的文章のなかで、「伝承者」という一項をもうけ、次のように語っている（引用は著作集）。

「かつて私が、採集にあたってできるだけ八十歳以上の老人を対象に選んだのは、明治維新の変革を境にして、その前と後とではどれほどの差があったかが見たいと思い、かつ藩制時代の諸制度が、民間にどのように影響していたかを知りたいためであった。そしてまた、八十歳以上の老人と、明治時代に生まれた人との間には、民間伝承の保有量において明らかに差のあったものである。話す態度の端然としていること、私見を加えないこと、そのうえ持っている知識をほんとうに後世に伝えたいとする情熱など、話を聞いていて胸を打たれることが実に多かった。／しかしすでにその時代は去った。もう藩制時代の空気を知っている人はほとんどなくなった」。

宮本の両祖父がともに明治維新の体験者であったことは前章で述べた。その世代の古老がすでにすっかり世を去ってから、『忘れられた日本人』におさめられている一連の文章は書かれている。ここに登場する古老のなかでも、とりわけ愉快痛快な生き方をしたと思われるのが、「世間師（二）」に紹介されている河内高向（たこう）村滝畑（現河内長野市）の左近熊太（くまた）翁だ。

左近熊太は十二歳の時に鳥羽伏見の戦いを経験。村に多数の徳川方の浪人が逃げてきたが、その負け方は目もあてられなかった。明治の世になり、二十一歳の時に徴兵検査を受けて合格、翌年西南戦争に出て顔に大やけどを負う。村に帰り結婚。当時、村の者はほとんど字を知らず、みんな騙されて村の野山が勝手に官有林にされていた。法律というものがあることをはじめて知り、下げ戻し運動のため三十歳を過ぎてから独学で字を習う。妻を無くし子どもも跡をとったことだしと、五十六歳の年から旅に出る。山の暮らしでは損をすることが多い。旅で世間を知れば、村の暮らしにも役立つだろう。京都で大川という易者と知り合い、ついて歩く。京都―城崎―豊岡―湯村―大山寺―出雲大社―石見と歩いて、長州赤間関から船便で北海道小樽へ。初めての旅があまりに長旅なので、息子の嫁に旅先で死にでもしたらと心配される。「はいはい、もう決して一人旅はしません。しかし二人旅ならゆるして下され」。仕方なく滝畑の坊さんと連れ立って、成田から日光へ。しかし汽車の旅なのでおもしろくない。そこで大川さんに頼んでできるだけ大川さんと歩く。六十六歳のとき、九州をひとまわり。おもしろいところなのでまた行くことにする。船で別府へ―雲仙―島原―長崎―五島へ。帰りは四国を歩く。七十歳まで、この八十歳をこえていたという易者について歩いた。大川さんが京都で死んでからは長い旅はできず滝畑で暮らし、村が近代化してゆく時、その広い見聞を生かして外部との渉外方を引き受け、村の外を知らぬ村人たちのよき相談相手になった。しかし財産はまるで残さなかった。

「やっと世間のことがわかるようになったときには、もう七十になっていましてな。わしも一生何をしたことやらわかりまへん」。

そう言って嘆くこの老人に宮本常一は共感をこめて次のように書いている。

「明治から大正の前半にいたる間、どの村にもこのような世間師が少からずいた。それが村をあたらしくしていくためのささやかな方向づけをしたことはみのがせない。いずれも自ら進んでそういう役を買って出る。政府や学校が指導したものではなかった。／しかしこうした人びとの存在によって村がおくればせながらもようやく世の動きについて行けたとも言える。そういうことからすれば過去の村々におけるこうした世間師の姿はもう少し掘りおこされてもよいように思う」。

宮本が「世間師」という言葉を最初に使ったのは、前章で述べたように、おそらく『家郷の訓』の「年寄と孫」においてである。しかしここでは、「村人のやや物識りに属する世間師といわれる人たち」とあるにすぎない。「世間師」と呼ばれる人びとを最初に正面に押し出したのは、この左近熊太翁について書かれた『忘れられた日本人』においてだと考えてよさそうである。

この聞き書きの舞台となった大阪府河内長野市滝畑には、一九九四年十一月三日、一九九六年三月二十日、一九九八年七月二十五日、と三回訪ねて、この左近熊太翁のお孫さんにあたる方にお話をうかがうことができた。

とはいっても、そのお孫さんにめぐりあうまでがひと苦労だった。なにせお約束をしたうえで出かけてきているわけではないから、あてずっぽうの旅になる。

予定の夜行列車に乗り遅れ、新宿の二十四時間営業のファミリーレストランで時間をつぶし、早朝四時四二分に新宿を発ち、普通列車を乗り継いで、ＪＲ難波駅で下車。南海電鉄に乗り換え、河内長野駅に着いたのが一五時五七分。駅前から滝畑行きの南海電鉄バスがあると聞いていたけれど、なんと土日・祝日しか運行されておらず、平日はそのずっと手前の関西サイクル・スポーツセンターという遊戯施設が終点になるのだと判明。仕方がないのでとりあえずそこまで行き、バス停のベンチで寝袋にくるまって野宿するはめになった。周囲に一軒も民家はなく、時おり自動車が通るだけ。

旅の疲れからたちまち睡魔に襲われるも、夜半に大雨が降りだし、ベンチの屋根を越えて吹き込んできたので、サイクルセンターの柵を乗りこえて雨のこないところでまた寝る。しかし警備員室の明かりはついており、いつ不審人物として警察に通報されるか気が気でない。翌朝、陽が昇らないうちにさっさと起きて、滝畑に向かうことにした。

さいわい雨はやんでいて、朝もやの中を石川という渓谷を左手に見ながら山道を歩く。本当にこの先に人家があるのか？　と思うほど山深い。小一時間歩くと滝畑への入口の看板があり、「重要文化財・左近家」とある。これだ！　と思ってむらに入る。滝畑にはダムができ、その周囲の山すそに家が寄り添うようにならんでいる。東ノ村という地区にある茅葺き屋根の家をさがしあてたら、全く別の左近さんのお宅だとわかり、その家のご主人にダム湖の対岸の西ノ村という地区にあるお菓子屋さんを教えられて、ようやく左近熊太翁のお孫さんにめぐりあうことができた。

左近又三郎さん（一九一五年生まれ）、七十九歳。飄々とした風貌の、メガネをかけた小柄なおじいちゃんで、じつに話好きな方だった。宮本の本を読んで滝畑をたずねてきたのはぼくが初めてとのことで、とても喜んでくださった。

宮本常一の大阪時代

宮本常一が雑誌『民話』第十六号に「年よりたち」連載第八回として「世間師（二）」を発表したのは一九六〇年二月のこと。しかしこの文章にさきがけて宮本自身によって書かれた一冊の本がある。一九三七年にアチックミューゼアムから刊行された『河内国滝畑左近熊太翁旧事談』がそれだ。一九二三年十六歳のときに周防大島を出て大阪で暮らすようになってからこの本が出されるまで、宮本の人生にはいくつかの重要な出来事がたてつづけに起こっている。

周防大島を出て大阪高麗橋郵便局に勤務、大阪府天王寺師範学校第二部を受験合格、小学校教員として大阪府泉南郡有真香村修斉尋常小学校、泉南郡田尻小学校、に勤務。結核を患い、帰郷して療養中に柳田国男からすすめられて民俗採集を始める。健康回復して大阪府泉北郡北池田小学校、泉北郡養徳小学校、泉北郡取石小学校勤務。このころから、『口承文学』をガリ版で出している。京都大学の講義にきた柳田国男と初めて会い、同志と大阪民俗談話会（のちの近畿民俗学会）結成。やがてこの会に渋沢敬三が出席して知遇を得る。このころ、小学校教師をしていた玉田アサ子と見合い結婚。民俗調査のため河内滝畑に左近熊太翁の話を聞きに通う。『周防大島を中心としたる海の生活誌』、『河内国滝畑左近熊太翁旧事談』（以下、『旧事談』と略す）を渋沢のすすめでアチックミューゼアムから出版。やがて渋沢敬三から至急上京するよう電報を受けて、妻子を残し上京しアチックミューゼアム所員となる。この時三十二歳。

以後、人生の大半を旅に歩く民俗学者となってゆく。

つまり、宮本が民俗学に目覚めた土地が大阪であり、しかも故郷の周防大島を別とすれば、アチックミューゼアム入所以前の小学校教員時代に民俗採集をした最初の土地が河内滝畑という土地であり、ここで左近熊太翁の話を聞くために滝畑へ通い詰めたことが、のちの宮本民俗学の形成にどれほど影響をおよぼしたか知れない重要な調査の経験だったといえるのだ。

話は脱線するが、一九九四年九月三日大阪府堺市で、養徳小学校と取石小学校時代の宮本学級のみなさんと宮本アサ子さんを囲んでの同窓会にごいっしょさせていただく機会を得た。教え子の皆さんが集まるのは、日本観光文化研究所発行『あるくみるきく』宮本常一追悼特集号のために座談会が開かれた一九八一年以来のことだという。

出席者は、川西正雄さん、島田茂さん、中谷侑二さん、中辻甲子良さん、西山一幸さん、沼守常次郎さん、橋本久吉さん、平田正光さん、山中芳春さん、石田千秋さん（西田）、浦美代子さん（荒川）、奥田綾子さん（石田）、釜野タツエさん（山中）、東野イト子さん、松井八重子さん（宮里）、松本とみ子さん（西尾）、松本アイ子さん（古川）の十七人（括弧内は旧姓）。

この時と一九九六年三月の二度にかけて、教え子のみなさんの案内で、宮本が勤めた五つの小学校（跡地もふくめ）すべてをたずね歩くことができた。

当時の宮本学級はどちらかというと女子の方が活発で、男子はおとなしかったという。授業中にはよく教室を飛び出して、歌をうたいながら周辺を歩くことが好きな先生だった。いつも日焼けして真っ黒なので、クロンボ先生とアダ名され慕われた。日曜日にはお弁当をもっていっしょに奈良周辺まで遠出をした思い出をもつ女子生徒もいた。言うことを聞かない男子生徒には厳しい一面もあり、頭を定規で叩かれた思い出をもつ人もいたが、そういう生徒は決まって恵まれない家庭の子であり、とりわけ深い愛情をそそいだ。

一九三五年、宮本はこれらの教え子たちと村の歴史や伝承をガリ版の冊子『とろし』（取石の訛り）としてまとめた。これは宮本の没後、未來社から『宮本常一著作集　別集一巻』として刊行され、今も手にすることができる。これは教え子たちが貴重な原本を大切に保存していたために刊行が可能になったものだ。ぼくもこのとき、原本のコピーを贈られた。宮本の端正な字でガリ版が切られている。

「我々の最も生甲斐を感ずることは私たちがやがて歴史をつくっていくということだ」。

宮本は冒頭にそう記し、村の歴史を調べるためにはこんな本があると十二冊もの歴史書をあげたあと、次の言葉でしめくくっている。

「併しこれらの本に出てゐることはここには誰が居たとか、どんなお宮があったという様なことばかりで生きて行くために大切な色々のことを教へてくれるものではない。役に立つ本は之から諸君が書いて呉れたまへ。この本もその一つだ」。

単なる事実の断片を知っても、それが生きるために役立たなければ意味がない、という宮本の生涯にわたって貫かれることになる学問の姿勢が、すでに小学生にむけて書かれたこの文章にもあらわれている。

アサ子さんが宮本と結婚したのも、ちょうど『とろし』が出されたのと同じ一九三五年。宮本の師範学校時代からの友人重田堅一と、当時やはり小学校教師をしていたアサ子さんの職場の上司が共通の知り合いという縁で、お見合いすることになった。

阿倍野橋の洋食レストランで初めて会った宮本に対するアサ子さんの印象は、「色黒でよくしゃべる人」。学校がともに休みの日曜日には、奈良や京都へいっしょに出掛け、仏像や寺社建築を見ては、宮本に由来や歴史を語って聞かせてもらった。河内滝畑に左近熊太翁の話をいっしょに聞きに出掛けたりもしている。その時のことをたずねてみると、「たまの休みには家でゆっくり休みたいのに……」とアサ子さんは苦笑い。宮本は民俗調査の手伝いをアサ子さんに期待していたという。しかしアサ子さんは、「けっきょく最後までその期待に私は応えられなかったみたい」。

教え子の一人石田千秋さんのご紹介で、養徳小学校・取石小学校で宮本と同僚だった嶋田マスエ先生（一九一四年生まれ）に、一九九六年三月九日大阪府高石市のご自宅でお話をうかがうことができた。

「昭和九年（一九三四年）に、宮本先生と同時に養徳小学校に入りました。みな大阪の先生ばかりでしたから、遠いところ、それも瀬戸内海の大島の出身ということで、めずらしかったですね。人情深い方でした。苦労された方で、着物も質素そのものでした。生徒が遅刻してもなんで遅れたか尋ねるの。生徒が怒られると思って家の用事で遅れたと、農家のお手伝いをしていたと言うと、『えらかったの！』。ご自分も体験してらっしゃるからわかるんでしょうね。『そんなに忙しかったらもっと遅れてきてもよい、もう少し手伝ってこい』って。そんな先生でした。

小使いさんとも仲よくなる。遊び人の用務員さんがいて、他の先生はいろいろ言いましたが、室戸台風のあとで荒れた校庭を朝早くからモッコで土を運んで地ならししてる姿を見て、宮本先生だけは『こんな立派な小使いさんは初めてだ』。立派というのはお金や地位のあるなしではなく、行いとかまごころでほめるんですね。周囲の先生からも信頼が厚かったです」。

さらに話は脱線するが、この話を聞いたあとの一九九六年三月十一日、大阪民俗談話会時代の宮本を知る民俗学者平山敏治郎氏（一九一三年生まれ）に、京都のご自宅でお話をうかがうことができた。

この談話会は柳田国男のすすめで、一九三四年に沢田四郎作を中心に結成された。会員として宮本や平山氏の他に、桜田勝徳、岩倉市郎、水木直箭、小谷方明、藪重孝、出口米吉、後藤捷一、雑賀貞次郎、宮武省三、太田睦郎、河本正義、笹谷良造、鈴木東一、高谷重夫、岸田定雄、岩田準一らが集まった。

大阪時代の宮本については『近畿民俗』宮本常一追悼号に多くの証言が集められているが、そのほとんどが物故され、お話をうかがったとき八十三歳の平山氏がその当時を知る唯一の生き証人だった。

「宮本さんというと、晩年までおつきあいさせていただきましたが、周囲の人に対していつも頭の低い人だなあ、というのが第一印象。私は京都大学の学生でしたが、態度は変わりませんでした。大阪民俗談話会のガリ版切りをせっせとやっていましたね。みんな素人でしたから、なごやかな雰囲気の会でしたよ。渋沢先生が出席されたとき、桜田、岩倉の二人を東京のアチックに引き抜いていかれたけれども、ああやって地方の会で優秀だと見込んだ人を探しておられたんでしょうね。やがて宮本さんも渋沢先生に引き抜かれて行かれるわけですけれど。アチックへ行かれてからがあの人の本当のお仕事でしょうね。それまでは番頭さん、縁の下。使いまわされていた感じでしたもの。あのまま大阪にいつづけていたら、世に認められる学問ができたかどうか。教職をやめてまで東京に出て行かれたのには、それがあったんじゃないかなあ。第一回目には学校の休みを利用しては、毎週土日には河内滝畑へ出掛けてました。第一回目にはこう聞いた、第二回目にはどうだった、第三回目にはどうだった、ということを報告してらした。『旧事談』にまとめられたとき、新機軸を打ち出せたと思われていたようです。私もむさぼるように読みました」

平山氏も言うように、『旧事談』は、宮本の著作の中でも野心に満ちた特異なものとなっている。

まず第一に、左近熊太翁という一人の人物に伝承された見聞の集大成であること。正確を期するために十三回（「あるいて来た道」には旧版・著作集版ともに二十三回とあるのは誤植であろうか）にもわたって聞いた話の前半七回分をまとめたもので、村の口碑・年中行事・田植え・交易・人生儀礼・食制・服制・信仰といったように目の詰んだ民俗誌となっている。八回以降は山林・土地・村落内の社会構造についての聞き書きで、それだけで十分一冊になる分量だったというが、おそらくこの記録は戦時中大阪の自宅が空襲にあったさい焼失して現存しない。

第二に、各民俗事象の説明にあたり、何回目の調査で得た情報なのかを明記していること。採集日時が特定できるオープンな調査報告となっていて、民俗学という新興の学問に客観性をもたせるための宮本なりの工夫のあとをうかがうことができる。

そして第三に、冒頭に置かれた「河内滝畑入村記」が抜群におもしろい。これを読むことで、単なる民俗事象の羅列に終わらず、ぼくら読者は血の通った報告として読むことができる。

この「入村記」によれば、七回の調査日時は以下のとおり。一回目は会えずに帰っており、実質六回の調査であったことがわかる。その時の調査の様子の、印象的な部分を要約して抜き出してみる。

- 第一回　一九三四年二月十七日　雨乞行事、凍豆腐(こおり)小屋、舞暦(まいか)の版木(はんぎ)の調査のため入村するが、雪が深く断念。
- 第二回　一九三六年二月十一～十二日　在所の学校の先生から八十三歳になる左近熊太を紹介される。話好きだが話が雑然としていてまとまりなく、要点だけ書きとめる。
- 第三回　一九三六年四月十九日　例の調子で話は脱線するが、なるべく質問はさけて気のおもむくままに話してもらう。掘り下げた話は聞けないが、話の腰を折るよりは効果があった。
- 第四回　一九三六年六月二十一日　妻アサ子さんも同行。翁の息子の妻と女どうしで話が合うらしく、気安く話しあっている。翁の息子も翁の話の足らないところを補ってくれる。

・第五回　一九三六年八月二十五〜二十七日　今度はかなり思いきったことが聞けたし、脱線すると話を元にもどすようこちらが口を入れられるようになる。初めのころの誇大なところが減って話が真実になってきた。

・第六回　一九三六年十一月第二日曜日　話は重複が多かったが記憶は正確で、こちらが忘れていることを、これは「もう話したな」などとつけ足すようになる。

・第七回　一九三六年十二月十三日　山口康雄、鈴木東一も同行。二人が堺、父鬼(ちちおに)にいたことがあると知ると、話は脱線して堺、父鬼の話ばかりする。

聞き手の宮本と話し手の翁との信頼関係が次第に深まってゆくのがよくわかるユニークな記録だ。五回目の調査のとき、「先生、私はこの年になるまであんたのような人を見たことがない。あんたはえらい方じゃ。わしらみたいな老人の話をそんなに熱心にきいてくれ、それがまた分かるという。わしもまたこんなうれしいことはない」と翁は言ったという。おそらく、このように話し手と聞き手とが共鳴しあう体験をもったことが、宮本を民俗学の魅力に目覚めさせたのだろう。こうした老人との出会いを求めて、宮本はその後の旅に駆り立てられていったのではないだろうか。

渋沢敬三の掛け軸

又三郎さんは、約束もなしに突然おとずれたにもかかわらず、一キロ半ほども離れた熊太翁のお墓に案内してくださるという。その間、自身のおじいさんにあたる熊太翁の思い出ばなしを聞かせていただくことができた。

「滝畑には、横谷・滝尻・清水・堂村・中村・西ノ村・東ノ村の七部落あります。じさん（又三郎さんは熊太翁のことをこう呼ぶ）の話では、槇尾山の施福寺の僧兵三十六人が織田信長の焼き打ちのときに逃げてきて、ここへ住みついたのが村のはじめだゆうてました。三十六人衆ゆうて。上ノ坊、下ノ坊なんて僧兵を思わせる名前が今も村には多いです。左近も三十六人衆の一人で、左近家も分家して、上左近・中左近・下左近と分かれて。うちは中左近の家。

熊太といっても、私らはいつも熊太郎とか熊吉とか呼んでましたわ。熊太の太というんはこの辺で使う愛称ですな。坊（ぼん）いうのといっしょですわ。坊いうんは身分の高い家の子につけますやろ。太はふつうの身分の人につけるんですわ。

いつも腰から方位磁石と大福帳と矢立をぶらさげてね。大福帳いうたら横に長いメモ用紙ですわ。矢立も知らん？　筆と墨壺を入れる容器ですわ。磁石なんて持ってる人は少ない時分ですよ。日本中を歩いて。村の者が日光に行て来たいうと、どこそこにある招き猫はどっちを向いてたか、いうて聞く。相手が答えられないと、それやったら日光に行った甲斐なしや、なんてからかってました。村では物知り爺さんで通ってましたわ」。

そういえば宮本常一も先に挙げた「河内滝畑入村記」のなかで、熊太翁が行く先々の神社仏閣の柱の寸法などをはかって覚えていて、「君も行ったなら知っているだろうときかれて面食らったこともしばしばであった」ともらしている。

明治政府は村の共有林をすべてだましとって官有林とし、村人の立ち入りを禁じた。村人は文字を知らなかったから、契約書などをごまかされたのだろう。世の中に法律というものがあるのを知って、熊太翁が下げ戻し運動を起こしたことはすでに述べた。このときに彼は文字の大切さを知って三十歳くらいまでのあいだに読み書きを覚えたという。日本中を旅して得た見聞を身のまわりの暮しに活かす知恵者のことを宮本は「世間師」として紹介しているのだ。宮本常一は熊太翁が鳥羽伏見の戦、明治維新、西南戦争と時代の波に翻弄され生きて来たエピソードを詳しく書き留めており、どれも一般の歴史書からはうかがえない生々しい庶民の生活史となっている。

「ただ、このむらのSセンセからは、宮本センセが書きとめた左近熊太の話には嘘がある、と批判されてます」と又三郎さんは言う。

S氏は長らく学校の先生をされていた地元の郷土史家である。東京に帰ってからずいぶん方々に問い合わせてS氏の著作を探しまわったが、宮本常一を批判するような文章をいまだに探しあてていない。ただ、一九七二年に発行された『河内滝畑の民俗』という調査報告書の冒頭におかれた「滝畑の史料的特異性」という鳥越憲三郎氏の文章には、次のようにある。

「滝畑の調査については、昭和十二年に宮本常一氏『河内滝畑左近熊太翁旧事談』がある。ところが長く他国を放浪していた関係で、他国の伝承が挿入されているとの理由で、村びとから改めて調査してほしいとの要望があった」。

この「村びと」というのがS氏を指している可能性は高い。宮本の『旧事談』をわざわざ読んで、他国の伝承が挿入されていることを見破り、鳥越氏に再調査を訴えるような人物は、地元の郷土史家くらいしか他に考えにくいからである。

もっとも、宮本の書き残した文章の不備をあげつらうより、宮本が仕事を持ちながら休日を返上してまで、こんな山奥の村に十三回も通いつめ、熊太翁の放談を辛抱づよく聞き通すことがどうして可能だったのか、そのことの方に興味をひかれる。熊太翁も、宮本の求めに嫌な顔ひとつせずつきあっているのだ。聞き書きというのは、テープレコーダーのスイッチを入れるように全く同じ話をだれからでも聞き出せるというものではなく、聞き手と話し手によるその場その場の共同作業といえるだろう。

のちに『旧事談』が完成したものを届けにいったとき、翁は「あんたにだけは死際

左近家に残る世間師・左近熊太翁の遺影。和装に西洋帽という特異な姿である。(2005年8月　著者撮影)

左近熊太翁の孫。棕櫚の皮を剝きにゆく姿。宮本常一の滝畑調査の資料の大部分は大阪堺空襲で焼け、写真二枚のみが残された。そのうちの一枚。(撮影年不明　宮本常一撮影)

滝畑は現在ダムに沈み、周辺に一部の集落が残るのみ。中央に見える夕月橋、その上流左岸あたりに左近家はあった。(2005年8月　著者撮影)

に居てもらひたい」といって目を拭ったという（宮本「左近翁に献本の記」）。二人の信頼関係の深さを伝える逸話ではないか。

「この辺の山や道がハイキングコースになって三十年くらいたちますが、山の名称やら巡礼の道やら、ここを何という名前にしよう、いうて決めていったんがSセンセでしたわ。昔、土地のモンが呼んどった名前がずいぶん変えられてしもて、わしは抗議したんですが、受けつけてくれまへんでした。

そうそう、明治時代の飢饉の時、高野山へ向かう巡礼街道に、傘をさしたままこうしてしゃがんで死んだ人、何人見たかわからんいうてじさんは言うてました。じっさい見た人と、聞いた人では書き方が違いますな」。

そのS氏も、ぼくが初めて滝畑を訪れた年の夏には亡くなられていて、お会いすることができなかったのが残念だ。

その一方で、宮本の左近熊太翁の聞き書きから豊かな意味を引き出した歴史家もいる。日本近代史における民衆思想の掘り起こしに先駆的な仕事をなした安丸良夫氏は、主著『日本の近代化と民衆思想』のなかで、熊太翁からの聞き書きを随所で引用している。

「世間師（二）」からは、熊太翁がついて歩いた易者の大川さんの言葉、「左近さん、世の中には困ったり苦しんだりしている人が仰山いなはる。それがわしらの言う一言二言で救われることもあるもんや。世の中にはまた人にもうちあけられん苦労を背負うてなはる人が仰山いる。ま、そういう人に親切にしてあげる人が、どこぞにいなきゃア世の中はすくわれません。わしら表へたって働こうとは思わんが、かげでそういう人をたすけてあげげんならん」を引用し、次のように位置づけた。「デモクラシーとも社会主義とも無縁な、だが救いを求めてやまない庶民たちの『心』の世界がひろびろと存在しており、ふかい人生経験にうらづけられた『世間師』の一言二言が重要な役割をはたしたのである。こうした世界のなかに住み、そこに密着しながら思想形成しようとしたところに、民衆的諸思想の強靭な生命力があった」。

あるいは『旧事談』から、幕末から明治にかけて盗人と博奕打ちが多かったこと、明治になって駐在所ができたとき警察は堕胎と博奕ばかり取り締まったこと、高野山への参道にあたる滝畑では貧しい廻国者が数多く飢え死にしたことなどの熊太翁の証言を引き、「天皇制国家の確立にともなって、盗み・博奕・堕胎・餓死が地域社会の日常生活にとってようやく過去のものとなったのである」と、一庶民の証言から時代の変化の相を読み解く手掛かりとした。

これらが、同じ歴史家によってなされたところがおもしろい。

又三郎さんの話にもどろう。

「渋沢敬三センセがじさんにあてて書いてくれはった掛け軸が残ってます。わしはよう読みませんが」。
又三郎さんは中左近の本家に立ち寄って、その掛け軸を見せてくださった。

鋤禾日當午　汗滴禾下土
誰知盤中飧　粒々皆辛苦
昭和十四年初冬為左近熊太翁囑　子爵澁澤敬三書

とっさには読めない漢詩だったが、あとで調べると唐の李紳「憫農詩」の一節であることがわかった。この掛け軸は郵便で熊太翁のもとへ届けられた。河内長野局の職員は、差出人の名を見て一同仰天したという逸話が残っている（又三郎さんの実弟で熊太翁の末のお孫さんである高橋正広氏〔河内長野市日野在住・一九三〇年生まれ〕より、二〇〇〇年三月二十四日聞き書き）。
「じさんの遺品は、骨董屋とつきあいのあった兄貴がわしの出征中にぜんぶ売り払ってしもて、戦争から帰ったらなくなってました。ホンマに残ったのはこの掛け軸だけですわ。じさんは昭和十八年（一九四三年）十二月十二日、九十歳で老衰で死にました。わしはフィリピンに出征中で、昭和十九年（一九四四年）に知らせが戦地にとどきました」。

確かに宮本は「河内滝畑入村記」で、五回目の調査のときに、熊太翁から旅先の見聞を書きとめた横帳をみせてもらったことを書き記している。「見せてもらったのは二冊であったが、一五、六冊はたまっているという。『そのうちあげましょう』というから私はたのしみにしている」。

しかし、その機会はついに訪れず、この世から行方をくらましてしまったのは惜しいことである。

ダムに沈むむら

ようやく村の共同墓地、滝畑霊園にたどりついた。宮本常一が熊太翁を訪ねた家は、現在ダムの底に沈んでいる。その時、村じゅうの墓石がここへ集められた。この村ではホンバカ（本墓。宮本の『旧事談』では大墓と記され、『河内長野市史』には大墓・本墓を併記し、後者をモトバカと読ませている）といって村の共同墓地に土葬したところへたてる墓石と、それとは別にウチバカ（内墓）といって家の近くに死者の髪の毛だけを埋める拝み墓をたてる、いわゆる両墓制をとっていた。これは村人の他界観のあらわれとして重要な習慣だったはずだが、ダムの建設がそれを根こそぎに変えてしまった。じっさい、現在の共同墓地の景観は異様といってよく、ホンバカだけがずらり、ウチバカだけがずらり、集められていて、もともと墓を離してたてていた意味がまったく失われている。

「天中院松巌昇鶴居士」という戒名の彫られた熊太翁のお墓にお参りしたとき、又三郎さんには節子さんという一人娘さんがいて、一九五三年十一月一日に五歳で亡くなられていたことを教えられた。ちいさな墓石がたてられている。他にお子さんはなく、現在はお連れ合いと二人ぐらしとのことだった。

大阪府発行の『滝畑ダム工事誌』という資料によれば、このダムは農地の洪水被害の防止、灌漑用水の確保、市街地の水道水確保のための多目的ダムとして、一九六一年に建設案が出され、六四年に認可が下りている。しかし滝畑住民から猛烈な反対陳情を受け、建設はいったん頓挫。紆余曲折をへて工事が開始されたのはようやく七八年からで、ダムが完成し貯水がはじまったのは八一年のことだった。

その反対運動の先頭に立ったのが又三郎さんだった。又三郎さんは「自分で言うのも口はばったいが」、と前置きしたうえで、

「戦争前は海外移民の輸送船船員、戦争時分は陸軍の輸送船船員として、パナマ運河もスエズ運河も渡り、世界中をこの目で見てきましたわ。村から出たことのない人は補償金に目が眩んですぐにまるめこまれる。目先の利益に踊らされよるんです」。

まさにお祖父さんの血を受けて、現代の世間師として活躍したのだった。

「三十億円の補償金が出ましたが、その金でこの村が発展したかていえば、二〇〇軒

一〇〇〇人からおったのが、みんな補償金もって市街地に出て行ってしもうた。いまこの村に残ってるのは一〇〇軒四〇〇人足らず。若い人はおらしまへん。この村は活気も何もなくなってしもうた」。

府も市もダムを建てる前はうまいことといった。たとえば村人だけは「湖面利用」をしてもよいと約束したのに、いざダムが建つと、釣りをしてもダメ、ボートを浮かべてもダメ、つまり「湖面」というのは湖の表面のことだけで、釣糸が湖面より下に垂れれば違反、ボートの底が湖面より数センチ沈めば違反、法律ではそうなっているというので、結局村人はダムの中に立ち入れなくなった。熊太翁の時代しかり、又三郎さんの時代しかりである。

ダムの上流の川原にキャンプ施設ができたが、一人五十円をとるだけなので、一日四〇〇〇円程度の金にしかならない。キャンプ客が出したゴミ処理のために清掃車(二トン車)を一台呼ぶと九〇〇〇円もかかる。一日二台分のゴミが出るという。「割にあわしまへん」といって又三郎さんは嘆く。

その夏の記録的な渇水でダムの水が干上がり、水没以来はじめてかつての左近家の敷地が表に露出していた。もと熊太翁の家はダムの中央部に架かる夕月橋の上流左岸にあった。川にいちばん近いのが下左近家、真ん中が中左近家、いちばん山に近いのが上左近家だった。さらにその上に、熊太翁が三十を過ぎて必死に手習いを覚えたというお堂もあった。庭に植わっていたシュロの木が、枯れずに顔を出している。このシュロの毛は船のロープになり、シュロの芽は水でさらしたものをシンバといって、和歌山県の同和地区の人びとが山を越えて買いにきて、雪駄の飾りにしたという。昔の共同墓地はその下流に、学校をはさんであったという。

「今の霊園に墓石だけは移したけど、ホンマやったらじさんはあすこに眠ってます」と、又三郎さんはダムの堤から腕を伸ばして人差し指を空中でクルクルと動かした。

昼時になったので又三郎さんとお別れして食堂で昼飯を食べ、河内長野市立滝畑民俗資料館をたずねた。村がダムに沈んだ時に村じゅうの民俗資料を集めて一九八一年にオープンしたという。職員の下ノ坊則幸さん（一九三一年生まれ）は、持参した『旧事談』に載せられた翁の写真を手にとり、「熊太郎さん、知ってる！」となつかしそうに声をあげた。

「私が小さい時分に亡くなりましたが、よく覚えてますよ。いつも家の前で日なたぼっこして、ワラジを編んでいました。目をひらいてるのかつむってるのかわからんほど細い目をしてね。人なつこくて、おしゃべり好きというたらもう。村いちばんの物知りでした。ホラ話みたいな愉快な話をおもしろおかしく近所の子らに聞かせてくれるんです。息子の村太郎さんもおしゃべり好きやった。お孫さんの又三郎さん、会われましたか。おじいさんの血をいちばんよく受け継いでる人です」。

宮本の『旧事談』は初めて見る本だといい、この資料館にもないという。「さっそく注文しなくちゃ」とメモをとっていた。又三郎さんも同じことをおっしゃっていたが、宮本の文章を読んでこの土地をたずねてきた人は、今のところないという。「あなたが初めてです」。

下ノ坊さんの案内で資料館を見学させていただいたあと、滝畑を後にした。

現代の世間師

滝畑を再訪したのは一九九六年三月二十日。又三郎さんのお若いときの戦争体験、そしてそれが戦後のダム建設反対運動にどのようにつながっていくのか、詳しいことを聞かせていただくのが目的だった。熊太翁を宮本が世間師と呼んだように、又三郎さんを現代の世間師となぞらえてみたかったのだ。

顔を合わせるなり、あいさつもそこそこに「矢立、わかりましたか」と言われて面食らった。二年前におたずねしたとき、熊太翁が持ち歩いていたという「矢立」というものをどんなものかわからず、説明していただいたことを又三郎さんは覚えていたのだ。又三郎さんの、そんな人を食ったようなところが大好きである。

今回の訪問の目的を告げると、一瞬又三郎さんは顔が曇り、「それはお断りします」とこたえた。ダム建設の話がもちあがったさい、村じゅうが賛成と反対の二つに割れ、部落会の決議も二転三転し、紛糾。そのたびに部落長もめまぐるしく変わった。当時の三人の部落長も今は全員が亡くなった。

「死人に口無しや。生き残ったわしが好き勝手な言い分をならべても、わしの考えと反対の人たちの言い分は聞けんのや。そやさかい、わしだけが話すというんは勘弁してください」とそれきり口をつぐんでしまわれた。

宮本はどこかの文章で、じつによい語り手に出会い、筆記しないでおくのは惜しいと思ってノートを出すと、話がそれきり途絶えてしまった、という苦い経験を語っている。あるいは、とてもいい話を聞いて、あとで同じ人に同じ話を聞きたいと思ってたずねても、当時のような生き生きとした話はついに聞き出せなかったという経験。それを思い出した。そういえば、前回の又三郎さんの話はぜんぶ歩きながらメモもとらずにうかがった話で、こうしてノートを広げてかしこまった聞き取りをしたわけではなかった。

それでも、残念な気持ちよりもむしろ、又三郎さんの節度ある態度に感服してしまった。

ダム建設反対運動のことはいっさい問いません、戦争体験だけでもなんとか、とお願いすると、ようやく又三郎さんの表情がゆるみ、「わしの話だったらナンボでもかまへんよ」と笑顔になった。

村の尋常小学校六年まで出たきりや。大阪は御堂筋の河原町にある木村という親戚のシャッポ屋（帽子屋）に奉公に出て。おもしろないもんやから飛び出して、東京は本郷新花町蔵ノ前の紙問屋へ行って。聖橋をわたりニコライ堂を下って行ったら神田。湯島天神の下にあった。しかしヨタモンの集まり、愚連隊に入って、おられんようになって。警察に引っ張られるとわかったので十九歳で大阪にもどって。今度は大連のツボヤマいう百貨店に勤めて。家のもんからは「風の又三郎」言われましたわ。ひとつもじっとしておらんので。ここで昭和十年、二十一歳。徴兵検査や。甲種合格したが、くじのがれして船乗りになった。くじのがれいうのがあったんや。五〇〇〇人兵隊にするとして、時によって三〇〇〇人しか兵隊にしない。すると二〇〇〇人はくじのがれ。

昭和十二年ごろ二へん目のくじのがれ。十五年に三べん目の召集にあうまで、二回のがれた。それで大阪商船という会社におった。南米やアフリカへの移民の輸送船。十年間で世界各国をまわるのがわしの夢やった。船に乗って船員になるしかない。日本に帰ってからも、今度はどの航路に乗りたい、今度は別の航路に乗りたい、とうるさいもんやから、会社の人から「左近、オマエ自分で船つくって一人で行け」と言われましたわ。神戸の港で自分の希望する船の入ってくるのを待って。自分に学問はなし。昇級しないことわかってる。一生ヒラの船員。それがいいんや。

南米はブラジル、サントス、リオへの移民船。アフリカにも南米ほどではないが移民がおった。地中海へは三回、スエズ運河は三回、パナマ運河は六、七回わたってる。パナマは太平洋と大西洋の水の高さが四、五尺ちがうから、船が山を越していくんや。山の上に湖がこさえてあって、その湖を時速八ノット（十五キロくらい）で八時間かかる。それがパナマや。その湖を広げる工事に日本ならハッパ使うところ、囚人さんをたくさん使こうてポンプの水圧で岩をけずってましたな。

日露戦争の時分バルチック艦隊が集結したカムラ湾には、その時も五〇〇隻から一〇〇〇隻の艦隊が停泊してたのを覚えてる。大きな港やった。

日本かて沖縄とか食うに困る家庭のもんが外国へ移民しとった。裸足で歩く、頭の上に物を載せて歩く。裸足は禁止と政府からサンダルが支給されてた。沖縄の人らは会うて話しても、関西人のわしから聞いても言葉がうまく通じん。そんなやったよ。

アフリカはフランスの植民地。農園、公園はみんな白人が持ってる。暑い夜は白人は公園でキッスしたり抱き合ったりセックスしたり。日本人はそれに砂まいたり石投げたり。みじめやった。

南アフリカのケープタウンから大西洋こえて南米に入るとき、南極でクジラの親子連れも見た。かわいいもんや。本船といっしょについてくる。暖流と寒流が入り混じったところにおるんやな。地球を一周して日本にもどるのに十カ月かかる。南米のブエノスアイレスで中間ドックで十四、五日船動かされんのや。それで船を降りて町をぶらぶらして。ええ町でしたよ。

移民はコーヒーもぎりや。豆を房からしごいてとる重労働。ブラジルの首都だけはネクタイ締めた三つ揃いでないとコーヒーも飲めんかった。黄色人お断り。お店が許さんかった。もめごとが起こると、わしは「ジャパン、ジュウドウ」ゆうて。そう言えばかかってこんかった。向こうにしたら恐ろしくて、日本人ならだれでも柔道ができると思いよったもんよ。

南米のいたるところに四個場（しこば）があった。アフリカにもあった。日本の丁半、カジノですわ。31点張りのルーレット。わしも金に困って一攫千金ねろうて足運びましたわ。金がなくなると、外人でも気のええのが一枚二枚くれるかんじょうや。すってんてんにもどると、ま、自殺する。あとかたづけ（金策）に困るので。屋上に首吊り場があった。表立って発表はせんが、そういう設備まであった。

南米の遊廓はマンゲーと言いよった。国営なので鉄砲もった人が守りよった。日本人のおなごもおって、一時間五円。白人の女なら十円。一時間、ハーフ（五、六時間）、オールナイトとコースがあった。

南米はどこへ行っても公衆便所がないのには困った。食堂の裏を利用するんよ。日本人だけが立ち小便する。見つかってブタ箱に放り込まれたことある。メシくれへんのや。メシ運ぶ人にソデの下出さなけりゃメシ届かんのや。すべてマネー。トイレでタオルを用意されて、手ぇふくとマネー。ブタ箱の中までそんなんや。

東アフリカのザンジバルの港に入ったとき。象牙を肩にかかげて売りにきた。なぜこんなに象牙があるんやと、いろいろ聞いたら象が寿命に気づいたころ、同じところへ行って死ぬ。群れから離れて、てくてく歩いて行って。象の墓場を発見したらとれるんや、言うてました。

「象牙の山があるという、我れまだ見ぬザンジバル」。

これ、そのとき作ったわしの歌や。

そうこうしてるうちに、昭和十五年の召集で引っかかって、大阪の金岡中部三一連隊の第三中隊に入って。広島は宇品から中支の兵隊に船で物資補給する輸送隊や。昭和十九年からは六一九四部隊が第三野戦船舶廠に変わって。その補給課に、二等兵で。食糧、ロープなんか、弾薬以外のもんすべての資材を各地の部隊へ輸送する船員やった。

昭和十六年の開戦二日前から行動起こして、仏領のシンゴラ、タイ領のコタバルに上陸してスマトラ半島をシンガポールへ向けて南下していくのに補給していかないかんから。クアラルンプールいうたら、わしらのころは虎がでる町やった。写真で見て、今はいい町になっていておどろいた。今でもよう忘れんが、シンガポールが陥落したとき、海が燃えとった。重油が海に流れて五寸ちかい重油の膜ができて火がついて海が燃えるようになる。シンガポールで板チョコいうもんを初めて見た。倉庫に入ると箱がある。レンガの薄いもんがいっぱいつまってる。何に使うレンガかと思ったら板チョコや。チーズ、バターも初めて。そんなもん日本にあれへんがな。

昭和十九年のときにアッツ島が玉砕して負けが目立ってきたのんやな。フィリピンのマニラからハルマエラ島へ転進ちゅうて、撤退とは言えんのや。十万の大軍が十年間戦える資材を隠した。大本営発表やからじっさい四、五万の軍隊やろ。みんなそうや。十年戦えるゆうたかて、大量生産でまにあわせ。現地にさえ送ればいい。十もってきて三か四しか使えず、十五、六歳の男の子が勤労動員でつくったもんや。ロクなもんできへんがな。

空中戦見て、わしらガンバレゆうて手えたたく。すると日の丸の飛行機の方が落ちてくる。アメリカの戦闘機は腹に生ゴム張ってた。直撃しない限りかすっても落ちん。

船にしても十七、八ノットで走らんと後ろへ爆雷打っても自分のお尻に当たる。

そんな船や。水平線に「敵潜望鏡発見！」というんでミサイル打ったら、イルカの群れやった。陸軍が海の上でやることは今から見るとみんな幼稚や。

玉音放送はハルマエラ島にも届いた。中隊長から口で。「日本は不滅や。天皇陛下はなくならない」と。敗戦には何とも思わんかった。当たり前やと思った。開戦前から外国を歩いて、世界の国々の物資量はわかっとった。石油もない、石炭もない。日本にあっても質が悪い。勝てるはずなかった。日本は長期戦やらなんだら勝ってたと思う。

二十日ほどいて、オランダのパーカー軍曹が来て、武装解除。列をつくって検査される。屈辱や。何万人を見て、下級兵をリンチでビンタしたやつ引っ張り出す。引っ張り出されたら何年間も重労働や。浜に黒テントと白テントとあって、黒テントは重労働。白テントは復員できる。復員するのにも、石鹸一個、タオル一枚、ふんどし二丁、軍衣一着、と制限があって、破ると黒テント行き。

現地で奪った戦利品のネックレス、時計は柳行李に将校が持っとったかんじょうや。みんなとられた。船の中でどの将校がどれ持ってるかバレて上陸してから袋叩き。そりゃ大騒ぎがあったよ。柳行李、海のなかへ放りなげて。階級あったかて復員船に乗ったらわしらと同じ。将校も殴られた。いちばんつらかったのは不寝番、リンチ。みんなやられると下のもんにやる。わしはそれが嫌で人にはようやらんかった。

復員してからはここ（滝畑）でお店ひらいて。その前に夜昼なく闇屋もやった。警察に引っ張られたらオレの八年間どうしてくれると。国につぶされたやないか、と。統制どおりでいたらみる腹減らして死ぬるしかないやんけ。

兄貴は大学いって教養をいっぱい身につけた。わしは小学校六年しか出てない。歩いて身につけるしかない。それが人生のこやし。悲しいのは自分の歩いた土地の月日がわからんことよ。ひとつも書き残すこともできんかったのが残念。うちのじさんは違う。みんな書いて証拠を残した。

そういって嘆く又三郎さんの言葉は、とてつもない人生を語り終えたあとで、「一生何をしたことやらわかりまへん」とつぶやいたという熊太翁の言葉と重なる。話を聞きながらぼくは、興奮の連続だったのだ。これらの経験が、のちにダム建設の反対運動に加わって、最後まで妥協しなかったという又三郎さんの行動の基礎になったことは間違いないのである。

「これだけやな、世界中をまわって残ったのは」。

最後にそういって見せてくださったのは、南の国の木の実でできた根付だった。

話を聞き終えてお宅を辞去したあとで、滝畑民俗資料館をたずねた。一昨年お会いした下ノ坊さんと再会。市の職員なので三年たつと配置換えになるため、ここに勤めるのは今年が最後だという。

「あなたに教えてもらって、河内長野市立図書館で、コピーしてもらいました」と、宮本の『旧事談』を棚から取り出して、うれしそうに手にとって見せてくださった。

一九九八年七月二十五日、滝畑に又三郎さんを三度目にたずねたときは、夏の暑い盛りで明らかに体調をくずしておられた。胃にポリープができ、肝硬変も重なって、十三種類の薬を飲んでいるという。副作用で顔がむくんでかなわん、とぼやいていた。点滴のときにクーラーで腕が冷えて、いまも調子が悪い。

「うちは滝畑一〇〇軒のうち、まだクーラーを入れてない十軒のうちのひとつ」と笑った。

初めてお会いした時には元気に毎日お墓参りに出掛けるとおっしゃっていたが、今は足を悪くして一カ月にいっぺん、しかも杖をついてゆくという。今回は前回うかがって不明な点を確かめるためにたずねた。すでに紹介した又三郎さんの半生は、この三回目の聞き書きを加えたものである。

「今はどっこも行きたくない。どこへ行ったかてカラスは黒い。観光地はどこへ行ったかて金とる設備は同じ。ちっとも変わったことあらへんがな」。

又三郎さんも、いつのまにか愚痴っぽくなった。それでも部落の常会には毎回欠かさず出かけている、というのがせめてもの救いだった。

初めてお会いしたのが七十九歳のときで、このとき八十四歳の誕生日をもうすぐひかえていた。ちょうど宮本常一が話を聞きにきたのが熊太翁八十三歳のときで、明治維新はそのときから六八年前のことだった。又三郎さんが移民の輸送船に乗り込んだのが、ちょうどぼくが最後に滝畑をたずねてお話をうかがった六三年前のこと。だいたい似たような過去を聞き書きしていたことになる。宮本が熊太翁から書きとめておかねばこの世から消えてなくなってしまったであろう話を思いながら、又三郎さんの話に耳を傾けた。

帰りに滝畑民俗資料館に立ち寄ったが、下ノ坊さんはすでに転勤され、滝畑以外の土地からやってきた別の人が職員をされていたため、まったく話は弾まなかった。

夏休みがはじまり、行楽客でごったがえす帰りのバスに乗り込み、渓谷を走る。同じ道を六十年も前に歩いた宮本は、『旧事談』のなかで次のように述べている。ダムに沈む村の将来を案じて反対運動に身を投じた又三郎さんの生涯を重ねて思うとき、宮本の言葉は預言者のように響いてくる。

「今、長野からここまでの間の道幅の狭い所を工事しているのだという。いずれはバスも来るようになり、ハイキングコースなどとよばれて町の人たちが鼻歌をうたいつつ押し寄せて来るであろう。／それはまた必然のこととはいえ何やらさびしい気がする。（中略）長野からここに到る河内八里と称せられる、おそらくは河内第一の美しい谷であろうと思われるこの地の、いつまでもこの静寂にひたられるものとは考えられない。／かつての道の拡張が村から多くの山と労働を奪って今の逼塞においた。このたびの拡張が何を奪うであろうか。新しい道ができ、さらに一段と文化の流入の容易なる日までに、村は新たなる態度と決意を持たねばならぬと思う」。

3　文字をもつということ

「文字をもつ伝承者（二）」
島根県邑智郡瑞穂町田所鱒渕（現邑南町）の旅

学者になるな

『忘れられた日本人』におさめられた「文字をもつ伝承者（二）」は、一九六〇年四月、『民話』第十九号に「年よりたち」連載第九回として掲載された。

一九三九年十一月と翌年九月島根県邑智郡田所村鱒渕（現邑南町）に住む田中梅治翁を訪ねたときの報告で、これ以前以後にたびたびこの旅に言及していることから考えても、よほど印象的な旅だったにちがいない。

島根県松江―八束半島―江津―跡市―田所村鱒渕―中三坂峠―広島県大朝町―芸北町八幡―樽床―本横川―二軒小屋―島根県匹見町広見―紙祖―三葛―山口県錦町向峠―本郷―広瀬―岩国と歩き、この時の調査はのちに『中国山地民俗採訪録』としてまとめられている。

自伝『民俗学の旅』によれば、この時の宮本の格好は、次のようなものだった。「黒のジャンパーに編み上げの兵隊靴をはき、周囲に縁のある紺色の運動帽をかぶり、リュックサックを背負った。リュックサックにはコウモリ傘をくくりつけた。その姿が富山の薬売りに似ているのでよく間違えられた」。

これは宮本がアチックミューゼアムに入所後初めての旅だった。当時宮本には満州建国大学の教授の話があったが、渋沢敬三によって断られてしまっている。ふたたび『民俗学の旅』から引けば、渋沢は宮本にこう言って諭したという。

「君は師範学校しか出ていないので満州へいっても決して条件はよくない。そこで大学へいくまでの間に日本を一通り歩いて見ておくと、それが実績にもなり、君自身の役にも立つのではないかと思うから無理に上京させた。ただ君には学者になってもらいたくない。学者はたくさんいる。しかし本当の学問が育つためにはよい学問的な資料が必要だ。その資料――とくに民俗学はその資料が乏しい。君はその発掘者になってもらいたい。こういう作業は苦労ばかり多くてむくいられることは少ない。しかし君はそれに耐えていける人だと思う」。

以後、宮本は渋沢の言葉を忠実にまもり、五十七歳で武蔵野美術大学教授になるまで定職をもたず、日本全国歩かなかったところがないと言われるほどの旅の人になる。

その出発点がこの中国山地の旅だった。

とはいえ、「文字をもつ伝承者（二）」にも述べられているように、この旅の目的は民俗調査そのものではなく、田中梅治翁の書いた稲作記録『粒々辛苦』という本をアチックミューゼアムから出版するため加筆訂正をお願いするためのもので、あとは興味のひかれるままに歩きまわったというのが実情だったようだ。その時宮本は稲作についてはこの本でわかったから、こんどは畑作について書いてほしいと依頼し、梅治翁に『流汗一滴』を書き下ろしてもらっている。渋沢の言う「資料の発掘者」になることを自らに課した旅でもあった。

その舞台となった土地を、一九九四年十月十二日、一九九六年三月二十六日の二度にわたってたずね、田中梅治翁のお孫さんに詳しくお話をうかがうことができた。一度目は広島駅前で寝袋にくるまって野宿し、翌朝広島駅前から石見川本駅行きのバスに乗って二時間、途中の田所で下車。二度目の旅では反対に日本海側を旅したあと、江津（ごうつ）からJR三江線で川戸駅に出てそこで野宿。翌朝、寄り道をして川戸―市山―船坂峠―長谷―井沢峠―清見と歩いてもと来た道を引き返した。早朝六時に歩きはじめて帰ってきたのが午後一時、往復二十キロほど歩いたことになる。川戸駅前から広島駅行きのバスに一時間ほど乗って途中の田所で下車した。

比較すれば、広島から入るほうが断然早い。宮本も『中国山地民俗採訪録』で、この土地は江戸時代に安芸門徒の影響で真宗が入ってから年中行事や祭礼などは徹底的に改められ、古い習俗は少ないとのべているように、島根県に編入されてはいるが広島県との関係の方が深く、その往来も頻繁だったことをうかがわせる。あとで聞いたところでは、この町の若者はみな島根県内ではなく広島県に出ていってしまうとのことだった。

ところで二度目になんでそんな寄り道をしたかといえば、宮本を田中梅治翁のところまで案内したという森脇太一、牛尾三千夫を知る人をたずね、万が一宮本常一の来訪を覚えてはいないかと考えたからである。

宮本はまだ大阪で取石小学校の教員をしていた一九三九年春、民俗学の同志栗山一夫から田中梅治翁の『粒々辛苦』自筆原稿を見せられ出版を依頼されるが、実現にはいたらずあずかったままになっていた。その夏、隠岐島でひらかれた教育学者芦田恵之助による国語教授法の実地指導の講習会に参加したさい、森脇太一という島根県邑智郡長谷(ながたに)村清見(現江津(ごうつ)市)の教師と同席した。森脇はすでに『長谷村誌』、『邑智郡誌』という大部な郷土誌を出版している人物だった。田中梅治翁についてたずねると、「おもしろいお爺さんですよ。逢うたら一ぺんに好きになれる人です。またあんなに自分の知識を出しおしみしない人はいないですね。是非あってごらんなさい。二日でも三日でも徹夜してはなすでしょう。裏も表もない、いい人です」という。その年十月に小学校を辞め、十一月渋沢敬三に東京に呼ばれアチックミューゼアム所員となった宮本は、先に述べたような行程で、森脇太一そして折口信夫の弟子で地元の民俗学者牛尾三千夫にともなわれて田中梅治翁との出会いが実現したのだった。

清見を歩いていると、嘉戸嘉憲さん（一九二八年生まれ）という森脇太一の教え子に偶然お会いすることができた。

「昭和十年〜十四年春、小学校の一年生〜四年生のときまで森脇先生に習いました。先生の自宅がここから歩いて四十分ほどある跡市にあるもんですから、雪がふったときなんか、わしの家に泊まられましたよ。村ではだれもが名前を知ってる有名人です。はじめは自転車で通っててらしたが、病気になってからは乗合バスで。熱心な先生じゃった。うちへ来てもいろいろ聞いて。『長谷村誌』つくって次に『邑智郡誌』つくって。うちにもあったが人に貸して返ってこん。わしらのころは一年生〜四年生までいっしょのクラスで勉強したわけです。四十人くらいクラスにおった。一、二年生を教えるときは、三、四年生には自習させて。交替にうまいこと教えてましたね。分教場は二十年くらい前に建て替えて、十年くらい前には廃校になって、いま公民館になってます」。

市山では、牛尾三千夫を知る人から、「牛尾先生は、生前ここの八幡宮の神主をしていらしたが、現在は娘さんは横浜に出られて親戚はなく、日貫から別の神主さんがきています」と教えられた。現在も市山の八幡宮には「牛尾三千夫先生歌碑」が建てられ、業績が顕彰されていた。

しかし、宮本常一を知っているという人にはついにめぐり会えなかった。

理想の篤農家像

初めて田所鱒渕に田中梅治翁のお孫さんをたずねたときのことに話を戻そう。

バスは中国山地を越えてゆくのだが、標高八〇〇メートルあたりでやや高原状にひらけ、そこが田所。風景は見晴らしがよい。はじめて田所のバス停に降り立ったときは、いつものことながらだれと約束をしたわけでもなく、宮本常一の足跡をたどれるかどうか何の保証もなく不安だった。さいわい持参した岩波文庫版『忘れられた日本人』には田中梅治翁の顔写真も掲載されているので、あてずっぽうに民家に入り事情を説明し、「この人をご存知でしょうか?」とたずねると、見るからに優しそうなおじいちゃんが出てきて、「ああ梅治さん!」と話は早かった。田中家にはお孫さんにあたる方が現在も住んでいるから、案内してくださるという。

田中勘助さん(一九二三年生れ)。来意を告げると、部屋にとおして下さり、コーヒーをいただきながら、お話をうかがう。宮本の足跡を追ってこの地をたずねてきたのは、ぼくが初めてとのことだった。

「宮本常一先生の名前はうんとあとになって知りました。宮本先生がごいっしょされているとはその時は知りませんでしたが、渋沢敬三先生がきよりんさったことはよく覚えています。お茶を出したのは私でした。まだ学生服を着ていた時分でした。祖父が死ぬ一カ月ほど前から満州に行ったので（満鉄で働いていたんです）、死に目にはあえませんでした。戦後はシベリアに抑留されて、昭和二十三年（一九四八年）に帰国して、それからミシン屋、証券会社、銀行員、大工、左官、家具屋、なんでもやりました。今は妻と二人農業をやってます」。

宮本は梅治翁と会うと、二日間ぶっとおしで話を聞いている。宮本も書いているが、『粒々辛苦』は『流汗一滴』とあわせて一九四一年九月にアチックミューゼアムから刊行されたが、その時には梅治翁は急死したあとだった。その直前の一九四〇年九月、本のゲラも出はじめたころ、渋沢敬三のおともをして宮本は再度この土地をおとずれて梅治翁に再会している。その時は石田春昭、大庭良美、森脇太一、牛尾三千夫といった島根県を代表する民俗学者も同行してにぎやかな旅だったという。そのわずか一カ月後、腹痛をうったえ家で亡くなった。

「明治元年一月九日生れ、昭和十五年十月十二日没、享年七十三歳……」と勘助さんが位牌の文字を読みあげてくださった。偶然だが、鱒渕を訪れたその日こそが梅治翁の命日だったのである。

その田中梅治翁とは、どのような人物だったのだろうか。

「もともと隣村の出羽（いづは）の生まれで、代々庄屋をやっている家で、字を書く筋やったんでしょうね。鱒渕の田中の家に婿にきた。若い時分は役場づとめをつづけていたようですが性にあわんで、農業がやりたいと辞めたようです。よく覚えているのは、戦前からトマトやタマネギをつくることを村びとたちにすすめてました。ギンナンがとれるイチョウの木を植えたのも祖父です。当時そんなものをつくっている人はいなかった」。

梅治翁は二十五歳の頃から俳句をつくり、三十歳を過ぎてから『ホトトギス』の会員となり、正岡子規の指導を受けている。この村でも俳句仲間をつくり「柚味噌句会」と名付けた。現在も田中家の庭には『ホトトギス』初めての当選句、「馬追いや丘の上の角提灯」が俳句仲間によって建てられた石碑となって残っていた。

宮本が書きとめた梅治翁の実際の職歴を見ると、十六歳戸長役場小使、十八歳出羽郵便局書記、二十一歳戸長役場筆生、この年に田中家の養子に。二十六歳役場を辞めている。

勘助さんが見せてくれた梅治翁のこのころの日記にはこうある。親類の方が読みやすいように活字にしたもので、二十八歳のときのもの。

「予の志しは議員にもあらず。また官吏には尚更なし。さりとて又商法もいや。予は只農事に委しくなりて作物等もよく出来る様にし、之をまるで我が物にせず、他家の模範とし、広くして村の模範となる様、国の益となる様にと心掛けるのみ。（以下略）明治二八年一月二八日夜」。

その後、二十八歳区長代理、二十九歳村農会を設立して幹事になり、三十一歳村会議員、三十二歳学務委員、三十三歳臨時土木委員、三十七歳戦時農業督励部邑智支部田所副部長となり、籾種の塩水選、稲苗の正条植え、稲の害虫駆除予防、麦黒穂病の予防駆除、堆肥製造改良に尽力して効果を挙げる。四十二歳信用組合設立、四十三歳村役場書記、五十二歳田所村助役、五十三歳邑智郡畜産組合田所村部長、五十六歳産業組合常務理事、五十七歳小作調停委員、七十歳一切の公職を退く。

後述するように、田中梅治翁の文書の大部分は現在田所公民館に預けられており、そこで目にとまった六十五歳のときの『随感日記』にはこうあった。

「常ニ云フコトデアルガ、私ハアノ永イ間村ニ勤メタガ、只一度モ長ノ付イタ役ヲヤツタコトガナイ。ヅツト晩年ニ一期程区長ヲヤツタ位ノコトデ、常ニ下ニバカリ居テ所謂縁ノ下ノ力持チデアツタ。　昭和八年一月」（原文に句読点なし）。

なかでも、田所信用組合（農協の前身）を設立し、高利な個人金融から低利な組合金融に切り替え、村人が一度借銭すると農地のすべてを手放さねばならない仕組みをあらためた仕事を、宮本常一は大きく評価している。日本全国の農村が資本主義経済に巻き込まれてゆくこの時期、村人たちのあいだに貧富の格差が生じるのを最小限に食い止めたのだ。『瑞穂町史　第二集』を見ると、一九〇九年の信用組合設立というのはこの地域で最も早く、この田所信用組合がやがて、市木・出羽・高原・布施といった周辺の各村の信用組合の設立に波及していった様子がわかる。それでもさすがに昭和初期の全国的な農村不況の時には借金の焦げ付きもあったが、翁はその責任を負って自家の田畑を売ってまで組合の赤字を減らす努力をしている。

「失った田畑は私の父が苦労して一から財産をとりもどしました」と勘助さんは言う。

これらの職歴は宮本が翁の口からきいたものではなく、「自慢話になるから」といって翁は話すことをやめ、あとで本人が書いたものを見せてもらったものだという（アチックミューゼアム刊『粒々辛苦・流汗一滴』の冒頭には、この職歴がそのままおさめられている）。こうして貧しい農村は島根県でも有数の富裕村になり、周囲から模範村と呼ばれるまでになった。それでも翁自身は貧しかったのである。

宮本がこの時の旅で出会った田中梅治翁の印象をくりかえし文章に残していることはすでに述べた。それはアチックミューゼアム所員としての最初の旅だったからだと指摘しておいたが、それ以上に重要に思えることがある。宮本は、貧しさという厳しい現実のなかで村を前進させていった田中梅治翁に、自分の父と同じ姿を見たのではないか。村のよき指導者でありながら、少しの私利私欲もなく、自慢したり誇ったりするところがない。梅治翁が、宮本が旅先で出会った篤農家と呼べる初めてのタイプの人間像だったことの方が、より重要なことといえるかもしれない。梅治翁のこうした人間像は、戦後社会の再建に全国に篤農家をさがして歩きまわる宮本常一の理想をかたちづくったのだ。あらためてそんなことに気づいた。

ダンボール箱の文書

こうした人間像が生まれる背景として宮本は「文字をもつ伝承者（一）」の冒頭で、文字を知らない人びとと文字を知る人との違いとして説明している。

文字を知らない人は伝承を耳から聞いたままに覚え、内容を変更しようとする意志は少なく、仮にそういうもののある人は村人から信用されなかった。そして信じられるもののみが伝承されてゆく。しかし文字を知る人は耳で聞いただけでなく、文字で読んだ知識が伝承のなかに混入していき、口頭のみの伝承に訂正が加えられる。世間の人も「あの人の話は書物で読んだのだから確かだ」と信じる傾向がでてくる。そして文字をもつ人びとは文字を通じて外部からの刺激にきわめて敏感で、村人として生きつつ外の世界がたえず気になり、またその歯車に自己の生活をあわせていこうとする気持ちが強かった。その典型として宮本は田中梅治翁の名を挙げているのである。日本近代における識字社会への転換を支えた人びとの意識を見事に言い当てている。

さらに宮本は、梅治翁が『粒々辛苦』に「油を売る」といった普通の人なら当たり前だと思って見過ごすような語彙までが、丹念に書き付けられていることに驚嘆している。そういった性格の一端を、勘助さんも記憶されていた。

「もうとにかく何でも書きとめにゃ気がすまん性分で……。何に使うんだろうと思うような新聞の切抜きやら切手やらカタログやらを全部帳面に貼り付けて保管整理してました」。

うれしいことに、宮本の努力でアチックミューゼアムから出版された梅治翁の『粒々辛苦』と『流汗一滴』の自筆原稿を見せていただくことができた。和紙に墨書きの小さな文字がビッシリと並んでいる。この他に梅治翁が書いた文書類はプライベートな日記をのぞいてすべて公民館に寄託されたが、段ボール箱に四箱、六十冊にもなるという。しかし小さな墨書きの文字なので、今のところだれも読もうとする者がないそうだ。

「田中梅治の伝記をつくってくれるというんですが、なかなかできない。えーつくらんでしょう」。

勘助さんによれば、梅治翁の残した文書、蔵書は本当はこれではきかず、一九四一年の水害で蔵書のほとんどをダメにした。無事だったものだけでもダンボール三十箱にものぼったが、翁の死後、東京から古本屋がやってきて当時の値段で三万円の値が

田中梅治翁の家。宮本はこの家に幾日か泊まり、近所の老人を呼んで田植歌などをきいた。(1939年11月23日　宮本常一撮影)

田所公民館に寄託されていた田中梅治文書。〔当時〕
あらゆることを書き留めた、文字をもつ伝承者の遺産。(1996年3月　著者撮影)

ついた。それでも飛び上がるほどの高値だったが、その後広島の古本屋もやってきて、当時の値段で二十九万円の値段で引き取られたという。

「あなたみたいな熱心な人がくるとわかっていればねえ……」。

勘助さんは残念そうに溜め息をついた。

勘助さんのお宅を辞去したあとで田所公民館に立ち寄り、その文書群を見せていただいた。『信用組合沿革史』、『青年団沿革史』、『明治初年布告』、『支那事変の新聞切抜』、『郷土資料』全二十巻、『明治年間僕之一生』、『大正年間僕之一生』、『昭和年間僕之一生』、……といった具合。重大事件から日常の些細な出来事まで、とにかく書いて書いて書きまくっている。これらの貴重な資料が死蔵されているというのは惜しい〔その後、島根大学の竹永三男氏・板垣貴志氏による整理を終え、現在は邑南町郷土館で管理されている〕。

梅治翁の書いたもののひとつひとつに目をとおしていると、文字を書き残すことの意味が現在とは全く違う時代があったことがわかってくる。中世や近世の古文書には、ある種の定型にのっとって書かれているところがあるが、近代の人の文章は自由奔放である。字のくずし方にも個性が出てきて、読みこなすのは容易ではない。当たり前に文字を読み書きしているぼくらと違って、文字を書くことがうれしくてうれしくてたまらない、文字が次から次へとあふれてくる、そんな熱気が書き手の心のなかにわきたっているようなのだ。文字を知らない人が圧倒的に多い時代に、ひとたび文字を覚えた者がどのような気分で文字を書きつけたのかが、このビッシリ書きつけられた細かい文字を目で見て、初めてわかったような気がする。そして、宮本常一がわざわざ「文字をもつ伝承者」という章をたてたことにも納得がいくのだった。

『粒々辛苦』刊行の舞台裏

すでに述べたように、宮本が田中梅治翁の『粒々辛苦』の出版を思い立ったのは、大阪時代に親交のあった栗山一夫からこの本を手渡されたのがきっかけだった。このことは宮本も「文字をもつ伝承者（一）」で書いている。

この栗山一夫とは、現在は赤松啓介のペンネームで知られる民俗学者で、戦時中から柳田国男の民俗学を批判する文章を発表してその名を知られていたが、唯物論研究会事件で検挙されて非転向を貫き釈放されてからというもの、戦後の柳田民俗学本流からは一貫して黙殺されつづけた。一九八〇年代になってようやく、夜ばいの民俗調査報告の復刊によって再評価の気運がたかまり、明石書店から著作集まで刊行されるまでになった。赤松の手にかかると、ほとんどの民俗学者が社会の底辺に生きる人びとについて無知なくせに知ったかぶりをして偉そうにしているインチキということになるのだが、宮本常一についてだけは深い信頼感をよせていることがいくつかの文章からもうかがえる。特に『非常民の民俗境界』では、『粒々辛苦』を宮本に手渡したいきさつが回想されていて、宮本が書いているものより内容が詳しく興味深いのでやや長いが引用してみる。

「戦前、われわれは国家権力や政府を信用しなかったから、地獄の下まで自分で入って行って納得できるまで調べた。宮本も同じ型の人間だから、私は疑いをもったりしない。岩波文庫版『忘れられた日本人』二六一頁に「田中翁の名を知ったのは昭和十四年の春であったとおぼえている。栗山一夫君から『こういう記録があるのだが』と言って示されたのが、毛筆で、しかもきわめて達筆で罫紙にかかれた『粒々辛苦』と題した島根県邑智郡地方の稲作の語彙である」以下、二八一頁まで出版の経過が詳しい。この「栗山一夫」は私の本名で、唯物論全書『考古学』執筆のため今宮のスラム街から都島へ下宿を移した直後であった。宮本と知り合ったのは昭和五、六年頃で、上方郷土研究会の会合であったと思う。(中略)[宮本は]権力や虚名にあこがれるような型ではないから、ほんとうに地を這いまわるような調査をして多くの業績をあげた。宮本は下宿へ三、四度ぐらい訪ねてきたと思うが、このときは時局が切迫してきたようだから、もう運動から手を引いて民俗学に専念してはどうかと親切に勧告にきてくれたのである。忠告はありがたいが、実はもう検挙がいつあるかもわからんので、郷里から逃亡中ということなのだ。ついては田中梅治翁からこういう貴重な記録を自由に使えと預かったのだが、私にはもう余裕がない。このまま置いておいて家宅捜査でとられると、どうなるかわからんので預かって欲しいし、できたらガリ版でもよいから出版したいと頼んだのである。大阪にも知り合いの民俗学研究者はたくさん居たが、信頼できるのは宮本の他に居なかった。私が検挙されたと聞くだけで、こんなものを知らずに預かりましたなどと密告するような奴ではしょうがない。いろいろと苦労して宮本は約束を果たしてくれたわけで、まことに申しわけないと拝謝するほかなかった。（中略）その当時の情況では、私と交渉をもつのはよほどの度胸があったといってよい」。

若き日の宮本と赤松の、厚い友情がつたわってくる証言ではないか（宮本、赤松、そして柳田側近の民俗学者橋浦泰雄との三人の厚情については、鶴見太郎氏の地道な調査によっても明らかにされた）。また、ひとクセもふたクセもある赤松が、田中梅治翁の『粒々辛苦』一冊でその英知を見抜き、いさぎよく脱帽していることもおもしろい。それにしても赤松の文章でひとつわからないのは、田中梅治翁の『粒々辛苦』がなぜ赤松の手にわたっていたかということだ。

公民館におさめられた田中梅治文書を手にとっているうち、その謎を解く手がかりがあらわれた。『随筆　田中うすゝみ』という表紙の冊子がそれで、田中薄墨というのは梅治翁のペンネームである。昭和十五年（一九四〇年）十月三日の日付で、「数々の仕事」と題してこれまでの自らの業績が回顧されているのだが、その冒頭に、宮本常一来訪そして『粒々辛苦』出版のいきさつがかなり詳しく書かれているのを見つけ出すことができた。

「去年十一月二十一日ニ、東京ノアチックミューゼアム在勤ノ宮本常一氏ガ来ラレテ、其前ニ余ノ書イタ『粒々辛苦』ヲ出版スルコトニシテモラッテ、夫レヲ原稿紙ニ写シ替ヘテ、之ニ若シ訂正スル点ガアレバ訂正シ、尚増スコトガアレバ増シテモヨイ、少シ計リ分ラヌコトガアルカラトイフ様ナコトデ、是ノ村来ラレタノデアッタ。同氏ハ其序ニ此地方各地ノ民俗ヲ調査スベク来ラレタノデ、余ノ宅ヘモ二泊セラレテ、此地方ノコトヲ種々聞イテ書カレタ。其時牛尾三千夫氏共ニ来ラレ、酒一升トカンヅメ沢山持来リ、是ヲ以テ大ニ呑ミ且ツ談ジテ夜更ケルノヲ覚ヘヌ程デアッタ。岡野迄勝治君ヲ呼ンデ、田植唄ヤ踊リ唄ヲ唄ッテモラッタリシタ。実ニ嬉シカッタ。此『粒々辛苦』ハ昭和十三年初夏ニ、牛尾氏ガ余ノ宅ヲ訪レラレテ田ノ凡テノコトニ就テ聞キタイノダガ少シ書イテ見テ呉ヌカト云ハレタノデ、ツイ余モ乗気ニナッテソレハヤッテ見マシヤウト受合ッテ、夫レ以后常ニ手帳ニ思ヒ出ス儘ノ語彙ヲ書キ付ケタ。夫レヲ秋ニナッテ書キ綴ッテ大方之位デト思ッテ清書ヲシテ表書ニ粒々辛苦ト書シタ后、『島根民俗』ガ発行セラレテ、夫レニ稲作語彙トシテ掲載セラレシヲ、播州ノ栗山一夫氏ガ見テ、之ニ就テ次号ニ於テ種々注意ノ点ヲ掲ゲラレタノデ、余ハ栗山氏ニ一書ヲ送ッテ『粒々辛苦』ヲ見テ下サラヌカト云フタ。ソレハ見セテ呉レトノ返書ガ来タカラ余ハ之ヲ同氏ニ送ッタラ、同氏カラ又之ハ大変ヨイコトガ書イテアル、是迄日本ニ於テ米ニ関シテコンナニ詳シク書イタモノハナイ、ドウカ出版サセテ呉レヨ、トノコトデアッタ。余ハ之ニ答ヘテ、夫レハ難有、大ニ光栄デアルカラ出版シテ下サイ、而シ之ヲ出版スルニハ余リニモ杜撰ノ書キ方デイケマイト云フタラ、否、之ニテヨイト云フコトトナッテ、其儘同氏ノ方へ送ッタ儘デアッタガ、后ニ宮本常一ト云フ人カラ栗山氏カラ之々ノ話ダカラ東京渋沢邸内アチックミューゼアム方ニテ出版下ル、今之ヲ原稿紙へ写シ取中ダトノコトデアッタ。之ガ右十一月廿一日ニ宮本氏ガ来ラル丶迄ノ征路デアル」（原文句読点なし）。

文中の『島根民俗』とは、柳田国男の提唱による民間伝承の会発足に呼応して牛尾三千夫が主宰した島根民俗学会の機関誌で、一九三八年九月創刊、ほぼ隔月で発行され、一九四〇年八月までに十号を出して休刊した。

田中梅治「稲作語彙」は『島根民俗』創刊号から断続的に七回連載された。さらに第一巻第三号には栗山一夫「農耕技術の調査に就いて」が掲載されており、梅治翁の記述は裏付けられる。栗山の一文は梅治翁の「稲作語彙」への敬意にあふれた内容であり、栗山が住む播磨の稲作語彙との比較をしたうえで、いくつかの質問をしている。それならこれを見てほしいと栗山のもとに送りとどけられたのが『粒々辛苦』だったというわけだ。

梅治翁の手記中の「宮本常一ト云フ人」という書き方も、まだ宮本の名があがる以前であることを思えば、よそよそしい表現がかえってリアルである。

なお、「田植唄ヤ踊リ唄ヲ唄ッテモラ」うためにわざわざ人を呼んだことは、宮本も「文字をもつ伝承者（一）」のなかで、「近所に声のよい老人がおるからと言って、ねているのをおこしにいってくれ」たと書いているが、ここでは「岡野迄勝治君ヲ呼ンデ」と具体的な固有名詞が出てくる。てっきり岡野という地名があるのかと思ったが、これは岡野屋という屋号をもつ近所の家で、本名伊東勝治さんだということを勘助さんに教えられた。勝治さんは梅治翁と仲がよく、頻繁に行き来があったという。

じつはぼくが田所のバス停を降り立ってすぐに差し出した田中梅治翁の写真を見て、田中勘助さんのお宅まで案内してくださったおじいちゃん、名を伊東秋良さんというのだが、そのお父さんにあたる人だと教えられ、おどろいてしまった。旅で味わう偶然のおもしろさというのは、これだからこたえられない。

ちなみに、これが書かれたのは梅治翁の死の九日前のことだからじつに貴重な記録だ。死の直前まで、文字を持つ伝承者としての資質を発揮してくれたことになる。

牛市の賑わい

宮本が渋沢敬三をともない田中梅治翁と再会したのは一九四〇年九月、このとき翁の案内で出羽（いづは）の牛市を見にいったことが書かれている。「翁のような人になると、どこの牛か、何歳になるか、それがどの方面へ売られるであろうというような事まで、牛を一眼見るとわかるのである。（中略）博労が右往左往して、袖に手を突込んでは取引をしている。商談の成立したものは手打ちをやっている。そういう中をぬうて歩きながら、私たちは牛の見方について教えてもらった」。

このことは渋沢「旅譜と片影」によっても裏付けられる。宮本を案内役にして九月七日〜十七日におよぶ中国地方の旅の途中、田所で二泊し、出羽の牛市を見たことが記されている。

ぼくははじめて田所をたずねたとき隣村の出羽まで歩いて、牛を飼っていたという小屋が今では車庫として使われているのを見た。三つあるうち一つは前年の台風で倒壊していたが、あとの二つには自動車や耕耘機が並んでいる。かつて耕作や運搬に使われた牛の代わりに、現在耕作や運搬につかう機械を同じようにしてとめてある。牛小屋の用途の流用のされ方としておもしろかった。

二度目に田所をたずねたのは、鱒渕でもっとも高齢といわれる老人に、昔の牛市の様子や牛飼いのこと、牛を使った代掻きの田植歌を聞かせてもらうためだった。その老人とは、はじめに田中勘助さんのお宅に案内してくれたおじいちゃんで、そしてまた宮本と梅治翁に田植歌をうたって聞かせた「勝治」さんの息子さんにあたる、伊東秋良さん（一九〇六年生まれ）である。お年をたずねると、「数えで九十になる」。宮本が生きていれば一つ年長ということになる。

この付近では、いちばん最近まで——ぼくが初めて鱒渕をおとずれた年の春まで牛を飼っていたそうだ。農耕のためというより牛が好きなのだという。初対面のときからいっぺんに好きになってしまった方で、どうしてもまたお会いしたかったのだ。

「昔は出羽鉱山いうて、銅を採るのに代官所があった。明治の末か大正の初めまで。山の上にヤグラがあって煙があがりよった。よそから出稼ぎ、多いとき一〇〇〇人はおった。死ぬる者も多くて、多いときは九つくらい死んだ。その銅を運ぶのに牛市がはじまった。

出羽には三〇〇〇も四〇〇〇も牛が来よった。馬喰さんは九州、四国、広島、鳥取からも牛を連れてきた。牛の列が［出羽から］ここ［田所］までつづいていたんだけ。出羽の牛市は五月と九月。そりゃ賑やかやった。

芸者もおった。よそから三十人くらい。えっと来よったけえのう。村のえらいさんが十円札ハチマキにして飲みよった。

出羽の牛市は肉を食べる牛じゃない、田の代掻きや運搬に使う牛。牛の始末は屠牛場が［田所村の］下亀谷にあった。今は火葬場とゴルフ場になっている。

どの家も一頭は牛を飼いよった。牛のおらん家はないんじゃから。病死させせんよう

かつて牛市で賑わった出羽に残る牛小屋。駐車場として利用されていた。(1994年10月　著者撮影)

にするのが一番たいへん。腹下がりで死ぬけえ、食うものに注意したり。毎日掃除。人をおそれんようにせにゃ。なつくようにせにゃ。娘も牛の世話をしよった。娘の方が牛がなつく。戦中はたいがい女が牛を飼いよったけえ。戦争に出て男が村におらんようになって。昔は牛も使われることになれていた。このごろの牛は言うこときかん。

耕耘機が入ったのは昭和二十四、五年ころ。共同で七、八年の年賦で買うた。次第に牛もなくなった。昭和三十五年ころにはすっかり牛を飼う家もなくなった。うちは牛が好きで、一昨年まで飼いよった。今は飼料は安いがワラがない。それで飼えん。ワラは一寸ばかりに切って食べさす。二頭の牛を飼うのに一町歩の田のワラが要る。一頭なら六反くらいの田。敷きワラと飼料のため。山にいって草刈って敷きワラにするとワラが助かる。その草を牛の背に負わせておりる。左右の脇に六束ずつ。バランス悪いと牛が難儀がるけえ」。

こうして書いてしまうとひと息に話されたようだが、実際は寡黙で必要以上にベラベラとおしゃべりするという型の人ではなかった。それでいて終始ニコニコ笑みをたたえられていて、思わずこちらもつりこまれて笑顔になってしまう、そういう方だった。こうして牛の話をうかがっていると、「農業と牛」という文章を著作集第十九巻におさめるにあたって、宮本が「あとがき」に書きつけた次の一文にも、納得がいく。「農家に牛や馬のいるのはその家をあたたかくする。人が付合いをするのは人間同志だけでなく、牛や馬や犬や猫など、生きとし生けるものが家族になることによって、はじめて思いやりの心もおこって来るように思う」。

この時、同席された勘助さん、そして郷土史に詳しいお知合いの三宅英三さん（一九一九年生まれ）も、秋良さんの話を聞きながら、牛の世話や出羽の牛市についてなつかしそうに、こもごも思い出を語ってくださった。

「十六歳くらいの時分から山で草刈って負うていきよった。馬喰さんが買うてくれるんよ。それが小遣いになるんで。それが楽しみで楽しみで。けっこういい金になる。馬喰さんは村にもおったが、ほとんどよそから来た。学校があっても、牛市がある日は授業中からそわそわしてね、楽しみやった」

と勘助さんが言えば、

「昭和のはじめごろは、牛市にあわせて木下サーカスも来た。動物園もきた。ものすごい規模でした。露店商もそれにあわせてまわってきた。娯楽のないこんな山のなかの暮らしではいちばんの楽しみやった」と三宅さん。

最後に秋良さんに、お父さんの勝治さんが宮本常一に田植歌をうたってきかせた話を向けると、

「勝治は歌の好きな人やった。代掻き(しろか)きが好き。田んぼで牛を引いて代掻きする時の歌を今もひとつだけ覚えてる」、そう言って歌って下さったのが、次の歌。

上るやら下るやら　鮎が三つちろて〜
瀬に住もうや瀬に住もうや　鮎が三つちろ〜て〜
下るやらアユが三つちろうての〜
なんと濁すな鮎とる川を〜

牛を引いて代(しろ)を掻いて田を行ったり来たりするのを、鮎が川を行ったり来たりするのに見立てて歌っているのだろうか。そんな情景が目に浮かぶ歌だった。

あとで帰って、この地方の田植歌の採集と研究で知られる牛尾三千夫の主著『太田植と田植歌』を調べたが、この歌詞は採録されていなかった。牛を一人で搔くときの歌として、「鮎は瀬に住む　鳥ゃ木の枝に　人は情の下に住む」が紹介されているのが若干近いが、理屈っぽくておもしろくない。その点、秋良さんの歌のほうが、どこかおかしみがあっていい（この歌は梅治翁の『粒々辛苦』には採録されている）。

この旅のあと、秋良さんが亡くなったと勘助さんから知らされた。生活の中に牛や田植えや歌があった時代を語る人も遠のいてゆく。秋良さんに歌をきかせていただいたときのことを、なつかしく思い出す。

4　篤農家の消えたあとで

「文字をもつ伝承者（二）」
福島県いわき市平北神谷の旅

日本文化の東と西

「じいさんはオレが七歳の時に死んだから、あんまり思い出はねぇんだ。正月に家の玄関でいっしょに写真をとったことぐれぇかなぁ」。

強い福島訛りで高木秀夫さん（一九四八年生まれ）は言った。

「文字をもつ伝承者（二）」は、一九六〇年六月、『民話』第二十一号に「年よりたち」連載第十回として掲載された。これは連載の最終回で、『忘れられた日本人』にも最後の章としておさめられている。在野の民俗学者でありすぐれた篤農家でもあった高木誠一について紹介したものだ。

アチックミューゼアムに入所した宮本は、中国地方の旅を終えたあと、日本をひととおり見ておけ、という渋沢敬三の言葉を忠実に守り、翌一九四〇年から猛烈な民俗採集の旅を開始している。一月、鹿児島県屋久島・種子島・大隅半島・宮崎県南那珂郡・米良・椎葉などを歩いて、三月、東京に帰る。四月、アチック同人桜田勝徳と伊豆西海岸を歩き、別れて富士吉田から山中を上野原まで歩く。五月、鹿児島県宝島・奄美大島・喜界島を歩き、帰途山口県に寄って郷土資料を筆写し、七月、東京へ帰る。十一月、新潟県・山形県・秋田県・青森県・岩手県・福島県を歩き、十二月、東京へ帰る。この時に福島県磐城郡草野村北神谷（現いわき市）に高木誠一を初めてたずねている。

その舞台となった土地を初めてたずねたのが、一九九四年十一月十二日。前の晩に千葉県我孫子市に住む後輩の家に泊めてもらって、早朝五時四〇分発の普通列車でJR常磐線我孫子駅から平駅で乗換え、ひと駅先の草野駅に着いたのが九時二六分。ここから一里の距離と記された北神谷をたずねるのが、『忘れられた日本人』の舞台を歩く旅の完結編となるはずだった。

ところが。

行きあたりばったりの旅も、最後の最後でボロが出た。北神谷に高木さんというお宅は一軒しかなく、探しあてるのに苦労はいらなかったものの、あいにくの留守。近くで畑仕事をしていたおばさんにたずねると、現在この家は誠一さんのお孫さんにあたる秀夫さんが一人暮らしをされていて、会社づとめのため留守がちだという。すごすご帰ってきたのだった。

帰京して秀夫さんにお便り。すぐにお返事が届く。

「祖父のことを想って下さって、私、孫として本当にうれしく想います。（中略）冬休みにでもぜひ来て下さい」（一九九四年十二月七日消印）。

冬休みは卒論、つづいて大学院入試で忙しく、ようやく再訪が実現したのは一九九五年四月二十九日。渋沢敬三が創設して宮本も所員だったアチックミューゼアムはのちに日本常民文化研究所と改称されるが、ぼくが進学したのは、その日本常民文化研究所が神奈川大学に招致されたあと、新たに設置した大学院だった。

ＪＲ常磐線上野駅から早朝六時〇三分発の普通列車に乗り、前年は「平駅」で乗換えたのだが、十二月に「いわき駅」に名前が変わっていた。そこから一駅、草野駅に着いたのが一〇時五九分。普通列車だけでもわずか五時間で着くのだから、旅とはいえないちょっとした移動だ。

草野駅をおりると、西側には一面の田んぼがひろがっている。田んぼの中を小一時間ほど歩くと高木さんのお宅なのだが、なかなか風景が変わらない。それほど田がひらけている。去年この道を歩いた時には、稲刈りはすんでいて、田の中に残ったワラくずを集めて焼く煙があちこちであがっていた。そのとき道にはヤマカガシやイナゴが車にひかれてつぶれていて、しかもその数が半端ではなかった。ヤマカガシは水の多いところにすんでいるヘビだし、イナゴは言わずと知れた稲につく虫。いかに田が身近にあるかがわかる。

思えば、これまで歩いてきた土地々々は、土佐の山中、中国山地、瀬戸内海や玄界灘の島など、すべて広い田んぼなど皆無のむらばかりだった。本当ならここ北神谷みたいな水田の広がる田園風景こそ、稲そよぐ瑞穂の国ニッポンにふさわしい典型的な風景のはずなのだが、東北地方の旅は初めてで、むしろ今は歩きながら新鮮な気分を味わっている。

つまり『忘れられた日本人』は、典型的な描かれ方をする日本の村をことさら避けて書かれているのだ。じっさい、この本に登場する主な舞台となった十カ所のうち、東日本はここだけである。

くりかえし宮本は、東日本（東京）中心のモノの見方に異を唱え、西日本には従来無視され忘れられてきたまったく別の生活があることを強調した。

西日本では村の公文書が寄りあいでそのつど選出される区長の家に持ちまわりで保管されてゆくのに対し、東日本では代々庄屋をつとめた特定の旧家に保管されていることが多いこと。家柄にとらわれない年齢階梯制が西日本に濃厚に残り、東日本には若者組さえない地域があること。婚姻にしても、西日本では自分の意志の力で結婚を決める場合が多いのに対し、東日本では家格が優先され親の言いなりになる場合が多いこと。西日本では村全体に関する昔話が多く伝承されるのに対し、東日本では家によって伝承されること。そして島根県田所と福島県磐城に共通してみられる大田植の行事さえ、前者が村中心であるのに対し、後者が大経営者中心におこなわれること。

戦後「封建的」として批判克服の対象とされた寄生地主制や家父長制が、あたかも日本全体に共通して言えるものだとする当時の学問の傾向に疑問をなげかけ、それらはアカデミズムの中心である東京、東日本を中心にしたモノの見方であるとした。しかも宮本が挙げた東日本と西日本の差異は、表層の民俗文化の違いにとどまらず、社会構造そのものの形成のされ方の決定的な違いに由来するのではないか、という壮大なスケールの仮説を提出しているわけだ。この着想は他の論考でもくりかえし主張され、晩年に未完のまま遺された日本民族文化形成史というテーマにまでつながっていった。

また、このテーマは、日本中世史家の網野善彦によって自覚的に継承され、『東と西の語る日本の歴史』という著作その他に、豊かな学問的成果をもたらしたことは周知のとおりである。また、最近では民族学者の大林太良によって、「民俗学の立場から初めて包括的な東西民俗の対比を試みた」「先駆的業績」という学問的な評価もなされている。

冒頭の高木秀夫さんの福島訛りは、宮本のあとを追って西日本ばかり歩いてきた者にとって、東日本という異質なるものの洗礼となった。これまでの旅で、言葉が理解できずに相手に何度も問い返すという経験はもったことがなかったが、今回はそういうことがしばしばあった。

ここでひとつ冗談を挟めば、土佐人の末裔であるこのぼくが、明治維新の怨念こもる東北の地へうっかり足を踏み入れてしまったことからくる恐怖と緊張もあったといえるかもしれない。いずれにせよ、まるで勝手の違う土地へ来てしまったのだなあと、つくづく思い知らされたわけだった。

在野の民俗研究の先学

ではなぜ、宮本は、この福島県北神谷の高木誠一を取りあげたのだろうか。高木誠一とはどんな人物だったのか。

「うちは代々名主をつとめる家だったそうだ。じいさん（誠一）はその長男だった。勉強好きで中学校まであがったけど、農家の息子に学問はいらねえっていうんで、親に中退させられて。それでも農村経済史なんかの本はよく読んでたんだな」。

土蔵の中を案内されると、二万冊にも及ぶという蔵書が積み上げられていた。ほとんどが農業技術にかかわるもので、なかにはホコリをかぶった英語の本まである。独

高木誠一氏。戦前以来の民俗研究家であり、優れた篤農家であった。(1940年12月　宮本常一撮影)

学したという。篤農家として何度も表彰を受け、若くしてすでに地域では知られる存在だった。

「それが明治四十（一九〇七）年に小田原で産業組合についての講習会に出たときに、はじめて柳田国男先生に会って人生変わっちゃったんだな」。

秀夫さんの言う講演会とは、調べてみると、若い農政官僚だったころの柳田が、第二回産業組合講習会において「日本における産業組合の思想」という演題でおこなったもので、のちに『時代ト農政』（一九一〇年）におさめられる歴史的な講演だということがわかった。そこで柳田は、農村の前時代的な救貧制度を改め、資本主義経済に巻き込まれつつある農村に貧富の差を生まないようにするには、防衛手段として産業組合結成が必要だと説いている。おそらくここで高木誠一は、篤農家として村を前進させてゆくには中央の言いなりになるのではなく、伝統的な村の生活習慣を確認しながら主体的な農村につくりかえてゆくべきだとする柳田に目をひらかれたことだろう。

福島県いわき地方といえば恐竜化石の宝庫で、戦後には巨大アンモナイトやフタバスズキリュウの化石が発見されている土地柄だ。秀夫さんによれば、柳田に出会う以前から誠一は、村の周辺から出土する化石を集める趣味をもっていたといい、今も高木家の土蔵に保管されているそれらの考古資料標本を見せてくださった。従来からあ

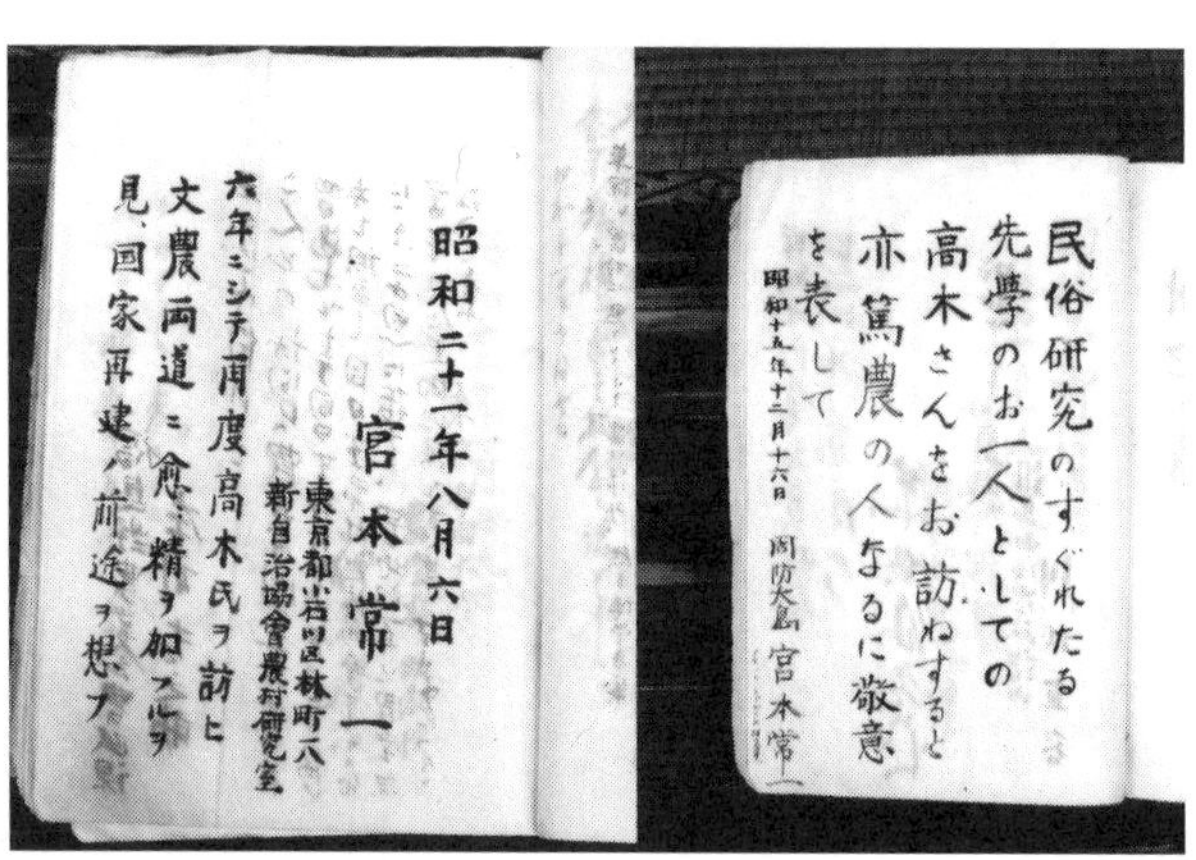

高木家に残る芳名録。宮本常一の記帳は昭和15年12月16日と昭和21年8月6日の二回。（1995年4月　著者撮影）

る考古学や歴史学という学問ではなく、現在の生活の実践をともなった民俗研究という新たな学問の可能性を柳田国男から知らされ、誠一は秀夫さんの言うように「人生変わっちゃった」というわけだった。

　以後、一九一三年、柳田が雑誌『郷土研究』を発刊すると第一号から磐城北神谷の民俗について寄稿をはじめる。「民俗学」という学問が成立しておらず、まだ「郷土研究」などと言われていたころのこと。当時、地方にあって民俗研究に関心をもつ文化人を組織することを企図した柳田に、磐城地方の民俗をふんだんに報告したのが高木誠一だった。

　一九三五年、柳田国男還暦記念の民俗学講習会が東京でおこなわれ、これを機に有志四人で磐城民俗研究会を創設。高木誠一の他に、山口弥一郎、岩崎敏夫、和田文夫。彼らの後の業績を考えると、そうそうたるメンバーである（これらの経緯は、岩崎敏夫『民俗調査の細道』にくわしい）。以後、この土地の民俗を研究しようとする中央の学者が次々と誠一の家を訪ねるようになる。

秀夫さんに「芳名録」を見せていただいたが、柳田をはじめ、ロシア人のニコライ・ネフスキー、小野武夫、石黒忠篤、中山太郎、喜田貞吉、早川孝太郎、渋沢敬三、庄司吉之助などなど、著名な学者の名前がズラリと並ぶ。

宮本常一の名も二度ある。毛筆書きながら字を崩すことなく、ガリ版切りを経験した者特有の端正な字だ。

初めての訪問時には、こうある。

民俗研究のすぐれたる先学のお一人としての高木さんをお訪ねすると亦篤農の人なるに敬意を表して　昭和十五年十二月十六日　周防大島宮本常一

戦後まもなくの再訪時には、こうあった。

昭和二十一年八月六日　宮本常一　東京都小石川区林町一八　新自治協会農村研究

室
六年ニシテ再度高木氏ヲ訪ヒ　文農両道ニ愈々精ヲ加フルヲ見、国家再建ノ前途ヲ
想フ

戦時にはひらがな書きだったのに、戦後にはカタカナ書きであるところが、宮本の心象をあらわしているようにも見える。この時、宮本はどんな目的で高木誠一をたずね、どんな調査をしたのだろうか。宮本は「文字をもつ伝承者（二）」で、高木家で一泊したあと、隣村の長友に和田文夫（一九一六年生まれ）をたずねたと書いている。七十九歳になる和田さんがご健在とのことで、秀夫さんとともにお話をうかがうことができた

オシラサマ

和田さんは高木誠一の甥にあたる。子どものころから伯父の学問に接し、二十歳という若さで磐城民俗研究会創設にかかわった。柳田国男に師事し、その後、百姓をしながら野にあって民俗学と五十年をともにした。

「宮本さんですか。昭和十五年、伯父の家で話を聞いたあと、うちに泊まりにきました。リュックをしょってね。足にゲートル巻いて、ズックの靴をはいて、コウモリ傘

をぶらさげて。富山の薬売りかと伯父も思ったそうです。旅先で見聞きしたことをいろいろ話してくれました。汽車に乗るより足で歩くのが楽しいんだ、なんて言っておられたのをよく覚えてます。シンメイさまの話を聞かれて帰られたんじゃないかな」

シンメイさまとはオシラさまとも呼ばれ、女人が祭文を唱えながら門付けをして歩くとき両手に持つ人形である。宮本も「あるいて来た道」のなかで、この年の東北の旅にはこれといって目的はなかったが、山伏とオシラさまについて多くを聞きたかったと記している。宮本が身をおいていたアチックミューゼアムには、全国の民具が集められていたが、その研究を託されていた。その中に岩手県盛岡の太田孝太郎から四十体のオシラ神が送られ、だれも手をつけずにいたのを、宮本が引き受けたという事情があったという。のちの一九四三年、日本常民文化研究所（アチックミューゼアムを改称）から、『おしらさま図録』が刊行されたとき、宮本はその成果をもとに解説を担当している。

和田さんによれば、この地には今もシンメイ信仰が残っているという。

「シンメイさまは旧家の主婦がお守りしていた神様です。家の外に持ち出して遊ばせるとよろこぶ、と言われています。家におさめっぱなしだとダメらしいんですね。巫女さんというと仰々しいですが、普通の主婦なんです。そうした巫女さんのことをここではオカガミと呼んでいます。私も昭和十五、六年ごろ、目の不自由な人がシンメイさまを両手に持って、一軒一軒門付けしてお金をもらって歩いているのを目撃しまして、後をつけたことがあるんです。乞食だったら一軒一軒しらみつぶしにまわるものですけれども、そのおばあちゃんは二、三軒おきに歩いている。どうしてですか？と聞いたんです。そしたら、オレが歩くのではない、シンメイさまが連れて歩くのだ、と答えました。昭和四十年ころまで、盆の十六日に集まって、シンメイ様を遊ばせていましたね。戸田では今でも主婦が集まって遊ばせているといいます」。

　高木誠一もシンメイ信仰について書き残しており、宮本はそれをさして、「高木さんはそういう意味で、古い伝承者たちの伝承を、現代へつなぐための重要な役割をはたしてきた一人である」と評している。

篤農家をたずねて

　宮本は、農作業の動力として欠かせない馬が戦争のために相次いで徴発されたとき、誠一が先頭に立って牛を導入して農業生産を維持したエピソードを紹介している。一九一六年生まれの和田さんですら、物心ついたときには牛が当たり前に使われていたとか。ふたたび宮本の誠一評を引けば、

「村の中にあって村人の指標となる人のタイプに二つのものがある。その一つは村の豪家や役付の家が村の実権をにぎっている場合である。今一つは一般農民の中にあっ

て、その思想や生活の方向づけをしている人である。高木さんは後者のタイプの人である」。

こうした地方の篤農家をたずねて、宮本は終戦直前から直後にかけて、全国を歩いている。戦況の悪化にともない調査が不可能となりアチックミューゼアムを一時辞め、一九四四年大阪に帰り奈良県郡山中学校の教師をしていたが、翌四五年篤農協会米山九蔵を介して大阪府知事の要請を受け、四月、府の嘱託となり、自転車で府下の村々をしらみつぶしにまわり、生鮮野菜供給を維持するための技術交流をはかる。八月終戦。十月には戦災による帰農者を連れて開拓のために北海道に行く。翌四六年一月家族と郷里に引き揚げ農業をはじめるが、二月に大阪の百姓たちの求めでふたたび農業指導に歩く。四月、渡辺敏夫のすすめで農林省の委嘱を受け、新自治協会（篤農協会を改称）の嘱託、農村研究室室長となり、食糧増産対策のために全国を歩く。翌四七年に新自治協会を辞めるが、四八年大阪府農地部長の平野勝二に乞われて農地部嘱託となり、農地改革と農協育成の指導にあたる。この数年間、全国で講演を引き受けてはその謝礼を旅費にあて、全国の篤農家を求め、指導を受け、またその技術を伝えて歩く旅が、四九年くらいまでつづく。この間、全国で一〇〇〇人を超える地域リーダーに会ったという。

この時期の宮本常一については、筑波大学の大学院生・安藤耕己氏が、「民俗学で地域リーダーに着目した業績がみられない状況、そしてその背景として従来の民俗学の研究対象、および研究目的にもリーダーへの関心は構造的に欠如してきた」状況にあって、稀有な例として、宮本の地域リーダーへの視点、そしてその背景を詳細に論じている。

ところが、発表されているこの時期の調査記録はそう多くはない。当時執筆されていた「大阪農業技術経営小史」、「篤農家の経営」は出版されなかったし（ずっと後になって、自らが編んだ著作集第十九巻『農業技術と経営の史的側面』に収録）、当時の調査報告書『村の旧家と村落組織』は、死後になって、田村善次郎氏の努力で宮本常一著作集第三十二〜三十三巻としておさめられて、ようやく日の目を見た。

この時の経験を自伝『民俗学の旅』で次のように述べている。

「百姓たちと生活をともにし、その話題の中からその人たちの生活を動かしているものを見つけてゆこうとすると、項目や語彙を中心にして民俗を採集するというようなことはできにくくなる。何となく空々しい気持ちになる。それよりも一人一人の人の体験を聞き、そしてその人の生活を支え、強い信条となったものは何であっただろうか、生活環境はどういうものであったのだろうかというようなことに話題も眼も向いていく。そして私のゆき方はそれでよいのだと思うようになった」。

ある時期から宮本が、項目や語彙を羅列する民俗採訪録を書くのをやめ、民衆の生活をいきいきと描写する生活誌を目指すように転換していったことはつとに指摘されているが、その時期は早くとも一九五五年ごろからのことだとされてきた。しかし、どうやらその起点は戦中・戦後にかけての農業技術指導の時期にあったようである。この時期の調査報告で活字にされていないものが多いのは、物資不足で紙がないという出版事情や、食うに精一杯だったという時代背景にもよるだろうが、別の要因として、生活の悩みをともにする農民たちを、学問の対象とすることへの宮本なりの迷いや遠慮があったのではないだろうか。

やはり宮本の死後になって出された、『日本観光文化研究所　研究紀要5』に、新自治協会時代の宮本を知る谷内明夫へのインタビュー、高松圭吉の手記、米山九蔵あて宮本常一書簡が掲載されている。不明な点が多い当時の宮本の活動を知るうえで貴重な内容である。

谷内の証言によれば、新自治協会は戦時に安岡正篤によってつくられた篤農協会が戦後になって改称されたもので、やはり安岡が創立した私塾・金鶏学院の卒業生によるスタッフを中心に構成されていたという。GHQが進めていた農地改革を円滑におこなうために農林省から予算がおり、農村の地主調査をしていた。宮本は農村研究室の室長にすわり、全国を旅して歩いていた。

驚くことに、この時、宮本がたずねてきた時のことを、和田さんは正確に記憶されていた。

「戦後にもまたこられて、この時は新自治協会の一員として全国を歩いておられたときです。戦前は篤農協会といっていた団体ですね。農地解放のための地主制の調査をされていて、北神谷には地主はいないのに、長友にはいる。この違いにこだわっておられた。食糧不足のときで、私が東京に出たとき、新自治協会の事務所に宮本さんをたずねて、うどんをみやげに持っていってよろこばれました。米の不足をおぎなうために、農家の小麦を集めてうどんづくりを試みていたんです。当時、米はヤミとして取りあげられましたが、うどんなら大丈夫。宮本さんにずいぶん感心されたのを覚えてます」。


ずっと後になって、武蔵野美術大学田村善次郎氏のご厚意で、当時宮本が所属していた新自治協会の機関紙『新自治』を見せていただくことができた。谷内明夫氏から寄贈を受けたものだという。このなかの「農村研究所だより」というコーナーに、次のような興味深い事実が記されていた。

「協会の農村研究所は［一九四六年］七月十四日に新しく発足した。その目的とする所は農村に於ける伝統的な生活を調査研究して、日本の村落が如何に構成せられ、また運営せられて来たかを見ようとするにある。その組織は所友と同人とに分け、所友は研究の指導をしていただく人を御依頼し、同人は直接研究に携はる人々である。而して同人は常勤と随時勤務と地方同人とを以て構成する。宮本常一、鈴木良雄、谷内明夫の三名が常勤同人となり、笹村草家人が随時勤務してくださる事になった。地方同人は目下左記の諸氏に委嘱した。

高木誠一氏　福島県石城郡草野村
和田文夫氏　福島県石城郡大浦村
岩崎敏夫氏　福島県中村町
田中喜多美氏　岩手県調査課
武藤鐵城氏　秋田県角館町
内田武志氏　秋田市亀町東土手町

（中略）

同人の活動状況について言へば宮本は八月東北各地を巡回、地方同人を依頼し、研究団体との連携をはかり且村落調査に従った。（以下略）」（『新自治』第十号、一九四六年十月）。

なお、この「農村研究所だより」のコーナーをたどってゆくと、地方同人として、十一月には、奈良環之助（秋田県南秋田郡金足村）、岡田香逸（西宮市西宮町）、笹谷良造（奈良市法蓮町）、牛尾三千夫（島根県邑智郡市山村）が加わっており、十二月には、辻本好孝（奈良県磯城郡桜井町）、後藤捷一（大阪市東淀川区三国本町）、高谷重夫（高槻市東五百住）、西谷勝也（兵庫県印南郡米田町）が加わっている。すべて宮本旧知の人脈であり、このことから見ても、宮本は戦後復興のために新自治協会を拠点として、地域リーダーのネットワーク化を目論んでいたと見てよさそうである。

和田さんが宮本と新自治協会との関わりを鮮明に記憶されていたのも、たんにゆきずりの関係だったからではなく、こうして協会の地方同人として宮本の仕事を助けたことによっている。ただし、農村研究室で構想されていた調査研究もいつのまにか頓挫した模様で、宮本も協会を理由不明のまま辞めており、そのために和田さんの記憶もあいまいなまま途切れている。

この時の宮本の東北地方の調査記録は、前出『村の旧家と村落組織Ⅱ』にまとめられた。和田さんの言うように北神谷と長友の比較はされているが、地主の有無相違の原因について、明快な結論は示されてはいなかった。ただ、「文字をもつ伝承（二）」の中で、北神谷は大地主が没落して農家の土地所有が平均しているのが特徴的で、この土地には土地を解放するほどの地主はほとんど残っていない、と述べたあとにつづけて、次のような指摘をしている。

「学者たちは階層分化をやかましくいう。それも事実であろう。しかし一方では平均運動もおこっている。全国をあるいてみての感想では地域的には階層分化と同じくらいの比重をしめていると思われるが、この方は問題にしようとする人がいない。実はこの事実の中にあたらしい芽があるのではないだろうか」。

北神谷は、横暴な大地主に多くの小作人が隷属させられているという一般的な東北の農村のイメージとはひどく掛け離れている。このときの調査が宮本にとってなにがしかの成果をもたらしたとすれば、そのことを確信させた点にあったといえるだろう。

そしてまた宮本は、「文字をもつ伝承者（二）」を次のような言葉でしめくくっている。

「民間のすぐれた伝承者が文字をもってくると、こうして単なる古いことを伝承して、これを後世に伝えようとするだけでなく、自分たちの生活をよりよくしようとする努力が、人一倍つよくなるのが共通した現象であり、その中には農民としての素朴でエネルギッシュな明るさが生きている。／そうしてこういう人たちを中軸にして戦争以前の村は前進していったのである」。

それからおよそ十年後の一九七一年に書かれた「百姓を消していった戦後農政」という文章は、宮本が敗戦直前から戦後にかけて全国の農村を農業指導で歩いた時期の経験を包括的に語っている重要な内容のものである。

それによると宮本は、農業改良普及員制度ができたうえ、農協が経営指導にあたるようになったことを契機に、全国の村々を農業指導して歩くのをやめた。戦後きわめて意気盛んであった農民たちのうち、篤農家といわれる人びとの発言が目に見えて弱くなってきたのは、その直後の一九五二〜五三年頃からだという。最大の原因として農村組織の官僚化をあげ、二年か三年指導的地位にある者が努力しても、地位を去ると責任がなくなり、指導がきれぎれになってゆくことを指摘している。指導といっても、かつての篤農家のように、手をとって教え、遠い未来を約束してくれるようなことはほとんどない。補助金や融資の枠をもってきて、それに従わない者は切り捨ててゆく。

篤農家といわれる人びとが活躍できた固有の一時期があり、その全国的なネットワーク化を宮本は目論み、全国の地域リーダーを求めて歩きまわっていたわけだが、その壮大な夢も戦後農政の転換によって消し去られてしまった。宮本の描く高木誠一の生涯は、そのことへのささやかな異議申し立てだったのではないだろうか。

しかし、ここで途絶えた構想は、やがて宮本が離島振興にかかわりを持つようになってから、離島で暮らす地域リーダーのネットワーク化を目指すというふうに、形を変えて継承されてゆく。その点で、その後の宮本にとってこの時期の経験はじつに大きかったと考えられるのである。

渋沢敬三と柳田国男

和田さんは、宮本との縁で渋沢敬三もこの地を訪れていることを記憶されていた。

渋沢の「旅譜と片影」によれば、一九四二年七月二十五日〜二十六日にその記録が見える。宮本は同行していない。高木家の「芳名録」にも、「昭和十七年七月二十六日澁澤敬三　東京市芝区三田綱町一〇」という署名が残されていた。

「戦争時分で、渋沢さんが日銀の副総裁をしている頃でしたよ。東北各県の日銀支店を視察したついでにやってきました。平市内の商工会、銀行をあげてお迎えしました。平の旅館で講演をするというので、みんな戦時経済と国民の覚悟とか、そんな演題で話すとばかり思ってたら、いきなり『万葉集に魚が何匹出てくるか知ってますか?』なんて話し始めましてね。日本古来の文献に魚の種類がいくつ出てくるか、その変遷を調べあげて、日本の文化研究は農業にばかり偏っているが、漁業の研究も必要だ、と説かれて。渋沢さんが漁業史の研究家であるなんてだれも知らなかったですから。魚の話ばかりして講演が終わってしまったので、みんな呆気にとられてました。それからまた、その夜はその旅館で泊るとばかり思っていたら、高木さんちで泊るってサッサと帰り支度をしてね。用意をしていた宿の人はたまげただろうね」。

初めて聞くエピソードである。本当は学者になりたかった渋沢が、政治経済の重職についていたのは、渋沢家の嫡男として不承不承のことだったといわれている。戦時中に奇を衒って魚の話に明け暮れたというのは、渋沢の当時の心境を示して余りあるものがある。

「戦後東京でお会いしたときは、公職追放後で、お宅の庭にサツマイモ畑でシャツ一枚で畑を耕しておられた。ご自分で肥桶まで担がれて。モチをつくってとどけたら、大変よろこんでくれました。日銀総裁、大蔵大臣を歴任された方なのに、偉ぶらない、たいへん気さくな方でしたよ」。

和田さんが渋沢におどろいたのは、和田さんの師である柳田国男となにもかもが対照的なことだった。柳田が、漁村や山村より農村の稲作民俗を偏重したのに対し、一方の渋沢は、それまで見過ごされていた漁村の研究に力を注いだことはよく知られている。しかしそれだけではなかった。

「柳田先生が昭和十二年にきた時には、平駅前の甲陽館という宿に私一人でお迎えにあがったんです。すぐに伯父や山口先生、岩崎先生も来られたんですが。宮本さんや渋沢さんは、あなたとおなじように一里の道を歩かれましたよ。ところが柳田先生は伯父の家まで人力車で移動しましたからね」。

資料に対する考え方も、ひどく違っていた。

「柳田先生の成城のお宅の集まりにも呼ばれるようになりましたが、私には一般的に言われるように怖い人というイメージはないんです。むしろ同席した地方の人に向かって、磐城を見習え、と言ってくださることの方が多かった。印象に残っている言葉。収集家になってもダメだ。自分の集めたものが日本民俗学の全体のどこに位置づくのか、どこの疑問を解くためにあるのか、よく考えてお前の資料を集めろ。それから、古文書をいじくるなら俺の家の門をくぐるな、とも皆によく言われました。郷土史家という態度を戒められた。歴史学と民俗学は違うのだということを強調しておられた」。

渋沢が田中梅治翁の稲作記録『粒々辛苦』の出版に手を貸したことはすでに述べた。このように、柳田とは対照的に渋沢は多くの農民、漁民に民俗記録を書かせ、また土蔵に眠る文献資料の発掘・出版、民具の収集にも力をいれた。『豆州内浦漁民資料』の刊行がその代表的な仕事だが、その序文に渋沢は、資料を絶対に選ぶな、という鉄則を述べている。恣意的な選択を一切排除するというその認識は、現在の学問の関心から外れる資料でも、後世の学問にとっていつ必要なことが出てくるかわからない、という展望に裏打ちされていた。

高木誠一も晩年、渋沢と宮本から民俗記録を書くようすすめられている。ただし、誠一はそれにあまり熱意を示さず、そこで周囲が心配して、それまで雑誌に発表したものだけを中心に岩崎敏夫によって編集されたのが、『磐城北神谷の話』である。一九五五年十二月に日本常民文化研究所から出版されたが、誠一は校正刷りの出はじめた九月七日に六十九歳で亡くなった。

四人ではじめた磐城民俗研究会も一時は八人くらいに会員が増えたが、すでに多くの方が亡くなり、いまでは和田さん一人だけが残った。高木誠一が集めたこの地方に伝わる変わった絵馬についても宮本は書いているが、それは誠一の死後和田さんが譲り受け、その他のこの地方の民具とともに、和田さんの家の納屋におさめられて、ささやかな民俗資料館となっていた。

「大学で民俗学を勉強する人は増えてるのに、伯父のように地域で民俗学をやる人がめっきり減ったのはどういうわけでしょうな。大学で勉強しても、社会に出たらすっかり忘れてしまう学生が多い。民俗学が世の中の役に立たないのは困ったもんです」。

和田さんは夜更けまで時間も忘れ果てしなく語ってくださった。こちらがおいとましようと何度腰を上げかけても引きとめられて、次から次へと言葉が湧いてくるようだった。

その夜は高木家に泊めていただき、誠一翁の書き残したおびただしい文章を見せていただいた。蔵書には隠居を「草庵」と名づけたことにちなんで「草庵文庫」という蔵書印が押されている。『磐城北神谷の話』、『石城郡史』、『北神谷村誌』、『水品村誌』、『馬目村誌』、『大浦村誌抄』、『磐城俚言集』、『石城の地名』……。すべてこまかい筆書きの字で、ぎっちりと書かれていた。

翌朝、高木誠一翁のお墓参りをすませたあと、秀夫さんの運転でいわき駅まで車で送っていただく。

「こんど休みとって東京に行きてえなあ。神奈川大学の常民文化研究所もどうなってるのか見てみてえなあ」。

秀夫さんの強い福島訛りが耳にのこる旅だった。

5　それぞれの「土佐源氏」

「土佐源氏」高知県高岡郡檮原町茶や谷の旅

雲上のまちへ

「凄いところぜー！　辞職峠ゆうてね、そこを越えんと檮原(ゆすはら)には行けんがよ。こんなさびしいところで働くがはイヤじゃゆうて、みんな辞職して帰ってくる。そいで峠にそんな名前がついたがと」。

一九九〇年三月二十二日、大学入学をひかえた高校三年の春休み、『忘れられた日本人』を初めて読み、帰省中の高知県宿毛(すくも)の家から東京への帰り道、檮原へ行きたいと言った時の祖母の言葉である。祖母は戦後長いあいだ高知県で駐在保健婦をしていて、檮原という土地が県内でも有数のへき地であることを大袈裟な表現であれこれ言いつのった。祖母が働いた幡多(はた)という地域も県内のよその土地から見れば立派なへき地だというのに。

　その時すでに読んでいた司馬遼太郎『街道をゆく二七　檮原街道』にも、高知市内の宿で、ある人物を紹介されるのに、「檮原のひとです」と、それだけ言われたというエピソードが出てくる。

「土佐に通じたひとなら、／『檮原』／というだけで、十分その人物の紹介になりうる」。

　へき地でありながら、教養の伝統がある。幕末の志士を何人も出し、人情も言葉づかいもしっかりとしていて、むしろ県の平野地方よりも上品な感じを受ける。男も女も働き者が多い、と司馬は述べている。

　その時の帰省中はじめて読んだ「土佐源氏」の、橋の下の乞食からの聞き書きというインパクトはもちろん、司馬の言葉、祖母の言葉もあいまって、檮原という土地がただならないところに思えてきた。

　早朝宿毛から高知行きバスに乗り、須崎で途中下車。そこから檮原行きのバスがあると聞いていたのだけれど、時刻表を見ると一日六本と極端に数が少なく、数時間も待たねばならない。どうしようかと迷っていたら、檮原の手前の杉ノ川止まりのバスが来てしまった。ええい乗ってしまえと飛び乗った。終点杉ノ川から檮原に向かう一本道をしばらく歩いていると、後ろから車が停まって檮原まで行くという。ありがたく乗せてもらうことにした。予備調査もせず偶然が重なっただけとはいえ、檮原へ行くとはなんと大変なことかとつくづく思った。

その方も檮原の人だった。南国土佐にしては珍しく、冬には軒まで雪が積る豪雪地帯だという。辞職峠のことをたずねたら、布施ケ坂というのが土地の人の言葉だと笑って教えてくれた。その峠へさしかかる。なるほど、関東の人なら日光のいろは坂を思えばいい、ヘアピンカーブが幾重にもつづく凄まじい峠だった。あとで知ったことだが、戦時中には石炭すらなく、木炭でバスを走らせていたという。しかしこの峠をのぼりきる力がないために、いったん客を降ろして歩かせ、ずっとあとからバスが追いつくというありさまだった。現在この坂を越えなくてもすむようにトンネルを掘り抜き、高い橋げたの新道を建設中で、いずれバスもそちらを通ることになるだろう、とのことだった。

峠を越えてしまうと、あとは標高はさほど変わらず、東津野村〔現津野町〕、そして檮原町。さらにもうひとつ峠を越えれば愛媛県になる。「土佐のチベット」と呼ぶ人もあるけれど、役場では、「雲上の町」とPRしている。

檮原郷土資料館で降ろしてもらい、見学。数多い民具の展示のなかでも木挽が使ったという大きな鋸が印象的。庭には町名の由来となった檮の木が植えてあった。発作的にここまで来てしまったけれど、「土佐源氏」には檮原という地名しか出てこない。

まさか宮本が話を聞いたという「乞食」のいた橋がどこにあるのか探しあてることができるなんて思えなかったので、周辺を歩いて脱藩六志士の墓、吉村虎太郎庄屋跡、茶堂といった旧跡を見て歩いて、その時は檮原をあとにしたのだった。

「土佐源氏」誕生

宮本の名を一躍世間に広めることになる「土佐源氏」は、一九五九年八月『民話』第十一号に「年よりたち」連載第五回として発表された。同年十一月に平凡社から刊行がはじまった『日本残酷物語』（全五巻、現代篇二巻）には監修者として、山本周五郎、楫西光速、山代巴とともに宮本も名を連ね、その「第一部　貧しき人々のむれ」に、「土佐檮原の乞食」と改題して再掲載されもした。翌年、単行本『忘れられた日本人』におさめられるにあたって、庄屋のおかたさんとの交情の部分が加筆されている（また、『好いおんな』という大正昭和期の発禁文書ばかりをおさめたエロ本集に、「土佐乞食のいろざんげ」と題された無署名の文章がある。性描写を露骨にした「土佐源氏」そのままの内容であり、のちに井出幸男氏「『土佐源氏』の成立」によって「土佐源氏」の「原作」であると論じられた）。

宮本の文章のなかで、これほど特異な作品もないだろう。なにしろ、説明的な記述がほとんどなく、一人の馬喰によって若い頃からの数々の女性遍歴が語られ、ついには極道をしたむくいで盲目になり、今では「乞食」に身をやつして橋の下で生きている。話者の語りだけで構成されているのだ。内容もさることながら、こんなスタイルの文章は『忘れられた日本人』のなかでもこれ一篇のみ、いや宮本全著作のなかでもこれだけである。

宮本は先に紹介した東北地方の旅を終え、翌一九四一年一月郷里へ帰って農具の調査をしたあと、二月郷里をたって愛媛・高知・徳島を歩いている。自伝『民俗学の旅』によれば、この時、まず船で愛媛県三津浜へ上陸、汽車で大洲へ、そこから肱川にそって上流へと歩き、韮ガ峠を越えて檮原に入ったという。

すでに取りあげたふるさと周防大島、田中梅治の田所、高木誠一の北神谷、あるいはこれから取りあげる寺川、対馬、名倉といった『忘れられた日本人』に登場する土地は、雑誌『民話』に発表されるまでに、すでに何らかの文章で言及されていた宮本にとって愛着のあるところばかりなのだが、この「土佐源氏」のみが、調査から十八年後に『民話』に発表されるまで、一度も取りあげられたことのない話なのだった。橋の下の老乞食の語りは、十八年ものあいだ宮本のなかで暖められつづけたことになる（ただし、このなかで語られている「池田亀五郎」と「オトシ宿」についてだけは、四国の旅からの帰途、一九四一年三月二日に大阪民俗談話会でみやげ話として披露され、同人の一人が書きとめたものが同年五月「雪の伊予土佐採訪記（二）」として同談話会会報に発表されている。宮本常一の署名があるこの採訪記は、前後三回にわたって掲載されているが、いずれも宮本の校閲を経ていない)。

じつは檮原という土地は、民俗学という学問の誕生の瞬間から、すでに特権的な場所だった。一九三四年柳田国男の指導の下に郷土生活研究所が組織され、学術振興会の援助を受けて、全国六十七カ村の山村民俗調査がおこなわれ、この種の全国同時調査の最初の例となった(これには宮本も奈良県吉野郡天川村の調査者として名が挙げられてはいるが、執筆にはかかわっていない)。調査に使用されたのは柳田の作成した「郷土生活研究採集手帖」で、一〇〇項目の質問事項が列挙されている。やがて一連の調査は一九三七年、柳田国男編『山村生活の研究』にまとめられた。

この時、すでに檮原に橋浦泰雄が調査に入っているのだ(橋浦は『山村生活の研究』では「協同労働と相互扶助」という章を担当し、調査した村々の比較検討をしている)。橋浦と宮本はすでに旧知の仲だった。一九三五年民間伝承の会結成には二人が中心的な役割を果たしている。二人は、橋浦が柳田の弟子として、宮本が渋沢の居候として東京に出てからもじつに親しく交流をつづけた。おそらく宮本はこの時すでに、橋浦から檮原という村について聞かされていたとみて間違いない。

また、宮本が晩年に発表する「土佐で稼いだ長州大工」というエッセイでは、この時の旅では「愛媛県東宇和郡上浮穴(うけな)村から韮ガ峠という峠を越えて檮原の四万川(しま)に入った」と述べている。浮穴〔現西予市野村町惣川地区〕といえば、やはり大阪時代の仲間で、のちにはともにアチックミューゼアムの所員となる桜田勝徳が、一九三四年に調査でおとずれている土地でもある（檮原には入っていない）。その時の話も当然、宮本は桜田から聞かされていたであろう。

一九四一年、宮本が檮原をたずねたのは、先人の歩いた道を自分で歩き直そうという目的があったわけで、けっして偶然ではなかったのである。

橋の下で語られた盲目の元馬喰の女性遍歴の語りは、橋浦と同じ土地に同じ民俗学徒として調査に入った宮本にとって、大きな驚きだったのではないか。しかし宮本には柳田によって民俗学の魅力にひきこまれたという学恩がある。つとに指摘されているように、柳田民俗学は、漂泊して生きた人びと、差別された人びと、性をめぐる民俗、といったものを切り捨ててゆくことで確立した。宮本が聞いた話は当時あからさまに発表できるような内容ではなかった。

「実は私は、昭和三十年頃から民俗学という学問に一つの疑問を持ちはじめていた。ということは日常生活の中からいわゆる民俗的な事象をひき出してそれを整理してならべることで民俗誌というのは事足りるのだろうか」。

宮本が自伝『民俗学の旅』で当時をふりかえって述べたこの文句は、すでに多くの者に注目されている。しかしここでは、以下につづく文章に注目してみたい。このころ抱いた疑問への自分なりの回答として、雑誌『民話』に「年よりたち」を連載し、『忘れられた日本人』を刊行したとつづけ、さらにわざわざ「土佐源氏」に言及し、次のように語っているのだ。

「世の中のアウトサイダーとして生涯歩きつづけてきた人、おそらく最後は誰の印象にも残らないように消えていったであろうと思うその人にも、人間として生き、しかもわれわれよりはもっと深いところを歩いた過去があり、多くの考える問題を提供してくれる生きざまがあったのである」。

一九九六年一月二十二日、民話の会当初からのメンバーで、「土佐源氏」誕生当時をよく知る吉沢和夫氏（一九二四年生まれ）に、自由が丘駅前の喫茶店で話を聞くことができた。

「民話の会というのは一九五二年、木下順二さんの『夕鶴』をめぐる懇談会から出発しました。私が宮本さんにお会いしたのは、一九五六年ごろ、三田の渋沢邸に講演の依頼に行ったのが最初でしたね。会員では私がいちばん若かったですから、いつも使い走りで、そんな役がまわってくるんです。

善意の固まりのような人、というのが第一印象。木下さんというのは例外的に昔話研究の関敬吾さんとのつきあいはありましたが、民俗学の人でお気に召す人は少なかったですよ。ところが宮本さんの話を聞いてすごく感動して。未來社から『民話』を出す話が出たときにはぜひお願いしようと。それでまた私が交渉に行った。断られると思っていたんですが、即座に協力しましょうと。

六人の編集委員は木下さんが選びました。別分野の人ということで、劇作家の木下順二、民俗学の宮本常一、国文学の益田勝実、文芸教育の西郷竹彦、中国文学の竹内実、そして民話研究の私、この六人です（『民俗学の旅』に山室静の名が挙がっているのは宮本の記憶違い）。民話の会といっても、もともとインテリ中心の会で、大衆とのむすびつきは薄かったんです。『民話』の執筆者も、木下さんの個人的なつきあいのある人ばかりでね。丸山眞男、藤田省三、橋川文三、石母田正、加藤周一……。宮本さんというよりは木下さんの会だった。

宮本さんは編集会議には必ず出られました。つねに旅をしていたのに遅刻もせずに。そういう人でした。白いボロボロのちびた運動靴をはいて。会議が終わると、また旅に出掛けて行く、というふうでした。当時は六〇年安保の真っ最中で、木下さんなんか激しくかかわった。私もデモの騒然とした雰囲気の中で座り込んで『民話』の編集後記を書いたのを覚えています。宮本さんは永田町にある全離島（全国離島振興協議会）の事務所におられたからデモはごらんになったでしょうが、直接は加わらずに、私どもに笑顔であいさつして、これから旅に出掛ける、なんて言ってました。うしろ姿が飄々としていてね。

東大農学部の近くの『南米』という喫茶店。木下さんたちのたむろするところでもありました。そこで毎回、宮本さんの『年よりたち』の連載原稿を受けとるんです。使い走りの私が。そこで『土佐源氏』も私が最初に読んだ。というより、宮本さんが読んで聞かせてくれました。全部です。読み終わって、『発禁になったらいかんじゃろうが、エヘヘヘ』と笑ったのを覚えています。

宮本さんにどんなものを『民話』に連載してもらうか編集会議で話題になったんです。私は宮本さんのものは古くからの読者で、『河内国滝畑左近熊太翁旧事談』というあれ。柳田国男の『民間伝承論』と同じ時期（三年後）に出ています。ところが当時の民俗学者が書かないことを書いている。左近熊太に惚れ込んで書いている。これには益田勝実も同感してくれて、あれはよかった、というと、宮本さん、よろこんでくれました。あんな話ならたくさんある、でも民俗学の雑誌には発表できない。いくらでもある、と言ってさしあたり十回書いてもらったのが、『年よりたち』の連載です。

宮本さんとしては覚悟を決めたはずです。まだ柳田国男も生きてましたから。しかし『忘れられた日本人』が出版されても、私が知るかぎりそれほどの反響はありませんでした。民俗学の内部からのあからさまな反発も知りません。沈黙、黙殺。

雑誌『民話』の創刊の辞は『新しい日本文化のために』。よく読めば柳田民俗学へのアンチテーゼです。柳田は『日本人』なんてタイトルの本も編者として出しましたよね（一九五四年）。彼のテーマは『日本人』だった。それで『民話』創刊号の座談会のテーマは『日本人』。宮本さんも『年よりたち』なんて連載しといて、いざ単行本ではタイトルに『日本人』をぶつけてきましたものね。益田勝実も、『民話』に「『炭焼日記』存疑」を三回連載してます。あれも柳田民俗学の批判的継承を提起する論文としては先駆的なものでした。

柳田が亡くなったあとで柳田ブームが起きて、それからしばらくして柳田民俗学批判もはじまりましたが、まだ柳田が生きてるときに宮本さんはあれを書いたんだから。今になって思えば、『忘れられた日本人』は凄い作品ですよ」。

吉沢氏のお話は尽きず、じつに愉快で、二時間があっというまに過ぎた。宮本の「土佐源氏」は、漂泊・差別・性の問題という、柳田民俗学のタブーすべてに挑戦するものだったことが、吉沢氏の話を聞いてもよくわかる。柳田民俗学につらなるすべての学者を向こうにまわして喧嘩を売ってきた赤松啓介も、「土佐源氏」だけは絶賛しているが、この話を発表するには調査から十八年もの時間の流れが必要となるほど、勇気のいることだったのだ。

最後にひとつ、吉沢氏に聞いておきたいことがあった。岩波文庫版『忘れられた日本人』の「解説」で網野善彦氏が、「土佐源氏」を創作ではないかと疑った人に対して、宮本が採訪ノートを手に憤った、という逸話を吉沢氏から聞いた話として紹介している件について。

「ああ、あれは網野さんの聞き違いです。網野さんと私は東大国史学科の仲間でね。岩波文庫の解説を担当することになったといって、何か参考になることはないかって電話がかかってきたんですね。宮本さんが手にしていたのは、ノートじゃなくてカードでした。それも檮原じゃなくてたまたまそのとき手にしていたよその調査カードでしたよ。『こういう記録をちゃんととったんだ』といって怒っていたのは事実です。それを網野さんがああいうふうに書いただけでね」。

そういうことだったのか。宮本の戦時中の調査ノートは大阪の戦災で焼失したと聞いていたので、網野氏の「解説」を読んで驚いたのだが、そういうことだったとすると、やはり「土佐源氏」の調査ノートが現存している可能性はゼロに近いということになる。

山奥の大動脈

檮原の旅に話をもどす。檮原の最初の旅から一年半がたった大学二年のとき、東京の自宅でとっていた郷里の高知新聞に、思いがけない記事が掲載された。

高知新聞社客員の山田一郎氏が、土佐を舞台にした古今の小説やエッセイについて紹介する「土佐風信帖　うみやまの書(ふみ)」という連載があり、これを毎回楽しみに切り抜いてスクラップブックに貼りためていた。そのなかで、宮本常一「土佐源氏」が取りあげられたのが一九九一年三月十六日。「土佐源氏」の舞台を土地の古老から聞き出し、「四万川の上流、津野山神楽と花取りの里に近い場所だったらしい」と推定している。

ところが。

山田氏はその後、この連載のなかで再び「土佐源氏」を取りあげ、「土佐源氏」のモデルとなった老人の孫にあたる人物をさぐりあて、六月十九日「真説『土佐源氏』」、六月二十六日「作られた老乞食」と二回にわたり、宮本が話を聞いた老人は乞食ではなかった、というショッキングな報告をつづけたのである。

なんでもそのお孫さんによれば、「土佐源氏」のモデルとなった祖父は、橋のたもとに腰掛けて、道行く人をつかまえては面白おかしい話を聞かせるのが好きな人物で、元馬喰で失明していたことは確かだが、当時は水車で製粉をしており、「乞食」などではなかったというのだ。山田氏は書いている。

「この聞き書きは文章化される段階で（中略）舞台は橋の下に、主人公は乞食に変形した」。

そして次のようにしめくくるのだった。

「文章を書くことの恐ろしさ、真実と虚構と、人権とモラルと——ものを書く人間のはしくれとして私は、そのことを痛切に考えている」。

宮本が「土佐源氏」のモデルとなるおじいさんに話を聞いたというその現場にどうしても行きたくなって、一九九三年八月十二日、夏休みの帰省途中の電車を下り、檮原行きのバスに乗った。

檮原行きの高知県交通バスには、布施ケ坂新道を経由するのと、別の旧道を経由するのと、二つのルートがある。旧道には途中にいくつか集落があるから、このルートは廃止できないのだという。先述のとおり、初めに檮原をたずねたときには、新道ができる前の布施ケ坂を経由した。今度はたまたまダイヤのめぐりあわせで、旧道を通るバスに乗ることができた。

途中、布施ケ坂と同じ標高を駆け登るつづら折りの坂があり、茶畑のつらなりがあまりにみごとで息を呑んだ。布施ケ坂は辞職峠の別称があるように、さびしい無人の坂だったが、この茶畑の峠には人家が集まっており、暖かい。人が切り拓いた段々畑のなかを船を漕ぐようにゆっくりゆっくりとバスは走り、同じ土地へゆくにしても、入るルートが違うとこうも気分が変わるものかと、おもしろく思った。

須崎から一時間二十分バスにゆられて檮原に着いたのが一四時四五分。三年ぶりの町でなつかしい。三年前はここまできて帰ったのだが、今年は、ここから檮原観光自動車の四万川方面行きバスに乗ればいいことがわかっている。だが、一日三本しか便がなく、二時間以上も待たされることになる。一七時一〇分檮原発、四万十川の支流のひとつ、四万川に沿ってバスは走り、終点本モ谷（おだに）のひとつ手前、竜王橋というバス停で一七時四三分に下車。

このバス停のわきのお宅に、「土佐源氏」のモデルとなった人物のお孫さんが住んでいると新聞記事にはあった。玄関で来意を告げると、女性が出てきて、「主人はまだ畑から戻りません」とのことで、しばらく周辺を散歩して待つことにする。

バス停わきの商店でパンとミカンと缶コーヒーを買い、夕食をとる。ちなみにここの自動販売機では缶ジュースをまだ一〇〇円で売っていた。日が暮れようとしている。一刻も早く今日の野宿の場所を探さなくては。さいわい、竜王様を祀る海津見（わたつみ）神社がある。ここで寝ればよい、と見当をつけて再びお宅をたずねる。日はすでに暮れていた。

その人は、下元（しももと）和敏さん（一九二九年生まれ）。メガネをかけた太い眉の温厚そうな方で、飼い犬とじゃれあっている姿がじつに無邪気だ。高知新聞の山田一郎氏の記事を見てきたと伝えると、玄関では蚊がさすからと家に通してくださった。

山田氏の記事はさしたる反響もなくて、その後たずねてきたのはあんたが初めてだ、と下元さんは言った。

「わしが初めて『土佐源氏』を知ったのは、十年ほど前、一人芝居が檮原にやってきたときやった。わしは見にいかざったが、近所の人はみんな見にいった。九州から住み着いた遊び人のじいさんが近所におったもんやけん、その人がモデルと思いよったが、どうもそうではないらしい。一人芝居をするという本人がたずねてきて、自分のじいさんがモデルだいうことを初めて知ったがよ」。

下元さんの言う一人芝居とは、坂本長利氏の「土佐源氏」。もちろん原作は宮本常一である。『坂本長利「土佐源氏」の世界』によれば、一九七七年八月二十八日、二〇〇回記念として、檮原の三嶋神社境内で公演されている。

「宮本さんゆう人の『土佐源氏』は読んだこともない。ただ、その一人芝居がきたとき、役場の有線放送で『檮原の乞食の一人芝居をやります』とふれまわったのが気に入らんかった。役場には親戚がおるし。若い娘が。『お前、乞食の子か』、ゆうて後ろ指さされるのが気の毒で。『乞食』ゆうがだけはやめてください、ゆうて身内の一人が役場に抗議して。そしたらアナウンスで『乞食』とは言わんなった」。

下元さんによれば、自分の祖父が「乞食」にされたのが許せないと激しく怒っていた。一九四一年二月、下元さんが十二歳のとき、おじいさんの話を聞きに宮本がたずねてきたのをうっすら覚えているという。

「あんたみたいに丸いメガネをかけた小柄な人やったんじゃないかな」。

そのとき宮本が泊まったのが、近くにある那須旅館で、主人は那須政太郎といった。

檮原の民家。宮本は膝まで雪に没しながら伊予から土佐へと入り、この村を歩いた。（1941年2月　宮本常一撮影）

宮本常一が「土佐源氏」のモデル・山本槌造翁から聞書きをした竜王橋。中央に立っているのが槌造翁の末娘・下元サカヱさん（2005年5月逝去）。（1996年3月　著者撮影）

「土佐源氏」にも「那須のだんな」として登場する人物だ。

「学校の先生をしよって、やめてから旅館の主人になった。歴史や民俗に詳しい人やった。当時よそからやってくる商人らあが決まって泊まってゆく宿やったき、宮本さんがこの土地の古いことを聞こうとするがやったら、村のだれかが那須さんのところを教えたとしても不思議はなかっつろう。そいで近所におもしろいおじいさんがいるからゆうて、那須さんに連れられて、うちのじいさんのところにやってきた。いまは旅館はやりよらんが、建物だけはそのまま残っちゅう」。

そのおじいさんが、下元さんの祖父にあたる山本槌造さん（一八六四〜一九四五年）だった。

「槌造じいさんは、伊予の惣川村小屋〔現愛媛県西予市〕というところの和藤家に生まれて、同じ村の山本家のワサの婿養子になったけんど、飲む打つ買うの放蕩三昧で財産を潰して、馬喰をやるようになって。馬を引いて肱川・内子・大洲なんかを歩いて商売しよった。伊予と土佐のくにざかいを行ったり来たり。伊予からはジャコ・塩・魚の干物をもってきて、土佐からは酒・干柿・茶なんかと交換するが。ミツマタゆうて知っちゅうか。このへんではカジと言う。お札の原料になる。茶や谷ではようけ作りよったけん、紙の加工所のある伊予の葉山からもうんと買い取りに人がきよった。ばあさんの妹もその人らあが泊まる木賃宿をしよったけん、じいさんもその縁をたよって、この村に落ち着いた。男二人女三人の子どもを立派に育てて、末の娘もまだ健在です。それがわしの母です」。

そのとき、偶然テレビの天気予報で高知県の地図が映し出された。それを下元さんのお連れ合いの佐都喜さんが指さし、

「ここが檮原です」。

と教えてくださった。なるほど、四国山地の稜線にそって県境が引かれているが、一か所だけ大きく愛媛県側にでっぱったところがあり、そこが檮原だった。愛媛県とのつながりの強さをその県境がそのままあらわしているようでおもしろかった。

奥深い檮原という土地も、決して閉鎖的に自己完結した村ではなく、人の往来がさかんな、伊予と土佐を結ぶ大動脈だったことがわかる。『檮原町史』によれば、江戸時代、檮原にはいくつもの番所が置かれたが、村人は国抜けを禁じる掟の定められた三年後の一六七七年にはもう白井谷番所の前の川ひとつへだてたところにエビス様を祀り、エビス参りと称しては抜け道として利用したという。

初めて檮原をおとずれたとき六志士の墓を見たが、みな茶や谷の奥にある韮ケ峠を越えて脱藩し、天誅組や蛤御門ノ変で幕軍に包囲されて戦死した。坂本竜馬もこの峠を越えて脱藩した。司馬遼太郎『竜馬がゆく』、大岡昇平『天誅組』、安岡章太郎『流離譚』といった愛読してきた物語の舞台の歴史的背景が少しわかったような気がして、

話を聞きながら興奮をおさえられない。かれらが死罪に等しい脱藩をするのに、この峠を選んだのには必然性があったのだ。目のとどかない山村でありながら、それほどに人の往来がさかんな秘密の抜け道だったというわけだ。脱藩した志士たちはみな、長州を目指した。偶然だが宮本の郷里も長州である。やがて宮本は、反対に伊予の側から同じ峠を越えてこの村に入った。伊予と土佐の山間をゆきかう人びとのなかに、槌造じいさんもいた。

「宮本さんがたずねてきた当時、じいさんは馬喰はやめ、橋のたもとに水車小屋を建てて、直径四メートルの水車を動力にして、直径一メートルほどの引臼を五、六個回して粉ひきを仕事にしよった。じいさんが一人で川を堰止めて水車を回す水を引いたんです。乞食なんかじゃありません」。

檮原という土地は土佐山中のなかでは珍しく古くから水田がひらけたところで、司馬遼太郎も『街道をゆく』のなかで山の急斜面のてっぺんまでひらきつくされた檮原の千枚田に感嘆している。しかし『檮原町史2』によれば主食は一般にムギ・キビといった雑穀であり、裕福な豪農の家でも米は三十〜五十%雑穀飯に混ぜ入れているにすぎなかった。一九三五年ごろまでの学童の弁当は主にトウキビ（トウモロコシ）を粉にしたものやカズライモ（サツマイモ）だった。餅も純粋なモチ米ではなく、タカキビ・トウキビ・コキビ・アワといった雑穀を臼でひいたものにツナギとしてモチ米を混ぜていた。槌造じいさんの水車小屋でひいていたのもこうした雑穀が主だっただろう。一般家庭がすべて米飯となったのは、戦後どころか、なんと一九六五年ごろからというのだから。

しかし下元さんの話を聞いていると、槌造じいさんには、たしかに宮本が「乞食」と書きたくなるような要素が多分にあったという。

「失明しよったのは確かです。裸に黒の厚司をはおって、帯の代わりに縄を巻いて、ふんどし一丁。散髪もせず髪は伸び放題。竜王橋はいまコンクリになっちゅうけんど、当時は三十センチくらいの板の橋で、宅地は橋より二メートルば低いところにあったけん、そこの座敷に座っちょったら小屋掛けしゆう乞食に間違われてもしかたなかつろうのう。またじいさん、話が無類にうまくて、だれかれ人をつかまえちゃあおもしろい話を聞かせるゆうので近所でも評判やった。女をかもうてバブレた（放蕩した）話も、確かにあったと聞いちょります」。

しかし宮本の話のなかでひとつだけ事実と決定的に違うのは、槌造じいさんが乞食ではなかったということだ。なぜ宮本は事実と違うことを書いたのか。槌造じいさんの作り話にだまされたのか、それとも嘘とわかっていながら故意に事実を曲げたのか。

この件に関しては、すでに多くの人がそれぞれ自説を展開している。なかでも『宮本常一を歩く』の著者、毛利甚八氏の説は説得的だ。先述のように山田氏は文章の書き手としての人権に対するモラルを持ち出しているが、「乞食」という言葉は当時の日常語といってよく、その語句の使用は差別表現にはあたらないこと。むしろ性のタブーの方が強かったことを考えれば、槌造じいさんの話を場所や人名が特定できるようなかたちで全国に発表したら、その方が人権問題となったのではないか、むしろ固有名を伏せた宮本の配慮の方こそ人権的である、と。そして宮本を挫折した文学青年だったという個人的な見解を示したうえで、文学への夢と旅をとおして培った現実認識が融合して生まれたのが「土佐源氏」ではなかったか。『民話』という発表の場を考えると、四国遍路にまじってやってくる「乞食」も多かったこの土地で、複数の「乞食」から聞き取った話をひとつの民話として束ねた可能性もある、と推理している。

　ぼくは、宮本がどう考えてこの作品を書いたのか、本当のところはよくわからない。ただ最低限言えるのは、先にも述べたとおり、土地に生きる人びとの血が通わなくなった民俗学に不満をもっていた宮本の、意欲作だということだ。自伝『民俗学の旅』では大阪の郵便局員、小学校教員時代から、周辺の橋の下の「乞食」に話を聞きにゆくエピソードがあるし、大正から昭和にかけて「乞食」のなかで暮らした清水精一の『大地に生きる』に、その当時になってさえ天皇の存在も知らず、いくら説明してもどういうものかのみこめなかった「乞食」がいたという報告に感動している。そういう世界にもっとも近い学問であったはずの民俗学からも忘れられ、現代社会からもなかったこととして葬り去られようとしている人びとに寄せる共感が、宮本に「土佐源氏」を書かせた。

宮本は、坂本長利の一人芝居のパンフレットに寄せて、次のように語ってもいる。「目が見えなくなった人というのは、目が見えておったときの一番強かった印象が浮彫りになるんですね。僕はそういう盲目の人に何人も会うたんです。その人達からきく話というのはどれもすばらしかったですね」（引用は『坂本長利「土佐源氏」の世界』）。

槌造じいさんが語る人生の最も輝いた部分に、宮本は共感を寄せた。民俗学からも黙殺され、専門誌には論文というかたちではだれも報告できないような話を、全編が語りという斬新なスタイルで示したのが「土佐源氏」だった。

下元さんは話を終えると、奥から黄土色の粉のはいった缶を取り出し、食べてみろという。米の代用食で、トウキビ（トウモロコシ）を煎ったものを挽いて粉にしたもので、この土地でコンコと呼ばれている。

「じいさん、水車小屋で、こんなもんよう挽きよった」。

香ばしい味で、むかし祖父母の家にあずけられていたころ、玄米にまぜて食べさせられたキナコの味を思い出した。

今晩は海津見神社で野宿しようと考えていると伝えると、遠慮せず泊まっていけ、と言われた。ありがたくお言葉にあまえることにした。

船、山にのぼる

海津見神社は通称竜王神社といい（以下、表記はこの通称にしたがう）、槌造じいさんの水車小屋のわきに架かる竜王橋はその参道に通じていた。

たずねていってみると、この神社はこんな山奥にあるのに大小二隻の漁船が奉納されており、異様な感じを受ける。愛媛県双海町〔現伊予市〕の漁師が大漁祈願したものだと聞いた。さらに奉納金をおさめた人の氏名が刻まれた札を読んでいくと、愛媛県宇和島、高知県宇佐、久礼、佐賀、はるか土佐清水市片粕からも、漁師たちの名が見られる。じっさい、下元さんの少年時代、まだ槌造じいさんの生きていたころ、竜王神社の例祭には瀬戸内海・太平洋の漁村を問わず一〇〇〇人もの参詣者がおしかけて、ものすごいにぎわいだったという。

下元さんにおみやげに、といって渡されたのは益三兵衛という人の書いた『龍王様と私』という本で、パラパラとめくってみると、益三兵衛というのは高知県有数の漁村、宇佐の漁師だったが、一九二六年高知県下川口村貝の川（現土佐清水市）の漁師に請われて鰤大敷の指揮をとることになったとき、ここ檮原茶や谷の竜王神社に祈願して大漁になったという体験談だった。

竜王神社には和船が奉納されていた。山奥に漁民信仰の不思議。(2005年8月著者撮影)

仰天した。

声をあげるぼくに、なにごとかと下元さんが目をまるくしていたくらいで、それほどおどろきは大きかった。

なぜなら、貝の川というのは父の実家のあるところで、現在ここの年輩者で益三兵衛の名を知らない人はいない。豊漁祝いに建てたという貝の川の天満宮の石鳥居には、奉納者・益三兵衛の名が現在も刻まれている。漁獲の少ない貧しい漁村で細々と生きてきた貝の川の住民にとって、一九二六年の鰤豊漁とはそれほどの大事件だったのである。はるか足摺沿岸の自分の父の郷里と、山奥の檮原茶や谷がこんなところで結びついていたとは。

益三兵衛が檮原茶や谷の竜王神社に祈願したのは、そのとき七十五歳になる父をはじめ複数の人に、昔祈願して豊漁があったと聞いたからだというから、少なくとも明治初年にはすでに漁師の信仰を集めていたことになる。海津見神社とはその名のとおり海の神様なのだが、なぜこんな山のなかに漁師の信仰を集める神社があるのか。ちなみに船の運行の目安として山あてに使われるような、海から直接見える場所にはない。

竜王神社の縁起によれば、一七四六年に茶や谷のとなりにある中ノ川という地区の山中に若宮として勧請したのがおこり。しかし一七五〇年、一七七一年、一七七六年と池の崩壊による洪水で川筋の田畑が流されるという不思議な出来事がたてつづけに起こった。村びとは蛇王権現の怒りとして一七九四年宝殿を建立して祀った。一八〇四年現在の場所に移し、竜王大権現とした。

つまりもともとは、蛇・竜という水の神様だったというわけだ。一九九五年夏に四万十川を源流から河口まで歩いて村々の伝承や生活を聞いてまわったことがあるが、この流域には大蛇、竜神伝説が濃厚に残っていた。一七〇〇年代の水害の伝承は、おどろくことにいまだに茶や谷でも語られていた。下元さんから聞いた話。

「高知の方から秤屋の娘が逃げてきて、ここの近くの庄屋の家に宿を乞うたがと。寝顔を見んでくださいと言うのを家の者がのぞいてみると、部屋いっぱいの蛇やった。見られたゆうがでこの山の淵に逃げて、竜王様として祀ったのがはじめ。女の神様です。

長州大工が建てた竜王神社社殿のみごとな彫刻。周防大島の大工・喜助の作と伝えられる。(2005年8月　著者撮影)

蛇は鉄屑を嫌う。村でも度胸がいいことを誇る鍛冶屋が、そんなことなんちゃあ俺は信用せんゆうて、鉄屑を投げ込んだ。蛇が怒ってたちまち池から水があふれて、男の家を押し流し、山が崩れて田畑がつぶれた。村びとは大蛇の怒りをしずめるためにお宮を祀って、ようやく怒りがおさまった」。

一九九六年三月二十五日、三度目の檮原の旅でふたたび茶や谷をたずね、再び下元さんのお宅に一泊お世話になった。土佐山間の名物である豆腐を湯豆腐で、やはり土佐名産の柚子でつくったつゆでごちそうになる。このとき、もと竜王が祀られていたという場所まで歩いてみた。

下元さんに、となりの中ノ川地区の茶

堂のわきをのぼった山の奥だと教えられた。道もあるかないかというもの凄い杉林のなかを、一時間半もかけてようやくたどりついた。途中、かつてこの村の経済をささえたミツマタの木がところどころに残っているのを見た。一九六〇年ころ杉に植え替えるまでこの山は一面ミツマタだったという。今も犬小屋ほどの祠があり、蛇がすんでいたといわれるちいさな池も、いちど水が涸れたのを一九五五年ころ村人たちが掘りだして復活させたのだそうだ。今はだれもお参りする人はいないが、それでも水を絶やさず祀ってあるところに、水神に対するむらの人たちの考えをうかがうことができる。

しかし、それだけでは現在の場所に移された竜王神社に、わざわざ遠くから漁師たちが大挙して大漁祈願におとずれる理由にはならない。

謎を解く直接の資料は現在のところ皆無である。しかし宮本常一の次の文章がその手掛かりとなると考えている。

周防大島から土佐山中に大工として出稼ぎにくる者が多かったことはすでに述べた。文字を知らない者ばかりだったという長州大工について、口頭伝承でしかたどれないと考えていた宮本に、意外な報告をもたらしたのは、高知県の民俗学者坂本正夫氏だった。土佐に現存する寺社の棟札を調査し、長州大工の氏名ひとつひとつを明らかにしたのである。このなかには宮本の親戚の名もあったし、ふるさとの島でよく聞いていた人の名前もあった。それをもとに宮本は、一九七九年三月と七月に、実際長州大工が建築した寺社をたずねて土佐山中を歩き、「土佐で稼いだ長州大工」を書いている。周防大島のふるさとに住む老人で、若いころ土佐出稼ぎに行った大工がいて、財産もできず一生を終えた。村人としては能力があるとは思えなかったが、ただこの上なく人がよかった。ところがこの旅で土佐をたずねてみると、その大工の建てた神社が残っていた。しかも手抜をせず立派な仕事を残し、土地の人に尊敬されていたことがわかった、という感動的なエッセイである。

この発端になった調査をされた坂本正夫氏（一九三三年生まれ）に、一九九六年四月一日に高知市内の喫茶店でお会いすることができた。

学校教師をしていた坂本氏は、古本屋で偶然『民俗学への道』（岩崎書店版）を手にいれ、初めて宮本の名前を知った。一九六二年ごろ自著『土佐泉川民俗誌』を出版したとき、宮本に送ると励ましの手紙が返ってきた。その後、民俗学会の席で初めて会い、晩年まで二、三度会ったという。

「初対面のとき、『おお！　坂本くんかね』といってパッと抱きついてこられて。やる人によってはあつかましく感じるもんですが、それがとってもいい印象で残ってます」。

宮本が刺激を受けたという坂本氏の論文は、「土佐へ来た長州大工」（『高知史学』

第五号、高知県高等学校社会科歴史研究会発行、一九七三年。筆者未見）で、長州大工についての初めての論文だった。以来、調査はコツコツと二十年余りつづけられ、宮本の死後になって『東和町誌　資料編　一　長州大工』としてまとめられた。これによると、長州大工の残した建築物は、高知県の中央から西南部までの全域、おどろくべき広範囲にわたっている。それまで掘っ建て小屋同然だった土佐の民家が一変したのは、彼らの仕事によるものだった。

しかも高知県吾川郡伊野町神谷（こうのたに）地区〔現いの町〕では戦前まで「長州いも」とか「茂次郎いも」と呼ばれるサツマイモが栽培されていたという。この芋は収穫量が多く、しかも美味だった。これは宮本と同じ、周防大島西方村出身の杉山茂次郎（生年不明）という長州大工が伝えた芋だったことがわかった。この他にも高知県内に「長州いも」の呼称は見られ、長州大工は建築物だけでなく、はからずもその他の文化の運搬者としての役割も果たしていたことを示唆している。

じつは茶や谷の竜王神社も、明治初頭（年月日不詳）に長州大工が建てたものなのである。梁には象・獅子・竜・鶴といった凝った彫り物があり、これはひとめ見て長州大工のものだとわかるほどの特徴なのだという。

つまり、竜王神社の漁民の信仰は、瀬戸内海や土佐の太平洋沿岸を歩きながら長州大工たちが広めた結果ではなかっただろうかと想像してみたくなるのだ。

宮本は、次のような言葉で「土佐で稼いだ長州大工」を結んでいる。「地から生えたような人たちの努力によってこの国の文化は作りあげられていたのであり、また交流も見られたのである。／その交流が民衆社会の文化を高めていたのではなかろうか。目に見える文化の底に、目に見えない者の大きな支えのあることを近頃しみじみと考えさせられるのである」。

山奥に小さく祀られていた水神が、いつのまにか、はるかかなたに住む漁民の信仰を集めるようになる。その背景には、こうした無名の人びとの交流のつみかさねがあったのだ、と考えてよさそうである。

それぞれの「土佐源氏」

下元和敏さんは、戦争中の一九四四年から養成工として鉄筋建築を習い、戦後檮原で第一号の鉄骨建築を建てた一人。そのことを誇りに思っている。十六歳のときに大阪へ出て建設会社に就職し、公団住宅をずいぶん建てた。きれいな住宅が立ち並ぶのを見て、戦後の復興を実感したという。オイルショックの不況で茶や谷にもどり、農業をはじめる。田中角栄の日本列島改造にともなう自営農家育成政策により、農業の方は景気がよかった。農協の農業委員も十二年つとめたが、体調を悪くしてからいっさい足を洗って、現在は農作業に専念。ビニールハウスでベイナスとトマトをつくっている。

先に述べたように、自分の祖父が「乞食」とされたことを快く思っていない。なんとか名誉の回復をと、槌造じいさんがどんな人物だったのかを語って聞かせてくれた。

竜王神社のお祭りは、十一月二十八日～二十九日で、縁日がたつ。

「そりゃにぎやかで、むらの人らはみんな楽しみやった。よそからもうんと人が来る。むしろを敷いて、本物のヘンドさんら（乞食）も来よった。じいさんは長男の手を引いて、おろしたての一張羅の着物をきて出掛けて。けんど帰ってくるときにはもう片袖がなくなっていて。どうしたがぞ、ゆうて家のもんが聞くと、縁日の露店を広げちょったおんちゃんとつかみあいのケンカになって……。そういう人やった」。

川に落ちた子ども二人を助けたこともある。

「丸木の一本橋で遊びよった女の子と男の子が川に落ちた。雨で水があふれちょったけん、だれちゃ飛び込むもんがおらん。ちょうどそのとき行商から馬を引いて帰ってきたじいさんが行きあたって、飛び込んで助けた。その子どもが大きくなってからも、命の恩人ゆうことで、じいさんに線香あげに来よりました」。

槌造じいさんは、一九四五年二月、八十一歳で亡くなった。奥さんのワサさんも四年後に後を追うように亡くなったという。

下元さんのお母さんで、槌造さんの末娘にあたる下元サカヱさん（一九〇七年生まれ）がご健在とのことで、一九九六年三月茶や谷再訪のとき、お話をうかがうことができた。宮本が生きていれば同い年の九十歳になるというのに、腰はしっかりと伸び、たいへんお元気だった。伊予の風だろうか、ゆっくりゆっくり優しいしゃべり方をする人だった。丸顔に小さな目を細めて笑うところがとても素敵なおばあちゃんである。

「畑仕事は去年やめました。病院に行かにゃイカンような病気はしたことがないがです。三年前検診で引っ掛かって心臓が。須崎の病院で血圧いわれてから薬を飲みよる。

親父の若いころのことは母や伯母から聞いて知っちゅう。養子にもろうてもろうたお父さんは財産家で、大きな家大きな蔵もっちょったそうです。六十一歳で亡くなってあととりになって。けんど博奕とおなごでつぶしたろう。それから馬喰になって。私が知ってからは、牛より馬の方がようけでしたね。

この近所でも、伊予からきた人、多いです。商売がかったことするような人はみんな伊予から。私ら、むかしここでは六つのときから伊予の方へ守り（も）に行かしたら学校行かさんでもええゆうて。

竜王様のお祭りでも、道のそこここに傘をさして、その下でものもらいする乞食のことはヘンドさんじゃゆうて、ようけきよりました。けんどここの川はむかしっから、乞食の住むような［広い］河原じゃなかった。親父はおもしろい話をするがじゃけ、［宮本にも乞食だと］話したがですろ。

一人芝居のことでは、広島と名古屋に出ちょる娘が文句を言うたんや。けんど私は、乞食でもヘンドでも、出してもらえりゃ名誉と思うちょる」。

下元さんとサカヱさんでは、「乞食」と書かれたことの受けとり方がこうも違うものかと思った。後日、このとき撮った写真をお送りすると、広島県福山市在住の娘さんという方から、「母に代わって」と、お礼状がとどいた。

楠目きし子さん。これが縁となって現在も文通がつづいているが、まだお会いしていない。手紙で槌造じいさんの思い出をたずねると、次のような返事がかえってきた。

「私には祖父の思い出はちょっぴりしか有りません。

今、母が住んでいる家の奥の小さな部屋で縞模様の布団をかけたアンカの中にすわっていた姿、それは兄［下元和敏さん］を老けさした様なおだやかな姿だったと思います。私達が五、六才だったでしょうか、アンカの中に入って行くと、指で色々の遊びをしてくれました。その遊びの時につぶやいていた言葉、イチケショ　ニケショ　サンケショ　シケショ　マタジョの花が咲いたか　咲かんか……。これがなぜか今でも心に残っています。きっと長い間マタジョの花ってどんな花だろうと考えていたからでしょう。最近、『土佐源氏』の事が出だしてから、あゝ、祖父がおもしろおかしく話していたと言う、お色気話に関係あるんだなあと気付きました。それに大雪の日になくなった事、それだけです」（一九九六年五月九日消印）。

それぞれに、それぞれの「土佐源氏」を抱えて生きている。

遺族だけではない。

一九九六年十一月一日〜三日、東京幡ヶ谷のグランリリカで坂本長利さんの一人芝居「土佐源氏」一〇〇〇回突破記念公演がおこなわれた。すでに名高いこの一人芝居を、このとき初めて見た。

闇のなかでロウソクだけが燃えている。そのなかで乞食姿の老人がポツリポツリと自らの人生を語りだす。思った以上に声色は高く、飄げた仕草で笑わせる。客席はぐいぐい話にひきずりこまれている。一時間ちょっとの芝居が終わって、それでもぼくは、自分の思い描いていた「土佐源氏」とはどこか違う、という思いが残った。

舞台となったのが、いかにもオシャレな劇場だったし、集まった客層も観劇を趣味としているような有閑層。土佐山間で生きた馬喰の人生などわかるのか。そんな不満をもらしたくなるのも、まあ、これはぼくの思い入れが勝ちすぎるからだろうか。

坂本長利さんは、「土佐源氏」を『民話』連載時に初めて読んだという。そのときの感想を、次のように語っている

「あのとき言葉にならない感動があった――直接的な飾らないしゃべり。色事の話は惨酷なうえに無上の美しさがあり胸に迫った。生きものが居る！　精いっぱい生きているものが！」（『坂本長利「土佐源氏」の世界』）。

こうして、坂本さんは一九六七年新宿のストリップ劇場の幕あいで初演して以来、三十年にわたって「土佐源氏」を演じつづけてきた。喫茶店、ビルの屋上、人の庭、雪の中……。人にたのまれればどんなところへも出掛けていった。ポーランド・スウェーデン・オランダ・ドイツ・ペルー・ブラジル・バリ島などの海外公演も果たしている。この一人芝居は、日本も土佐も檮原も橋の下も知らない人たちにまで、感動をあたえる普遍性を獲得している。

この一人芝居はやがて、坂本長利応援団なるものを結成する有志を生み、会報「土佐源氏つうしん」(一九九六年七月二十日創刊)が年四回発行されるまでになっている。

また、別の角度から「土佐源氏」にアプローチした人もある。『宮本常一を歩く』を書いたフリーライターの毛利甚八さんは、遠藤春樹さんと「ＥＮ ＧＩＮＥ」というバンドを結成。ライブ活動をおこないＣＤまで出している。

一九九六年リリースの『君のために歌をつくった』というＣＤには、一曲目にズバリ「土佐源氏」が収録されて、アコースティック・ギターの音色にあわせて、毛利さんの渋いボーカルで、馬喰の人生が歌われている。

「酒がのどを濡らし　熱い肉も抱ける
汚れたこの目に　まこと見た日もある

暗い橋を戻り　ひとみを開けば
空のまばゆさに　山の影が刺さる
ざくろの実が　割れてる
赤く赤く　裂けてる
割れたその実から　戻ってこい
裂けたその実から　生まれでよ」
（作詞・毛利甚八）

6　山に生きる人びと

「土佐寺川夜話」

高知県土佐郡本川村寺川（現吾川郡いの町）の旅

『寺川郷談』のむらへ

一九四一年二月（「土佐寺川夜話」に一月とあるのは記憶違いであろう）檮原（ゆすはら）を発った宮本は、土佐・伊予国境の山中を歩いたあと汽車で宇和島に出て、宿毛・足摺沿岸・中村と歩き、四万十川中流の田野々（たのの）までのぼり、そこから高知に出たあと寺川をおとずれ、吉野川に沿って阿波三名村（さんみようそん）〔現三好市〕にいたり、そこで汽車に乗ってこの旅を終えている。

このとき寺川で、「旅の人はまた来るというけれど、二度来た人はいない」と言われた宮本は、「私だけはもう一度必ず来ます」と強がり、本当にその約束を果たすため律義に同年十二月に寺川を再訪している。

それら二回の旅をもとに書かれた「土佐寺川夜話」は、宮本によれば『忘れられた日本人』が刊行される十年ほど前に書いてどこにも発表されずそのままになっていたものが、単行本になるときに初めておさめられ、日の目を見た文章である。

ただし、それまでにも宮本は、『民間暦』（一九四二年）、『民俗学への道』（一九五五年）で寺川の調査にふれているし、のちにも『山に生きる人びと』（一九六四年）、「土佐の寺川」（一九六八年）、「放浪者の系譜」（一九六九年）、「すばらしい食べ方・田楽」（一九七四年）、『山の道』（一九七四年）などで、寺川の旅をくりかえし語っており、山で生きる人びとについて目をひらく契機となる重要な旅だったことをうかがわせる。

宮本が寺川をおとずれた目的は、江戸時代に書かれた『寺川郷談』の舞台を自分の目で確かめることにあったと推測される。『寺川郷談』は、一七五一年春〜五二年春までの一年間、寺川の山番として土佐藩から派遣されてきた下級役人・春木次郎繁則によって友人にあてて書かれたもので、当時の寺川の方言・風俗・地理などが克明に記された貴重な資料である。

これを宮本は先に挙げた旅の行程で、高知市にある県立図書館に立ち寄ったさい筆写したのちに寺川に向かったと「あるいて来た道」で記している。高知県の西南端から北上してきて、そのまま徳島へと抜ければよいものを、高知市からわざわざ逆方向の寺川へと引き返していることを見ても、この本の舞台を歩きたいという衝動が宮本の足を寺川に向けさせたことが裏付けられよう。

この文書は次々に筆写されて民間に広まり、多くの筆写本が存在しているが、宮本が読んだのは、高知県立図書館所蔵の松野章行編『南路志翼　四七』所収（一八七九年成立）だと思われる。この資料は戦災で消失したが、写本が東京大学史料編纂所に所蔵されており、現在はこのコピーが高知県立図書館にあり、のちに『本川村史』にもこの版が収録されている。また、一九九三年には森本香代さんという高知市在住の二十三歳の女性によって一年がかりで初めて現代語訳され、その本が手元にある。ここで述べた『寺川郷談』の書誌的なデータは森本さんの解説によった。

原文冒頭に、寺川は「土佐の辺鄙」と紹介されている。さらに、つとに有名な文句を引けば、「四国第一乃深山幽谷也。むかしハ土佐にもあらず伊予へも付ず、川水ハ悉く阿州へ流るるといへども阿波へも属せず」。そんな治外の別天地が、土佐藩執政・野中兼山によって国境が策定され土佐藩に加えられた、とつづく。

高知県土佐郡本川村寺川（現吾川郡いの町）を、一九九三年八月十一〜十二日と一九九五年八月四日、宮本にならい二度にわたってたずねた。

ＪＲ土讃線伊野駅から県交北部交通バスで長沢まで出るのだが、このバスは一日二便しかない。どうしてもダイヤが合わず、伊野駅前のベンチで野宿することになる。

寺川の民家は崖にふんばるようにして建っていた。水田を拓くことができなかった焼畑のむら。（1993年8月　著者撮影）

午前二時ごろバイクの音で目が覚めて、起きてみると黄色い髪の兄ちゃん二人がこちらを見下ろしている。「どっからきたがあ？　どこまで行くがあ？」。ヤンキーのくせに人なつっこく、「寝るんやったら、駅のなかの方が蚊がこんき、ええゼ！」と教えてくれた。駅の待合室は終電過ぎに鍵がかかるものとばかり思っていたが、戸はすぐに開いた。教えられたとおりなかで寝ることにする。

翌朝、バスは仁淀川をさかのぼりつつ走り、一時間ちょっとで長沢へ。本川村の役場のあるところ（現在、いの町本川支所となっている）。ここから、これまた一日二便しかない嶺北観光自動車バスに乗換え、今度は長沢ダムを左に見ながら吉野川源流をさかのぼり、寺川へ入る。

バスといっても通学児童のためのマイクロバス。朝夕二便しかなく、夏休みだから客はぼく一人だった。途中、寺川の集落がパッと目に入るロケーションがある。屛風を立てたような垂直の山の斜面に家が散在していて、息を吞む。あれが寺川か——。それも一瞬、一カ所だけで見えて、あとは路傍の樹木に視界を遮られ、右へ左へカーブを切り、一時間弱、船に揺られている気分。一九八〇年をもって八十七年間の歴史を閉じたとの碑が立つ寺川小学校跡が終点。現在は老人憩いの家になっていた。

山の道

さて、寺川に到着したはいいけれど、宮本は「土佐寺川夜話」で、話を聞いた人の名前を明らかにしていない。とりあえず、この村で昔の話に詳しい人はいませんかと区長さんにたずね、教えられた家をめざす。茅葺きの家がいくつも残っている。ものすごい急斜面に家が建っていて、家の庭先はもう前の家の屋根、という感じだ。

川村義武さん（一九一一年生まれ）、八十二歳になる。縁側に腰掛けてお話をうかがった。川村さんは、宮本の来訪については知らないとのことだった。宮本がこの土地をおとずれた一九四一年から寺川小学校の先生になる。それまでの先生は、よそからやってきては、この土地があまりにさびしいのでいやになってみな辞めていったので、一人で全教科を教えた。終戦後、先生がたくさんくるようになってからは校長をつとめた。丸顔に目がクリクリと大きなおじいさんで、小学校の先生をしていただけあって、ひとことずつ噛んでふくめるように話す。あとで写真を撮らせていただいたとき、カメラを向けたとたんに背筋がのび、両手をひざの上においた。宮本が紹介している妖怪ばなしについてうかがったときも、「私は信用しません」のひとことだった。『本川村史』の近現代の章を執筆した碩学であることは後に知った。

「私の先祖は大永年間（一五二一年〜一五二八年）に伊予から移り住んだといいます。今は二十軒を割りましたが、明治初期にはずいぶん伊予から人がきて、三十軒ばかりあったようです。そのころは長州からも大工がたくさんきよって、私の家も長州大島郡の寅吉という大工が明治十六年に建てたもんだそうです。その大工は寺川でも三軒建てちょる。なかなか腕のよい大工だったと聞いちょります。屋根葺き職人は広島から。私が知ってからは村の人が葺きよりましたが。桶屋は伊予の大三島からきよりました」。

宮本の故郷周防大島からの大工が、こんなところでも仕事を残していて、意外だったし、感動した。

『寺川郷談』には、当時の寺川には五月の節句に鯉のぼりを立てる風習がないことが驚きをもって書きとめられているが、宮本がその点をたしかめると、伊予から人がさかんに入るにしたがって、鯉のぼりを立てる風もこの村に入ったことがわかったという。

牛が初めて寺川に入ったのはなんと一九〇二年、明治もなかばすぎてのことだ。それまでは牛が通れる道すらなかった。牛を運ぶのは命がけ。牛の足をくくって棒に通してかつぎ、狭い断崖を運んだという。初めて牛を見る老婆が「この馬には角がある」と言うので、「いやこれは牛というものだ」と教えると、「牛にしても角がある」と言ったという話を宮本は紹介している。それにしても、なぜそこまでして牛を村に入れなければならなかったのか不思議だ。

「牛は農耕のためではなく、物資を運ぶがに使われました」と川村さんは言う。

こんな山深いところにも近代の風が吹き、効率よく物資輸送するために対応しようとする力がはたらいた一例と見るべきだろうか。

宮本が原始林のなかでハンセン病者（当時、カッタイ、ライ、レプラなどの蔑称で呼ばれ、人びとから忌避された）と出会ったのも、そんな山の中でのことだった。伊予から寺川へ入る途中、男か女かもわからないほど顔がコブコブになり、髪は抜け、手には指らしいものがない老婆に出会う。当時の土佐山中には人目を避けて、そういう病者のみが歩く道があるのだと教えられ、ひどく驚き胸を痛めている。寺川の村でその道の話をしても知る者はなかったが、阿波祖谷（いや）山の民家に泊まったとき、それは「カッタイ道」と呼ぶことを教えられたという（『山に生きる人びと』）。

本川村長沢から寺川へゆく道。明治に入って牛がはじめて入った時、牛が怖気づいてこの道を進まず、足を縛って逆さにして棒を通し、人力で担いで運んだ逸話が残っている。（1941年2月　宮本常一撮影）

「昔はカッタイ道だけ歩いても四国八十八カ所はまわることができた。それも土佐の国のことだけで、ほかの国ではカッタイをそれほどきらわなかったが、土佐は殿様がきらってまともな道は通らせなかった」。

一九〇七年明治政府は「癩予防ニ関スル件」以来、浮浪ハンセン病者の取り締まりをはかるが徹底されず、周知のとおり四国遍路のなかにはそうしたハンセン病者が多数ふくまれていた。一九三一年「癩予防法」に改正され、浮浪患者・在宅患者を問わず絶対隔離の方針がとられる。国立癩療養所第一号となった瀬戸内海の長島愛生園発行『愛生』一九三六年二月号では、特集「四国の癩を救へ」を組み、四国に浮浪患者四〇〇人、在宅患者五〇〇〇人と推定されるハンセン病者の完全収容を目指した。そのなかに愛生園の女医・小川正子は手記「土佐への旅」「土佐へ再び」を寄せ、当時の患者の強制収用の様子を報告した。やがて中国山地、瀬戸内海の島での体験記とあわせ、一九三八年『小島の春』として出版されると、三十万部のベストセラーとなる。さらに映画化もされ、一九四〇年キネマ旬報ベストテン一位となるほどの話題となった。

宮本が土佐山中を歩き、ハンセン病者と出会ったのは、挙国一致でハンセン病者の隔離が目論まれたちょうどこの時期だった。以後、浮浪患者は一掃され、姿を消すこととなる。

こうした人びとは一般の遍路とは区別され、土佐方言でヘンドと呼ばれている（必ずしも病者とは限らず、物乞いをして歩く人の総称）。ぼくもヘンドの話は祖父母からさんざん聞かされたし、父母の世代ですら橋の下で野宿したり家に物乞いにきたヘンドの記憶をもっている。母によれば、一九五〇年代半ばが、彼らを見かけた最後だったという。これは、一九五三年「らい予防法」が公布され（一九九六年廃止）、隔離政策が戦後もひきつづき徹底してつづけられたことと呼応していよう。ヘンド、というのは土佐では生活語としていまだに生きていて、子どものころ、外から泥だらけのまま家にあがり込もうとすると、母からしばしば「おとろしや。汚いかっこうして。

ヘンドの子じゃあるまいし。足を洗ってからあがりなさい！」と注意されたものだ。

いろんな動機が重なり、一九九六年あたりからぼくは全国のハンセン病療養所をたずねて入所者の方々の聞き書きをすすめているが、長島愛生園では偶然にも四国遍路の体験者にお話をうかがうことができた。Kさん（一九二六年生まれ）に、一九九六年四月二日、一九九九年三月十七日の二回にわたってお話をうかがった。Kさんは大阪生まれ。戦後になって病気の後遺症で失明している。一九三七年十一歳で発病すると、知り合いのおじさんに連れられ、高野山にお参りしたあと、九月～十一月にかけて二人で四国遍路の旅に出た。

「滝にうたれ、崖をのぼり、野宿もしました。歩くことが修行。世の中のあぶれた人たちのふきだまりみたいでしたよ。そこには病気でなくとも、犯罪で逃げてきた人、博奕をやって生活してる人、そこでしか暮らせない人たちが集まるんです。本当の悲しみを見ましたな。遍路宿に泊まったり、野宿もしました。二十四回も四国をまわったというおばあさんにも会いました。いざりで、箱車に乗って、竹をこいで進んでいました。

支那事変が始まったばかりで、家の玄関に『出征兵士の家』と札が貼ってある。門付けでお経を読むときに、『武運長久を祈り、チ～ン』とやると、『おイモ、クリ、食べる?』なんて家の人が喜んでくれて。子どもですから可愛がられました。『お接待』

というんですな。あたたかい習慣がありました。

その翌年の昭和十三年（一九三八年）に愛生園に入園するんですが、御詠歌が上手な人で、四国の遍路で見覚えのあるおばさんが入園していました。お互いそんなことしゃべりません。自分の過去は隠してますから。しゃべりませんから、確かめたわけじゃないんですが、この園にも四国遍路を経験した人はかなりいるんじゃないでしょうか」。

宮本が書きとめている、病者だけが通る道が本当にあったかどうかたずねてみると、その質問で思い出したと言わんばかりにハッと息をついて、

「そうです。なかでも土佐がいちばんキツかったですからね。お寺とお寺が離れていて。そんな道を歩くしかなかったですよ」。

お話をうかがいながら、戦後日本全国の離島を歩きまわった宮本が、瀬戸内海の長島愛生園や大島青松園をたずねてこうした話をなぜ聞こうとはしなかったのだろうかと考えた。管見の限り、そうした事実はない。晩年の渋沢敬三など、皇室の下賜金で設立されたハンセン病者の救済財団・藤楓協会の会長に就任しているのだ（祖父渋沢栄一も藤楓協会の前身癩予防協会の初代会頭）。その気になりさえすればいつでも話を聞く機会はあったはずなのに。

話をもとにもどすと、川村義武さんも、そんな道のことは知らない、と笑って答え

た。

杣・焼畑・狩猟

「寺川では米がとれませんき、昔から、杣（林業）と切畑（焼畑）とで暮らしをたててきました。米は今もつくれません」。

川村さんが言うように、寺川ではあまりに山が険しく古来から米がとれない。そのため江戸時代には年貢が免除され、焼畑で暮らしをたててきた。縄文の次には弥生時代になって日本中が稲作をしていたように学校で習ってきたはずなのだが。コメがとれないために年貢が免除されたところとして、寺川以外にも祖谷（いや）・十津川（とつかわ）・石徹白（いとしろ）・椎葉（しいば）などを宮本は挙げている。

年貢の代わりに、村びとは国境の警備を任された。『寺川郷談』を書いた役人も、伊予からこの村の領域に入って木を盗伐する連中を見張るために高知城下からやってきている。盗人を発見したときには村びと総出で鉄砲を打ち、盗人たちは蜘蛛の子を散らすように逃げた、とも、盗人たちの耳を切り落として集めて埋めた耳塚が残っている、とも『寺川郷談』には記録されており、また、ときには盗人を追いかけていった役人が殺されたり、断崖から落ちて死んだりもしたと、宮本は書いている。

また、宮本が興味をもったのは、『寺川郷談』に記録された焼畑が当時も広くおこなわれていたことで、麦のはしり穂が出たとき「畝の麦は谷へなびけ、谷の麦は畝へなびけ、鎌といで待ち候ぞ。世の中よかれはりとんとん」と唱える「麦ほめ」の行事が、言葉はかわっても残っていたことを「あるいて来た道」で記している。「戦後食糧難の期間に数年間ばあつづけられたけんど、主食配給制度が実施されるようになって、自給自足の必要がなくなってからはすたれてゆきました。

焼畑の手順ですか。

まずは雑木自然林の三十年〜四十年くらいのものを、八月〜九月のあいだに、広さ五十アール以上、下草一切を切り払って。それを乾燥しやすく焼けやすいように敷き置いて。翌年四〜五月ころに焼き払って焼畑とします。焼くには経験が必要ですな。他へ燃え広がらんように周囲の枯木枯草なぞ燃えるもんは幅四メートルくらいに切り払って、火道（防火線）をつくって。傾斜面の上から適当に火をつけて。順次下の方へと焼き下げます。いよいよ延焼のおそれがないと思えば、全体に火を放って。焼き終わっても完全には焼き終わらんけん、適当に集めて焼いて。これを『コヅ焼き』と言います。それから二十日くらい置くと、自然と草や木の実が発芽して、双葉くらいになる。一年目はヒエの種をまいて鍬で軽く耕します。できるだけ草木の芽生えを待って遅まきの方が作柄はええようです。六月上旬ころに種まき。七月下旬に草とり。十月下旬〜十一月上旬に刈り取って。束ねて竿掛けして乾燥させて、脱穀。二年目はアズキ・ヤマキビ。三年目はキビ・大豆・ソバ、その他の雑穀。地味を見てミツマタも植えつけて。そのあとはまた三十年～四十年放置して。また焼畑としました。三十年～四十年のサイクルでやるのが焼畑です。

戦後は現金収入に力が注がれるようになって、雑木自然林はパルプ材、炭材として売られて換金されました。その伐採後は杉・檜が植えられて、次第にやまりましたな。今は畑でサトイモ・トウキビ・アズキ・ジャガイモらあをつくりよります。シイタケ・ハチミツもとるけんど、売れるほどじゃないです」。

宮本はまた、山を焼いたあとで、どういうわけか茶が自生してくるということにも注目している。「放浪者の系譜」のなかでは、そのお茶を大阪から買いにきた記録を見たと記しており、そのお茶は団茶にしたものだったという。団茶というのは、茶を醱酵させてかためたものであり、少しずつ削って利用する。茶の原産地中国雲南省を旅したときに同じものを見たことがある。茶の原始製法と言われ、現在日本では高知県大豊町で唯一つくられ、碁石茶という名で売り出されている。

『本川村史』によれば、寺川の碁石茶は少量でも出がいいとのことで、伊予小松の塩と交換されたりもした。交換された茶は、瀬戸内海の食習慣である茶粥をつくるのに使われたという。宮本の祖父が毎朝仕事にでる前に茶粥をつくって食べていたことはすでに述べた。そのときの茶が、こんなに遠く離れた土佐寺川の茶であった可能性があるわけだ。ぞくぞくするような話ではないか。

宮本の「山と人間」という論文が、『山に生きる人びと』の第二版（一九六八年）から付録として収録されている。このなかで引用されている、一九三六年三月農林省山林局発行「焼畑及び切替畑に関する調査」のデータによると、当時、焼畑面積一〇〇〇町歩以上がおこなわれている県は、青森・岩手・神奈川・石川・岐阜・静岡・兵庫・徳島・愛媛・高知・福岡・熊本・大分・宮崎・鹿児島の十五県となっており、面積の最高は二万九二二九町歩の高知県だという。当時、日本では北から南まで相当広範囲にわたって焼畑がおこなわれていたことに目をひらかれるが、その第一位が高知県であったことは初めて知った。そうした人びとのいとなみも、ぼくらに共通の記憶とはならずすっかり消し去られて今日にいたっている。

「コメがとれませんき、正月にモチも食べませんでした。キビモチじゃった。今はモチを食うけんど、よそから買うてくるしかありません」と川村さんは言う。

このことは、『寺川郷談』にも見えていて、「此郷に米類なけれハ、米くわず。餅つかず。門松建ず」とある。いわゆる「モチ無し正月」の伝承を伝える村なのだった。『本川村史』によれば、一八三五年の資料からわかる本川村（現いの町本川地区）をなす当時四ケ村の人口と一年間の農作物だけによる自給日数は以下のようになっている。

越裏門（えりもん）　一三八人　二五〇日
寺川　六〇人　一六〇日
長沢　八四人　三六五日
大森　一〇九人　六四〇日

寺川の一六〇日というのはどう考えても少なく、凶作のときには困っただろうと察せられる。宮本も、飢饉のときの困窮食物として、シライ（シレイとも呼ばれる。ヒガンバナ）の根を煮て川でさらし、毒を抜いてモチにしたことを記している。

「昭和の凶作のときにも、あれはずいぶん手間をかけてつくって食べたもんで。今はつくりません」と川村さんは笑って話した。

そういう生活が、つい五十年前にあったのである。

「この奥に白猪谷（白井谷とも）というところがあります。白いイノシシがいた言うんでついたそうなけんど。そこにヒガンバナが群生しちょります。それでシライ、と。狩猟する人は、とうの昔にいなくなりましたが、趣味でやる人はちょいちょいおります。イノシシ・シカ・ウサギ。明治初年にはクマ・ヤマイヌ（オオカミ）もおったそうな。川ではイワナ・アメゴをとったり」。

川村さんは五年ほど前に妻を亡くし、九十五歳になる姉は体を悪くして養老院にいる。今は息子さん夫婦と暮らしている。

「道がよくなると若い衆はどんどん町へ出て、高知どころか大阪・名古屋・東京などの大都市まで出ていってしもうた。今はお盆どきながに、帰ってくる人も少ない。不便なところじゃと他人は言いよりますが、私は昔からここにしか住んじょらん。一歩も寺川を出たことがないですき、ちっとも不便ともさびしいとも思ったことはありません」。

話が一段落すると、若い地区長さんが回覧板をもってまわってきた。川村さんの家にくる前、この方に小学校跡の老人憩いの家にでも泊めてもらえないだろうか、と相談しておいたのだった。

「役場に電話したら、よそ者は泊めたらイカン、と言われて。すまんが……」。

と困り顔になった。

そのとき、川村さんが、ポンと膝をたたいて、

「この下に氏神様のお宮がありますき、そこで寝たらええ」。

昔はウサギ道がついていて一直線におりて行けたが、現在車道を通ると二キロの道だという。川村さんに頭を下げて、さっそくおりてみた。ただでさえ家の少ない寺川から二キロも山をおりると、お宮以外は何もなくなる。神社は白髪神社で、立派な社

殿だ。

一息ついていると、バイクが一台とまり、石鎚山までゆくのだが暗くなるのでいっしょに神社で寝ていってもいいかと聞く。むろんＯＫ。岡山からきた会社員というその青年は二十四歳で、大学二年のときからこうしてバイクで全国を旅しているのだという。十津川や椎葉にも行ったことがあるというからうらやましい。夜はまっ暗闇になり、星空が怖いぐらいきれいだった。朝、六時三〇分ごろ、彼は一足早く去っていった。バイクを見送りながら、この村もやがては登山観光で変わっていくのだろうか、と思ったりした。

「秘境」観の問い直し

「土佐寺川夜話」には、宮本が話を聞いた人物が明示されていないことはすでに述べた。宮本の著作はできる限り読んだうえで旅をはじめたつもりだったけれど、読み落としもある。再読していて、「すばらしい食べ方・田楽」に、「宿をしてくれた山中さんの一家は実に親切で」とあり、「あるいて来た道」にも「土佐寺川の山中市太郎翁なども得がたい人であり、すでに九六歳かの高齢であったが耳も聞こえ、目もたしかで、実にしっかりとしていて、どうみてもそのような高齢とは思えないほどであった」、と記されているのに気づいた。

そこで二年後の再訪を思い立ったわけである。

川村義武さんをまずたずねると、息子さんご夫婦が応対されて、川村さんは現在長沢の病院に入院中とのことだった。再会を果たせず残念。山中さんのお宅を教えていただいて辞去する。

山中茂さん（一九二四年生まれ）、佐和子さん（一九二七年生まれ）ご夫婦に、縁側に座ってお話をうかがった。

茂さんは、宮本の来訪は徴用される少し前のことだったことを覚えているが、人となりについては記憶になく、戦死した兄なら覚えていただろうという。佐和子さんも直接は宮本の来訪を知らないが、宮本が話を聞いたという市太郎翁の子で、茂さんのお父さんにあたる登さん（一八九七〜一九七四年）から、宮本のことをよく聞かされていたという。当時市太郎翁は隠居の身で、実際に宮本を泊めて世話したのは登さん夫妻だった。

「人柄ができた人じゃったと、人間としてええ人じゃったと、よく言いよりました。戦後になって、新聞に名前がさいさい出よりましたろ。その記事をさしてよく話を聞かされました」。

そういきいきと話す佐和子さんの話を聞いて、直接知らない人にまで、宮本の印象がこれほど鮮烈に伝わっているのかとおどろきだった。

「寺川の者はみんな貧乏で、家に人を泊める余裕がないがです。この家だけは、キビ・ヒエなら食べさせられるゆうがで、商人らを泊める家だったがです。寺川は変わったところだゆうて、あとから高知大・愛媛大・関西大の先生らもよく調査に入られました。けんど、この村にいちばん早くにこられたがは、宮本先生だったそうです」。

もともと山中さんの家は二〇〇年前越裏門の庄屋から分家した、代々名本（庄屋の次の役職）をつとめる家だった。本家は火事で古文書を残していないが、登さんの家には古文書があった。それもあって、宮本はたずねてきたのではないか、と佐和子さんは推測している。その古文書は、ある大学の先生にもっていかれてしまって、いまだに返ってこないという。

「昭和の飢饉のときは、伊予の西条から子守奉公をしに人がようけやってきました。姉妹三人が子守にきて、寺川の人と縁づいて、嫁にくることもありました。

寺川は日照りには強いけんど、西条は日照りには弱いけん。逆に寺川は冷夏に弱い。雨が降ったらいかん。私らも伊予へ麦を買いにいったりしたこともあります。天明の飢饉、天保のオオシケ以来、寺川でもサツマイモを植えるようになったと聞いちょります」。

天明・天保の飢饉が昨日のことのようになまなましく伝承されていることにおどろかされるし、昭和初期の凶作も、それらの飢饉につづく出来事として意識されていることが興味深い。また、天候によって伊予との交流が左右されるということもおもしろい。

「塩は伊予の西条に働きに出て、そのときできたお金で買って帰りました。朝出て夕方には着いたけん。それから石鎚山の北にある亀ヤ森までいけばいろんなもんを売りよった。米は吾北の川又や日比原に買いに出て。伊予の銅山にも昭和四十年代まで歩いて二、三度いったこともあります。伊予からはゼンさんハルさんいう商人が一荷を背負って、ジャコ・ウルメ・飴を売りにきよりました。寺川二十戸、越裏門三十戸しかないですき、たったの一荷ですんだがでしょう。飴を売るがは、子どもにねだらせて親にもついでにいろんなもんを買うてくれるように。木地の人もきよった」。

佐和子さんに、宮本が書き残しているハンセン病者だけが通る道についてもたずねてみた。そんな道があるとは知らないとのことだったが、乞食遍路やハンセン病者をめぐる見聞は、やはり濃厚に残っているのだった。

「ヘンドがようけきよったけん、なかにはそんな病気の人もおっつろうねえ。えー食わんようなヒエゴメをお茶碗一杯めぐんであげたりしました。寺川には峯泉寺ゆう古いお寺がありました。そこで寝泊まりして。物を盗っては焼くので何度も焼けて。今はお堂だけが建っちょります。越裏門には、吾北からきた嫁がそんな病気で死んで、お釜で伏せたお墓があったがを見ましたよ。人にうつらんように」。

佐和子さんにお話を聞き終えて、こんどは茂さんにキジ小屋を見せていただいた。二〇〇〇羽のキジを飼っている。養蜂もしていて、ミツバチの巣箱も見せていただく。

茂さんにシレエモチのことをたずねると、

「シロイにはコジロイ（いわゆるヒガンバナ）とオオジロイとあって、コジロイの方は食べたこともない。オオジロイの方を食べた」とのことだった。

「白い花の咲くめずらしいシロイが白猪谷にあって、天然記念物になっちゅう。山のてっぺんまで咲きよった。キツネノカミソリとも言うけんど、いわれは知らん」。

帰りぎわ、お孫さん二人が道に出て、いつまでも見送ってくれた。

最初の訪問のときもそうだったが、寺川からの帰りのバスがない。ダイヤの都合でどうしてもそうなる。寺川をあとにして、長沢への一本道をてくてく下っていると、後ろから車が止まり、よければ乗って行けという。営林署につとめている方だった。

「生まれは池川町〔現仁淀川町〕です。中学校出て一年家におって、昭和二十九年（一九五四年）から寺川で暮らすようになりました。今、寺川には家が十七軒。来たときには越裏門から寺川までは道もついてませんでした」。

戦後になっても道がない！　どうやって往来したのだろう。

「ダムです」。

そうか。宮本も「土佐寺川夜話」の最後を、「寺川の下にダムが出来、また山の木も次第にきられるようになって来、道もひろげられて来たので、これからはずっとかわっていくでしょう」としめくくっている。この長沢ダムは、宮本の訪れた前年の一九四〇年に起工し、一九四九年に竣工している。水力発電のためのダムで、六八・七メートルというのは、当時全国第三位の高さだったという。

「ダムに船を浮かべて往来しました。船を村が買いとって、渡しに使いよりました。営林署が材木をつないで運ぶのにも使いました。営林署ではスギ・ヒノキを育ててます。昭和三十五年（一九六〇年）ごろには焼畑もやまって、いまは寺川でも何軒か趣味でやりよるだけです。そのあとへ、ずんずんスギやヒノキを植えていって。ちょっと植えすぎましたかね」。

そう言って笑った。

「土佐寺川夜話」の最後のくだりに、人の生活は変わっても、鳥たちは変わらずにやってくる、といって十三種類もの野鳥の名前があがっている。コマドリ・ミソサザイ・ヤマハト・キツツキ・ホトトギス・カネタタキ・ムギツキ・トシコシ・カッコウ・ミズコイドリ・シロメン・クロメン・ガイス。このうちシロメン・クロメンというのはヤイロチョウという鳥の別称で、広葉樹の原始林にしかすまない。現在スギやヒノキといった針葉樹の植えすぎで、四国の山から絶滅しようとしている鳥である。

恥ずかしながら、このときまでスギとヒノキの見分け方も知らなかった。正直にそう言うと、その人は驚いて、わざわざ車を止めて葉っぱを手にとり、親切に教えてくれた。

「これがスギ。スカスカした材質です。これがヒノキ。粘り強い材質です」。

長沢で車をおろしてもらい、あとは歩く。午後四時から五時間半も歩きつづけたところで力尽き、午後九時三〇分、高岩というところで寝袋を広げ、野宿することにした。翌朝、そこから伊野駅までバスに乗り、伊野駅から電車で高知駅方面へと向かった。

つくづく、高知との遠さを実感した。よほど愛媛に向かって歩いていた方が近かっただろう。寺川はしばしば「秘境」と言われてきた。これもすべて寺川が高知県に属していることからくる遠さの感覚である。すぐ海に出られる愛媛県にさえ属していれば、ここまで寺川を特別な土地と思わせたかどうか。寺川が土佐の版図におさまったのは、土佐藩執政・野中兼山の国境策定にまでさかのぼることは冒頭で述べた。それからまもなく高知城下から訪れた役人の目には、もう『寺川郷談』を書かせるほど特別な土地と映っていた。都鄙の区別というのは、つねに都の側からなされるものだ。

寺川の人びとはそんなことに頓着せずに暮らしていたはずで、それは「寺川から離れて暮らしたことがないから、さびしいと思ったことは一度もない」という川村義武さんの言葉にも端的にあらわれている。一年間の農業自給日数が一六〇日というデー夕も、ひっくりかえしていえば、農業にたよらなくともその他の山の恵みで十分に暮らしてゆけたということにはならないか。そうでなければ、人がこんな山奥で暮らしをつづけてきた理由が説明できないのだ。「秘境」観の問い直し。寺川の旅をふりかえって、そんな課題がせりあがってくる。

7　海をひらいた人びと

「梶田富五郎翁」
長崎県下県郡厳原町浅藻（現対馬市）の旅

国境の島

　対馬には三回わたっている。いずれも飛行機は使わず、博多港からフェリーで四時間三十分、玄界灘を揺られつづけて、島の南端にある厳原港にはいった。

　最初の旅は、宮本常一の足跡を追うことが目的ではなく、友人と九州北西に浮かぶ島々をざっと見ておこうというつもりだった。一九九三年三月十五日〜四月四日、東京—博多—対馬—壱岐—博多—長崎—佐世保—平戸—長崎、とまわって友人と別れ、あとは一人で、五島列島（福江島—中通島）—長崎—天草—島原—熊本—大分—臼杵—佐伯、ここからフェリーで四国は高知県宿毛へと渡り、あちこちしながら東京へ帰ったのである。寝袋で野宿をしながらの三週間の旅だった。

博多から出ている九州郵船の対馬行きフェリーは、一日二往復、必ず壱岐に寄港する。「対馬・壱岐」と並び称されるけれど、じつに対照的な島だった。それは海からのながめからも一目瞭然だ。壱岐がお皿を海に浮かべたような平らな島であるのに対して、対馬はノコギリの刃のようにギザギザ盛りあがった大山塊が海に突き出ているような島。壱岐が自分の足でもけっこう歩きまわれるのに対して、対馬は山が深すぎてバスに乗らないとつらい。壱岐ではわずかながら水田を見ることができるのに対して、対馬ではまれ。

厳原で船を降りると、「ようこそ対馬へ！」というポスターが目に飛び込んできて、ハングル併記だったことにいきなりおどろかされたりした。島内の観光案内板もハングル併記。島の北端にある佐須奈という町では、戦時中など島でいちばん大きな町である厳原まで出る手段は一日一便の小さな船しかなく、どうしても泊りになるので、映画を見るにせよ買い物をするにせよ、朝鮮の釜山に渡ったということだった。朝鮮人と結婚した例が多いことも聞かされた。朝鮮半島をのぞむ鰐浦には航空自衛隊のレーダーがあり、大浦には海上自衛隊が常駐しているとも教えられた。ぼく自身、木坂という集落では、海の彼方に念願の朝鮮半島の山影を見ることができた。そう、ここは国境の島なのだ。

一九四七年、当時日本民族学協会会長だった渋沢敬三の提唱で、民族学・人類学・

民俗学・言語学・社会学・考古学からなる六学会連合が結成された。一九五〇年に宗教学、地理学が加わり八学会となり、一九五一年から心理学が加わり九学会となった。以後、考古学が抜けて東洋音楽学が加わり、一九八九年に解散するまで、九学会連合は活動をつづけ全国各地で共同調査を実施している。

最初の調査地に選ばれたのが、長い間軍事要塞として学術調査が禁止されてきた対馬だった。戦後はもっぱら農業指導で全国を歩いていた宮本も、渋沢から声がかかり民族学班（民俗学ではない）として調査に加わった。宮本が参加した八学会、九学会連合の調査は、一九五〇～五一年・対馬、一九五二～五三年・能登半島、一九五九～六〇年・佐渡、一九六三～六四年・下北半島である。

対馬では、多くの学者が一カ所の村を選んで集中的に調査をする場合が多かったが、宮本だけは全島を歩いている。自伝『民俗学の旅』によれば、一年目は、厳原・曲・浅藻・豆酘・木坂・三根・久原・伊奈・佐護・佐須奈・河内・鰐浦・豊・泉・比田勝・唐舟志・五根緒・琴・一重・千尋藻・濃部・小船越・鴨居瀬・赤島・大船越・鶏知・厳原・豆酘、そして壱岐へ。二年目は、小綱・大綱・水崎・貝口・廻・尾崎・佐須奈・阿連・小茂田・久根・内院・内山・日掛・堀田採、そして壱岐へ。

この調査が、宮本が経験した初の本格的な学術調査だったし、他分野の研究者と意見をたたかわせることで、学問的な刺激を大いに受ける機会となったという。宮本自身の調査の成果の大半は『対馬漁業史』としてまとめられ、生前は印刷されることなく遺されたものが、没後、田村善次郎氏によって著作集第二十八巻として刊行された（九学会連合の正式な報告書は、『漁民と対馬』『対馬の自然と文化』の二冊が刊行されている。筑波大学助手の和田健氏は、このときの対馬調査を宮本の伝承者観と漁村調査の問題意識の確立した転機として重視し、また九学会連合全体のなかでの宮本独自の位置を明らかにしている）。

宮本が残した対馬に関する文章はおびただしい量にのぼるが、この時の調査にもとづくものがほとんどで、『忘れられた日本人』にも「対馬にて」と「梶田富五郎翁」の二篇がおさめられている。ここで取りあげる「梶田富五郎翁」は、一九五九年四月『民話』第七号に「年よりたち」連載第三回として、発表された。

老漁師との出会い

「この本を読んで東京からやってきたんですけど……」。

道端で話をしているおばさん二人に、岩波文庫版『忘れられた日本人』を見せながらおずおずと切り出すと、

「ああ、梶田富五郎さん」。

と当然、とでもいうような答えが返ってきたので驚いてしまった。浅藻を初めてた

ずねたときのことである。

対馬への二度目の旅。一九九四年十月七日、アルバイトを終えて夕方東京から新幹線に乗るが、どうしても博多で一泊することになり、野宿。翌十月八日博多港からフェリーで四時間三十分揺られ、対馬の厳原港へ。厳原から、一日三本しかない対馬交通バスに乗り一時間三十分かけて、終点豆酘に着いたのは夕方。赤米神田（あかごめしんでん）・多久頭魂（たくづだま）神社・曹洞宗永泉寺などを見てまわる。歩いていると駐在警官に呼び止められる。

「なにしろ国境の島ですけんね」。

身元確認は厳重に、という。

宮本について話しても、なお怪訝そうな顔をされ、宿に泊まるようきつく言われたが、バスの待合所で野宿。

翌十月九日、豆酘から四キロばかりの道を一時間かけて戻ったところが、浅藻の集落である。

ここ数年、宮本常一の『忘れられた日本人』にひきこまれて彼の足跡をたどる旅をつづけてきたが、とりあげられた土地はどこも本当に「忘れられた」ような過疎の村ばかりで、土地の人に来意を告げると、決まって「わざわざ東京から……」と不思議そうな顔をされる。「梶田富五郎翁」という一篇の舞台となったのが玄界灘に浮かぶ対馬の西南端・浅藻。ここでも不審がられることを覚悟で話しかけたのに、逆にむこうから旅の目的を言い当てられて、面食らってしまった。

「富五郎さんの末の息子さんのお嫁さんが一人で住んでるからたずねていらっしゃい」と家までの道順を教えられた。

梶田味木さん（一九二三年生まれ）。

たずねると、台所の隅の七輪でカツオを焼いていた。お約束もなしの突然の来訪で恐縮したが、じつに温厚そうな感じの方だったので、ついついお言葉に甘えて台所にとおしていただき、お話をうかがった。

「宮本先生が来たときのことはよく覚えてます。夏の暑い日でねえ。おじいちゃん（富五郎翁をそう呼ぶ）なんかまっぱだかで、隠居部屋の囲炉裏の端にすわって。そう、玄関のところでおじいちゃんと、私が赤ん坊を抱いて並んで立ってるところを、宮本先生に撮ってもらった写真が今もどこかにしまってあります」。

宮本が浅藻をおとずれたのは一九五〇年七月。無人の土地だった対馬の海岸を明治初期に瀬戸内海の漁師たちが開拓してできた漁村が浅藻で、その開拓者がたった一人生き残っていることを聞きつけて、すでに八十歳をすぎていた梶田富五郎翁をたずねたのだった。

「『爺さんは山口県の久賀（くか）の生まれじゃそうなが、わしも久賀の東の西方の者でのう、なつかしうてたずねて来たんじゃが……』／と話しかけると、／『へえ、西方かいのう、へえ、ようここまで来んさったのう……はァわしも久しう久賀へもいんで見んが、久賀もずいぶん変わんさっつろのう』／郷里の言葉をまる出しで話し出した翁には、初めから他人行儀はなかった」。

富五郎翁は周防大島の久賀の出身で、宮本も同じ島の西方の出身。意気投合した様子がこのくだりからもうかがえる。

ただ、「梶田富五郎翁」では、郵便局長からいきなり富五郎翁をたずねていったように書かれているが、のちに書かれた「梶田富五郎翁との出あい」という文章によれば、実際にはそこにいたるまでにずいぶん遠まわりをしていたことがわかる。

一九五〇年七月十三日、宮本は厳原から豆酘行きのバスに乗って浅藻で下車。小学校へ行き職員室で浅藻の様子をひととおり聞いている。ここの女教師のお父さんが郵便局長をしており紹介される。局長は村の古老を学校へ集めてくれるといったが、誰もきてくれない。そこで漁業組合に行って素花（そばな）という周防大島の隣りの沖家室（おきかむろ）から移住した老人に、初めの八戸から今日一五〇戸にまで家が増えるまでのいきさつを聞く。その夜は浦一番の魚問屋だったという市丸旅館に泊まる。主人から魚問屋時代のことをたずねる目的だったが聞き出せず。七月十四日、漁業組合に行くと広島県音戸（おんど）から移住してきた奥本という老人に会う。四歳のときから船に乗って朝鮮近海にまできていたという。親のない子はみんな船頭にやしなわれて育ったことを知る。夕方豆酘へ向かい、十五日、十六日と滞在して昼過ぎに浅藻に引き返す。乗せてもらったトラックで、浅藻のことなら梶田富五郎翁に会うのがいいと聞かされる。区長の大谷さんに会うつもりだったがとりやめて、梶田富五郎翁の家をたずねてゆくのである。ここで話を聞き、十七日に浅藻を去っている。

つまり、富五郎翁に会うまでにすでに幾人かの移住者に話を聞いており、さまざまな予備知識を得たうえで富五郎翁と対面したわけである。これを知って、やはりよい話者にめぐり会うには、こうした積み重ねが必要なのだ、と感じた。そしてまた、宮本が根気よく話者を求めて浅藻を歩かなかったら、ひょっとするとこの聞き書きは生まれなかったかもしれない、とも思った。

メシモライ

富五郎翁は幼い時分に肉親と死に別れ、みなし子を船に乗せる「メシモライ」という慣習によって漁師にひきとられ、七歳のときに対馬に連れてこられた。明治維新から八年後、一八七六年のことだった。そんな富五郎翁の成長の過程と浅藻村の開拓の様子が重ねられて、『忘れられた日本人』のなかでもとりわけ印象深い聞き書きが生まれた。

メシモライというのは一種の救貧・相互扶助の慣習であり、呼び名は変わっても全

小学校の敷地に建つ浅藻開港記念碑。(1950年7月　宮本常一撮影)

梶田富五郎翁の墓地から浅藻港を望む。無人の土地に港を築き、集落を拓いた海の民が眠る場所にふさわしい。(1994年10月　著者撮影)

国に例が見られた。例えば宮本は『日本の子供たち』所収「親はなくとも」のなかで、広島から周防大島にかけての瀬戸内海西部・鹿児島や高知の沿岸部・山形県最上地方・宮城県北部・出羽庄内地方・山形県飛島・伊豆や駿河の海岸・三河湾の島々・三河山中に、こうした慣習があったことを列挙している（一九六九年著作集におさめられるさいには、補遺として「もらい子聞書」が書き足され、青森県下北や佐渡をはじめとするいくつかの事例が加えられており、宮本の関心の深さがうかがえる）。この本が出版されたのは一九五七年。対馬の調査から七年後だが、当時日本の伝統を封建遺制として批判する学風が流行したこととあわせて考えてみると、宮本の姿勢の特異性がはっきりする。

たとえば、政治学の丸山眞男や経済史の大塚久雄とならんで、当時の封建制批判の旗手だった法社会学者川島武宜は、主著『日本社会の家族的構成』のなかで、宮本が挙げたのと同じ山形県酒田から日本海の飛島にもらわれていった南京小僧（南京袋の服を着た孤児ということからついた呼称）について、「奴隷制養子」と位置付けている。そして家父長が子どもたちに示す権力は、直接的暴力としてあらわれず、心からの・情緒的な・親和的な精神的雰囲気によって媒介されていることを否定的にとらえ、これを「日本封建制のアジア的特質」としている。このことから、「日本の歴史的発展が革命の徹底性を欠」き、「民主主義革命の過程において、反動の精神的基盤」になっていることを自覚しなければ、日本人の近代的自立はありえないとして徹底的に批判した。

この本は一九四八年に出され、その年の毎日出版文化賞を受けている。大学のテキストとしても、のちのちまで広く読まれた。それから十年後のこととはいえ、宮本はこれらの慣習が救貧・相互扶助の側面をもっていたことを指摘し、静かな疑問の声を発していたのである。むろん、アカデミズムの側は聞く耳を持たなかっただろうが、その姿勢はあらためて見直されていいように思う。

天気をあてる

ところで、『対馬漁業史』の「浅藻」の項によると、周防大島の釣漁師たちが対馬へ進出するようになったのは文化年間（一八〇四～一七年）以後で、芸州（広島）の漁師たちにつづいて進出したという。当時許されなかった海域にまで船を出したので、豆酘の鉄砲鼻の遠見番所では鉄砲を鳴らし、追捕船が漕ぎ出され、つかまると厳原に連行されて水責めにあった。明治維新とともに出漁が許され、当時不入の土地だった浅藻を開拓し、定住する者があらわれた。明治末までの転籍者四十五人の出身地は以下の通りで、山口県人が断然多い。

山口県久賀町　二十五人
山口県久賀以外　三人
福岡県　七人
長崎県　四人
佐賀県　三人
広島県　一人
大分県　一人
和歌山県　一人

明治維新の体験者からの聞き書きに宮本が熱心にとりくんだことはすでに述べたが、とりわけ富五郎翁の語りは生きいきとしていておもしろい。宮本が同郷の聞き手だったという偶然も、そこには作用していただろう。

「お茶を一杯出したきりで、朝からご飯も食べずに一日中話してましたよ。山口県の方言丸出しで。『あれ、宮本さんおじいちゃんの言葉がわかるとやろか？』と思って聞いてました」。

と味木さんも証言している。

宮本は「文字をもつ伝承者（一）」で、文字を知る人とそうでない人とを比較するなかで、時間観念の相違を挙げている。文字を知る人はよく時計を見て「今何時か」と聞く。二十四時間を意識し、時間にしばられた生活がはじまっている。ところが文字に縁のうすい人は「今何時か」などと聞くことは絶対になかった。女の方から「飯だ」と言えば「そうか」といって食い、日が暮れれば「暗うなった」という程度だった。ただ朝だけは滅法に早い。話をうかがいながら、そんなくだりを思い出していた。

味木さんによれば、宮本さんの文章は富五郎翁の口調を驚くほど正確に伝えているという。

「同じ話は私もよく聞かされてましたけど、本当にあのとおりにしゃべってました」。

久賀の漁師は鯛釣りの腕で知られたと宮本も書いているが、味木さんによれば、富五郎翁もこのあたりでは一番の鯛釣りの名人だったという。

「海岸の岩に金網を囲って、岩をどけるとフナムシがひっかかる。そんな仕掛けをこさえて、とったフナムシをエサにして鯛を釣ってました。年をとってからは近所の子どもにフナムシをとらせて、ごほうびにお菓子をあげて。長男の家がお菓子屋やったから。カスマキ〔カステラ生地で餡を巻いたお菓子〕かなんかをつくって売る。その子どもも今では年をとりよるけど、いまだにお線香をあげにきています」。

富五郎翁は近所の子どもに絶大な人気があった。

「当時この村にはテレビもラジオもありませんでしたから、天気予報がないでしょ。

子どもたちが遠足や運動会の朝になると決まっておじいちゃんにその日の天気を聞きにくるの。おじいちゃんはどれどれって表に出て、こうしてああして（顔を空にむけて見まわすしぐさ）雲の動きやら風の具合を見て、今日は晴れる、と占ってましたね。百発百中でしたよ。おじいちゃんが死んでからは天気がわからないなあ、なんて近所の子どもがさみしがって……」。

対馬はながらく軍事要塞として島民の生活がいちじるしい制限のもとにおかれていた。国境をへだてて朝鮮半島をのぞむ位置にあるため、秘密漏洩を防ぐためにラジオすらない生活が終戦直後までつづいていたという。

宮本は「民衆の生活と放送」という文章のなかで、ラジオの天気予報が一般化する前は、天気をあてる古老がどこの村にもいたことを、みずからの旅先での経験を交えて述べている。

「さて翌朝その家を立ち去るとき、老人は必ず家の外へ出て天気を見てくれたものである。そして荒れるからもう一日とまっていけと引きとめられたことも多かった。老人たちの予想は実によくあたった。だから長い旅の中で、土砂降りの雨にぬれた記憶はいたって少ない。／しかし戦争の終わり頃からラジオが普及して来る。（中略）すると、ラジオの天気予報を皆きくようになって来た。『ラジオはあたらぬ』と言いながら天気はラジオで予測するようになった。戦後農村をあるいて見て、もう空をあおぐ人が何ほどもいなくなっているのにおどろいたのである」。

のちに西日本新聞のルポルタージュの連載が、『ふるさととは何か』（連載年月日不明。一九七三年出版）という本にまとめられたものを読んでいたら、「予報じいさん」という項が目にとまった。対馬の青海（おうみ）という集落に住む七十八歳になる腕利き漁師が、古老たちから口伝えに教わったものを基本に、自分の経験を加えて天気予報するという。指標になるのは、風向き、雲の色・形・流れ。素人にはただの風景にしか見えないものばかりである。富五郎翁にかぎらず、ラジオの普及が遅れた対馬には、こうした古老が戦後からしばらく、少なからず見られたのかもしれない。

それにしても、だれにでも真似できるものではない。長年の漁師の経験のなせるわざだろう。その経験をたよったのは子どもに限らなかった。釣り道具づくりの名人でもあり、となり村の豆酘からもわざわざ仕掛けを作ってもらいに漁師がやってきたという。

「連れ合いのおばあちゃんが死ぬ十年くらい前には失明してしまって。必ずおじいちゃんが焼いた魚の骨をきれいにとってあげてね。優しい人でした」。

釣りの仕掛けを作るときも、魚の骨をとるときも、一切メガネをかけなかったという。視力がよいのが漁師の誇りで、その眼でもって風の向きや波の高さや魚の群れを見定めて、船を漕いでいたのだろう。

茶粥の釜

「それまで体は丈夫で病気ひとつしなかったのに、伝馬船をつなぎとめるロープにつまずいて足をケガしてから動けなくなって。豆酘から外科のお医者さんを呼んでみてもらったけれど、十五日ほどして亡くなりました。木が枯れていくみたいに、静かな最期でした。ちょうど二カ月前に、おばあちゃんを亡くして、後を追うように」。

一九五六年八月八日、宮本の来訪から六年後のこと。宮本が書きとめていなければ、永久に埋もれてしまったであろう一人の漁師が稀有な生涯を閉じた。位牌には、夏光院温厚富寿居士、行年九十一歳とある。大往生といっていい。櫓を漕ぐ富五郎翁の遺影も、海の香りがにおいたってくるような、いい表情だった。

「亡くなったあと、手続きをしなければならないのに戸籍をさがすのに往生して……。なにせ、メシモライになって七歳でこの村に来たのが明治もはじめの頃でしょ。さがしまわって、やっと山口県で戸籍が見つかって」。

戸籍法は一八七一年に公布されている。富五郎翁が浅藻にやってくる五年前、二歳のときのことだ。日本近代史家の鹿野政直氏によれば、近代日本の戸籍制度の整備は、「幕末維新という権力の空白期に輩出した無籍人・脱籍人を掌握する」という目的からも、草創期の明治政府にとって緊急性をもったとされる。無人の原野を開拓してひとつの村をつくるという破天荒な生き方をした富五郎翁の生涯にも、はっきりと大文字の歴史は刻印されていた。とはいえ、「戸籍をさがすのに往生して……」という味木さんの言葉は、明治維新から近代・現代を生き抜いて九十一歳で大往生する富五郎翁の人生のしめくくりとしてじつに痛快ではないか。

「晩年は、クサビという魚をとってきてソーメンのだしにして、クサビソーメンを孫たちに作ってやるのを楽しみにしてました。山口県の人でしたから、お茶粥もよく作ってました。ほんとうにつつましい食事で。この村に数軒しか家がなかったころから住んでいたのに土地も財産も残さなくって。八人の子を元気に育てるのに精一杯だったんでしょう。私は末の息子のところへ嫁に来た、いわば他人ですから言えるんですけど、欲も得もない人でした」。

味木さんの話は淡々としていて、決して必要以上に故人を飾ったり誇ったりというところがない。会ったことさえない富五郎翁の人柄をありありと思い浮かべられるような気さえしてくる。

釣り道具などの形見はひとつも残っていないが、富五郎翁がよく茶粥をこしらえていたお釜がひとつだけ残っていて、見せていただくことができた。生前、翁は井戸端にしゃがみこんでは灰でこすってピカピカにみがきあげていたそうで、今もそのときのまま新品同然に光っていた。

茶粥は、富五郎翁の郷里周防大島の食文化なのである。宮本の祖父・市五郎も毎朝畑仕事に出る前に茶粥を食べていたことは第一章に述べた。土佐寺川の焼畑でとれた茶が塩と交換され、その茶が瀬戸内地方の茶粥に利用されていたことも前章で述べた。その茶粥が玄界灘を渡ってはるか対馬の漁村に根を下ろす。宮本の足跡をたどって旅をつづけていると、各地で聞いた話が思わぬところでつながってきて、感動で声をあげたくなるようなことがたびたびある。これも、そんな瞬間だ。

「宮本さんの文章が高校の国語の教科書に載ったでしょ。それでたずねてくる人が多かったんですよ」。

なるほど。それで道端で話しかけた人がすぐにこちらの言葉を了解したというわけか。

「私んとこの子も学校であれを習ったらしくってね。友だちに『おまえメシモライの子か』いうてバカにされて。いやがって、学校を休んだりしたこともありました。だけど私、『いくらメシモライでも、誇りをもっていいことなのよ』って」。

そう言ってさとしたという。

「話を聞きにくる人が一時はひっきりなしにやってきて、学校の先生が生徒を連れてぞろぞろ見学にくることもあったの。正直いって少々ウンザリしたこともあるんです。でもね、今ではおじいちゃんを最期まで看取ったのは私ひとりだし、こうしてお話してさしあげることが一番の供養になると思うようになったんです」。

お宅を辞したあと、道順を教えられて富五郎翁のお墓に参った。湾をはさんで浅藻の海と集落を見下ろせる小高い丘の上にお墓はあった。この漁村の誕生に立ち会って、海と生活をともにした漁師のねむる場所としては絶好の場所であるように思えた。

浅藻再訪

宮本はそれきり、浅藻を再訪していない。一九九五年九月五日、三度目の対馬の旅、二度目の浅藻をたずねた。梶田味木さんはあいにく福岡へ出られてお留守だったが、お会いしたとき味木さんから、浅藻には一人だけ富五郎翁の娘さんがご健在であるとうかがっていた。この時すでに毛利甚八氏の連載（「宮本常一を歩く」『別冊ビーパル　ラピタ』誌）がはじまっていて、第一回に浅藻が取りあげられていたので、その人の名もわかっていた。

清家スミ子さん（一九一一年生まれ）、八十四歳。八人兄弟姉妹の下から三番目のお子さんだ。

「父のきたころは山ばっかりで、山の上に祀ってあるイシガミ様のところから丸太を切り出して、石をおこして、港をつくったそうです。本家はほんとはもっと上にあったんです。長男が菓子屋をしていたのももっと上で。台風でつぶれて下に移ったの」。

スミ子さんによれば、浅藻がいちばんにぎやかだったのは十八、九歳のころだというから一九三〇年前後ということになる。

「菓子屋は、落雁・饅頭・カスマキを手づくりで。出雲やら鹿児島やらから鰤(ぶり)漁にくる漁師さんがおみやげに買って帰って。つくるのがまにあわんくらい。そのころは料理屋も八軒ありました。オナゴを売る店も。あのころがいちばんにぎやかでした。ハイウオいうてこんなに(両手を広げて)くちばしの長い魚(カジキ)、鰤、フカ。たくさんとれました」。

やがて戦争がはじまり、戦後にかけて急速にさびしくなっていったという。

「私が覚えてるころは、もう山じゃなかったけど、学校の下(の海)でも磯モノがおったですよ。波止ができてからダメですね。波止は戦争すぎてから。厳原へは船でした。道も戦争すんでからできました。母は七十四か五で目が見えんようになって。小さい船で厳原へいかねば病院ないでしょう。行けずに盲目に。父も九十で死ぬまで医者にかかったことない人やった。船を見にいってつまずいて、足を怪我して破傷風で死んだ。去年、姉が福岡で九十二か三で亡くなり、富五郎の子どもは私ひとりになりました」。

スミ子さんは、十八、九歳のころの浅藻がいちばんにぎやかだった時の記憶をくりかえしくりかえし語ってくださった。現在の港は戦後になってからできたといい、富五郎翁たちがひらいた最初の港はその奥にあった。いまも名残りはあるというので、案内していただいて写真におさめ、お別れした。

九学会調査のころ

毛利甚八氏の連載にはもう一人、一九五一年に九学会連合調査でおとずれた当時の宮本を知る人が紹介されていた。清家スミ子さんにお会いする前日、厳原をたずね、お話をうかがった。

安藤良俊さん（一九二六年生まれ）。醴泉院（れいせんいん）というお寺の住職である。

当時、良俊さんは梅野豊禅という名で小綱という村の観音寺の住職をしていた。宮本の『私の日本地図15　壱岐・対馬紀行』によれば、調査中の宿に一人の若者がやってきて、古文書を見てくれという。「これまで何人も九学会の人がきたけれど質問するだけで、こちらの聞きたいことに答えてくれぬ」という。「そんなことはない」と宮本が開きなおると、彼はいろいろ調査員の批判をはじめた。それが良俊さんだった。その夜、村びとたちはめいめいに家に伝わる古文書を持参し、宮本はそれらを読んで聞かせる。だんだんと自分たちの村の歴史がわかり、宮本とうちとけてゆく。話は明け方ちかくまでつづいた。良俊さんは宮本に惚れ込み、それから宮本の調査について歩くのである。

「ひょうひょうとした先生でした。九学会の調査は、はじめ奄美群島が選ばれていたんじゃないかな。それが韓国の李承晩が対馬は韓国の領土だって宣言して、急遽対馬に変更になったと聞いてます。対馬でも、われわれが朝鮮の血かどうか調べにやってくるって噂がとんで、すったもんだあって、だんだんとそうでないことがわかった。当時は船か歩くか馬の背にたよるかしかなかったのに、あの先生にかぎって、他の先生より広くあちこちへ歩かれてた。小綱から大綱・水崎・貝口と船に乗ってついて歩いて、そこで別れて帰ってきました。帰ったらお葬式が出ていて、どこ行ってた！と怒られて（笑）」。

宮本は、東海岸より西海岸を歩いているようだった、と良俊さんはいう。

「イルカ漁に興味をもたれて。イルカが湾のなかに入ってくると、ナマコから何からみんないなくなってしまう。ナマコも江戸時代、長崎から中国へ輸出されていました。今でも対馬の人は食べます。ナマコやウニができてきたころ、イルカも入ってくる。そろそろくるころだ、といって一網打尽にとる。昔はカズラで編んでましたが、そのころは藁縄で編んだ網を湾にはって、船べりをたたいて。イカもイワシも減らずにすむ。イルカもとれるし、一石二鳥にも三鳥にもなる。ただ、イルカは対馬でも、食べるところと食べないところとありました。厳原では食べません。西海岸はたいてい食べる。しかも、農村で食べている。漁村では自分たちの利益を守るためにイルカをとりはしましたが、食べはしなかった。イルカを食べる豊玉町仁位村（現対馬市）なんか、漁業より農業でした。塩に漬けて、夏に水でもどして酢味噌で食べます。あと、田んぼの水口にイルカの骨をぶらさげて。脂が出ると田んぼの水に張って、虫が落ちて動けなくなる。それで虫よけになるんです。昭和三十年代までそうやってイルカをとっていました」。

良俊さんは曾のご出身。ご自身の言葉を借りれば、「戦争で死んだ連中がたくさんいて、生きていることが気恥ずかしくなって」、一九五〇年に出家した。それから小綱に五年ほどいて、一九五五年からは現在まで厳原にいる。

「当時は戦争時分からの朝鮮人が炭焼きや海士として対馬にはたくさんおりました。ぼくの同級生にもいた。特別悪い人でもないかぎり、ふだん差別するというようなことはなかったですよ。ただ頭のいい人でも、級長にはなれなかった。宮本先生のきたころは少なくなっていましたが、まだいました」。

良俊さんも、前妻を亡くされ、四年前に釜山の女性と再婚、二年前に式を挙げた。「『坊さんが嫁もらうゆうたら韓国では笑われるばい』と人にはひやかされます。『韓国の坊さんだって夜は何しよるかわからん。日本の坊さんは許されてる。いいじゃないか』と言い返してね（笑）」。

宮本は、一九五〇年、五一年の調査のあとも、六二年、六三年、七四年と対馬をたずねている。

「宮本先生が最後に対馬にいらしたとき、仁位から県庁のジープに乗って比田勝(ひたかつ)まで往復したことがある。ノドはざらざらする頭はジープの天井にぶつかる。そんなに道が悪かった。先生お得意の沖縄の歌をうたって。ようたう人じゃった。大島の里のうたもまぜながら。昭和二十八年（一九五三年）に離島振興法ができて、港も道もよくなった。昭和五十年（一九七五年）に空港ができて今年で二十周年になる。それでも先生がきた当時七万人いた対馬の人口が、いま四万五〇〇〇人。港や道がよくなって、人が出てゆく。選挙にしても、東京のだれとつながっているかで票が決まる。お金せびりが上手な者を選ぼうとする。島づくりはそんなもんじゃない。いま先生がきたら、どう思われるか」。

良俊さんの、宮本への思いは尽きない。

「対馬について書いたものはすべて送ってくださいました。ただ、ぼくには書くことの急ぎをするな、十分な調査をせよと、厳しく言われてました。新しく調査する連中が頼りにして正味が見えんごととなる。これは宮本先生から教えられたことのひとつ。先生が亡くなったときも、追悼文を頼まれたが、書かんかった。書けばそれだけになるから。ぼくの前に、いつもあの顔がある。書けばなくなるような気がして」。

8　島の文化

「対馬にて」「村の寄りあい」
長崎県上県郡上県町伊奈・佐護・佐須奈（現対馬市）の旅

中世社会の発見

「朝早くホラ貝の鳴る音で目がさめた。村の寄りあいがあるのだという。朝出がけにお宮のそばを通ると、森の中に大ぜいの人があつまっていた。私はそれから、村の旧家をたずねていろいろ話をきき、昼すぎまたお宮のそばを通ると、まだ人々がはなしあっていた」。

『忘れられた日本人』の冒頭におかれた「対馬にて」は、そんな印象的な書き出しではじまる。もとは『民話』第五号に、「年よりたち」連載第二回として掲載された。

浅藻（あざも）で梶田富五郎翁の話を聞いたあと、宮本は調査をつづけながら対馬を北上し、一九五〇年七月二十三日、鹿見（ししみ）からポンポン汽船に乗って、上県郡仁田（かみあがたぐんにた）村伊奈（現対馬市）にやってきた（『私の日本地図15　壱岐・対馬紀行』）。

彼は八学会連合の共同調査の一員としてだけでなく、日本常民文化研究所の一員として各漁村に伝わる古文書の筆写・収集を目的としていた。これは当時水産庁が水産資料整備委員会を組織し、調査収集のために水産研究所月島分室を拠点として進めていた計画で、日本常民文化研究所が委託を受けたため、その非常勤スタッフとして宮本も歩くことになったわけである。

占老に話を聞くうち、この村には古くから伝えられている帳箱があり、そのなかに区の共有文書が入っていることを知る。その箱の鍵は区長が預かっていた。しかし区長の一存ではそれを見せられない。必ず二人の総代の立ち会いが必要だという。区長は代々郷士の家の戸主がつとめ、総代は一般農民から立てられる。やっと区長と総代の立ち会いのもとに帳箱を開け、宿にかえって区有文書を徹夜で筆写したが、旅の疲れで古文書の筆写の能率があがらない。そこで翌朝しばらくの借用を願い出る。ところが今度は村のものだからみんなの意見を聞かねばならず、ちょうど寄りあいが開かれているから、そこで相談してみる、というのである。

ところが昼もすぎ、午後三時をすぎてももどってこない。宮本が古文書を貸してほしいと頼んだのは村に着いて三日目、寄りあいがはじまって二日目の朝だった（『私の日本地図15　壱岐・対馬紀行』によれば、徹夜で筆写しようとしたことはのべられておらず、村に着いて二日目の出来事とされている）。しびれを切らした宮本は、そんなに長い間いったい何を協議しているのかと、出かけていった。すると驚くべき事態が展開していた。

区長の説明を受けた人びとは、村の大事な書類だからみんなが納得するまでよく話し合うことにしようと、延々議論をつづけていたというのである。昼も夜もない。眠たくなり、言うことがなくなれば帰ってもいいのである。ある人が昔古文書を人に貸してよくない使われ方をした事例をあげれば、またある人は他人に見せて役に立つのなら見せてはどうだろうと言い出す。途中、他の決定事項に話が移ったり、世間話に花が咲いたりしながら、連想が輪をなして果てしなく議論がつづいてゆく。やがて一人の老人が「見ればこの人はわるい人でもなさそうだし、話を決めようではないか」と切り出し、ようやく貸してもよいという結論が出る。

こうした寄りあいは昔からつづいていたといい、自然な結論に落ち着くよう、絶対に無理をしないで議論をつづけた。ひとつの事柄について自分の知っているかぎりの関係ある事例をあげてゆく。こうして、どんなにむつかしい問題も、三日もすればたいていかたがついたという。

同じようなことを宮本は対馬の千尋藻（ちろも）でも体験した。『忘れられた日本人』には、わざわざ別章を設けて「村の寄りあい」という文章まで書き、全国各地の事例を紹介している（初出は「寄りあい制度」。『民話』第八号、「年よりたち」連載第四回）。

宮本がこれほど執拗に寄りあいにこだわった理由は明白だ。戦後まもなく流行した学問が、すべて村の伝統を封建遺制と片づけ、アメリカからもたらされた民主主義による改革の徹底を叫ぶなかにあって、村のなかに残る日本の民主的伝統に宮本はおどろき、その事実を示したかったにちがいない。しかも「民主主義」なんて言葉はひとつも使わずにそれをやってのけているのだ。

おそらく宮本は、中世の自治村落の伝統をそこに見ていたと思われる。民衆の中に発達していた中世の自治組織の伝統が、幕藩体制下で解体されていったという独自の主張を、彼はこの時期以降くりかえすようになる。これは、中世の農奴制社会が近世の封建制社会へと段階的に進んだとするマルクス主義的歴史観とは相容れない歴史観といってよい。

それらの論考は、一九七二年に自ら編んだ『宮本常一著作集　第11巻　中世社会の残存』にまとめられた。はしがきで彼は、民俗採集に歩きはじめた当初の福井県石徹白（いとしろ）村や奈良県吉野西奥（にしおく）地方の旅で、村落組織のなかに近世以前の仕組がつづいていることに目をひらかれ、やがて戦時中、徳島県祖谷（いや）山・高知県寺川・宮崎県米良・鹿児島県大隅半島の旅でも、それを確認したという。そして、「戦後あるいた村の中で、とくに私にとって心をひかれたのは対馬であった」と述べ、対馬豆酘（つつ）村をはじめ、五島列島・長崎県松浦・岡山県加茂川町円城・能登半島などの村落組織に残る中世的な伝統について考察している。

「民俗学は、年代のない民衆の歴史をしらべるのだといわれてきたが、年代の明らかになるものはこれを明らかにしていかなければならない。伝承というのは言い伝え、語り伝えたものだけではなく、人の手で作り出したすべてのものの中にある。田も畑も道も池も山村も、天然でないものはすべて人の手が加わっており、その加え方の中にわれわれは歴史を見ることができる。文献もまた一つの伝承資料なのである。それらのものすべてを援用しつつ遡及してゆく必要がある。しかもこのような遡及の可能な国である」。

落ち着いた、さりげない文章のなかに、ギョッとするような文句がちりばめられている。おそらく彼はここで、マルクス主義歴史学のみならず、従来の民俗学ともおよそ異質な問題意識を抱え込んでしまった。日本社会に残る中世的な伝統を掘り起こし、中世社会から現代を照らし出す。対馬調査の経験以後、大きく展開されることになる一連の論考は、彼の死後一九八〇年代以降からはじまり今日にいたる中世史研究隆盛の先駆、との位置をもっている。

ホラ貝の音

この当時の寄りあいの様子を現在の区長さんに聞くことを目的として、二度目の対馬行きを決めた。

一九九四年十月九日、一三時四五分厳原発の対馬交通バス佐須奈行きに乗り、山道を二時間揺られ、一五時四六分仁田で途中下車。そこからさらに海岸沿いの道を一時間三十分ほど歩いて、伊奈にたどりついたのは午後五時半だった。

このむらに入ると、まず神社の鳥居が目に入った。これが宮本が描いた寄りあいの舞台になった神社なのかと少々興奮気味にカメラのシャッターを切ったのだけれど、待てよ。ちょっとばかり不可解だ。というのも、その神社は集落の入り口、村の境界に位置しており、村のなかを歩きまわっていれば、お宮に集まっている人影など、どの位置からも見えるわけがない。ひょっとしたら別にもうひとつ、村のなかに神社があるのかもしれない。疑問を抱えたまま伊奈の集落に足を踏み込んだ。

一軒の雑貨屋兼食品店を見つけ、現在の区長さんのお宅を教えてもらった。

丸島四男さん（一九二二年生まれ）。

突然の来訪にもかかわらず、にこやかに家に招いてお話を聞かせてくださった。対馬で中学校教師となり、美術と理科を教えた。現在は退職され、すでに伊奈区長をつとめて四年目になる。

宮本が調査におとずれた一九五〇年当時は峯村（現対馬市峰町）の佐賀にある東部中学におり、宮本の名前も、調査にきたことも、『忘れられた日本人』という本に伊奈の書かれていることもご存知なかったといい、こうして宮本の足跡を追って人がたずねてきたことも初めて、とのことだった。

「神社はあとひとつ、海の神様を祀ったのがありますが、ちいさな祠を建てただけのものです。あなたの見たのがこの村の氏神様で、ほかに神社はありません」。

あっさり疑問は解けたけれど、別の疑問が浮かんでくる。なぜ宮本は冒頭で先のような記述をしたのか？　丸島さんの話はつづく。

「この村には寄りあいが五つあります。ひとつは村全体のもので、区長一人・区長代理一人・肝煎り五人の計七人で年三回話しあいを持ちます。区長と代理は一年ごと村人の選挙で決める。肝煎りは村の五つの地区に分けて、それぞれの代表者を選挙で決める。他に林業にかかわる寄りあいがあります。世話役を決めて、共有林などのことを話しあいます。漁業にかかわる寄りあいもあります。村ではイワシの網を五つの組に分けて持っていて、それぞれの組から代表者を出して、出漁の順番を決める。この他、お寺の寄りあい、神社の寄りあいがある。それぞれ四人ずつ総代を決め、建物の管理やお祭りの準備について話しあいます。五つともそれぞれ構成員も話しあいの内容も全く別です」。

宮本が出席した寄りあいは、村全体のものだったにちがいないが、区長には郷士の戸主しかなれないと書かれているのだけれど。

「そんなことはありません。終戦前から選挙で決めていましたから、宮本さんという人の来られたという昭和二十五年（一九五〇年）ごろには間違いなく選挙で選んでおりました。この村で武士だった家は『親方さん』と呼ばれて村では別格の存在ではありましたが、早くに没落して村では力はありません」。

その寄りあいは神社で開かれるのだろうか。

「いえいえ。神社で開くのは神社の寄りあいだけです。村全体の寄りあいは、現在消防署と住民センターが角にある四辻で開いていました。昭和五十年（一九七五年）ころからは住民センターができましたから、そこで開きます」。

寄りあいを四辻で開いていたというのを聞いて、唸ってしまった。日本中世史家の笹本正治氏が明らかにした『辻の世界』を思い浮かべたのである。笹本氏によれば、かつて四辻というのは現世と来世との境界と意識され、神の力が宿る場所とされていたという。俗縁の力関係のおよばない場所であり、市をたてたり盆踊りのヤグラを組んだり、といったハレの場に選ばれるのも四辻であることが多かった。辻で起こった喧嘩は日常的な場に持ち越して恨みを述べたてたりしてはならないというのを不文律にしているところもあり、寄りあいの話しあいのこじれで人間関係にシコリを残さないように、四辻を寄りあいの場所に選ぶということの意味するところは重大である。

「たしかに昔は、寄りあいの合図にホラ貝を吹いていていました。それを吹くのも区長の役割です。村の三カ所で吹いていました。吹き方で寄りあいの種類がわかるんです。一日中かかるもの、短時間で終わるもの、朝方だけで終わるもの、夕方だけで終わるもの。吹けない区長は肝煎りに吹かせることもありましたよ。その習慣がやんだのは昭和二十五年（一九五〇年）ころでしょうか。今では村じゅうに聞こえるスピーカーができて、その習慣もやまりました。現在の寄りあいは、四辻の一角にできた住民センターでおこないます。お知らせの放送もそのセンターのマイクでやります」。

ここでまた唸ってしまった。一九五〇年というのは、まさに宮本が伊奈をおとずれた年ではないか。寄りあいの合図のホラ貝を聞けるほぼ最後の機会に宮本はめぐりあわせたことになる。

ホラ貝というのは平安初期の八〇六年に空海が留学先の唐から持ち帰ったものが全国に広まったとされており、インドの仏教の法要のさいに邪鬼を払うために吹き鳴らされたのがルーツというから、やはり四辻という神聖な場でおこなわれる寄りあいの合図としてふさわしい。

阿部謹也・網野善彦・石井進・樺山紘一による『中世の風景』という座談集がある。

このなかに、「中世はいかなる音に充ちていたか」というテーマで、じつにさまざまな中世の音にまつわる事例が語られているが、日本の村落にホラ貝の音が鳴り響いていたことまではだれも指摘していない。伊奈の寄りあいの合図にホラ貝が使われたのは、稀有な事例なのか、それとも一般的なものが共通認識とならずに忘れ去られただけなのか。

丸島さんたちにとっては、四辻が神聖な場であるという観念も、ホラ貝の音が特別な意味を持っていたということも意識されてはいないのだが、それら中世的な伝統がつい五十年ほど前まで、当たり前のように生活のなかに生きていたのである。村に鳴り響くホラ貝の音について、宮本が大きく論を掘り下げているわけではないが、さりげない記述から、いろいろなことを考えさせられる。

古文書の行方

ところで、宮本が借りたという区有文書は、区の共有物として代々区長が管理していることが記されていた。現在その古文書は丸島さんの手元に残っているのだろうか。

「古文書というものは見たことがありませんねえ。伊奈には桂林寺と明光寺というどちらも曹洞宗の寺がありまして、中国伝来の大般若経六〇〇巻がありますが。それだけです」。

そこで、後日談をひとつ。『私の日本地図15　壱岐・対馬紀行』を読み返していると、伊奈のことが書かれたくだりで、「対馬にて」では伏せられていた、一日村を案内してくれたという老人の名前が明記されていることに気づいた。斎藤七左衛門さん。区有文書があることを教えたのも、寄りあいの承認が必要だと教えたのもこの老人だったという。「対馬にて」によれば、村を案内してくれた老人は元区長で、当時は息子が区長を継いでいたことになっている。その斎藤七左衛門さんのご子息がひょっとしてご存命であれば、古文書の行方についても何か手がかりが得られるかもしれないと考えた。「対馬にて」のコピーを添え、この旅ではいろんな疑問を抱えて帰ってくることになったので、それもあわせて丸島さんにお便りを書き、いくつかの質問に答えていただいたのである。

「さて、御申越の伊奈の昔の様子の色々のことについてたづねて見ました所、次の様なことの様です。

一、斎藤七左衛門さんは実在の人ですが、その子（斎藤彦麿）に、宮本常一『忘れられた日本人』のコピー文を読みながら聞いて見ました所、全然その様なことは記憶にないそうです。七左衛門さんから話を聞いたと云うのは、何かのまちがいで次の人の様です。

二、その人は財部正三郎（故人）。もと小学校の校長をしておられ、郷土史にも詳しい人でした。文中、老人と云うのは、この人だと思います。又、その時の区長は、財部魁と云い、正三郎さんの子供です。この人以外には考えられません。その財部魁さんも故人となって居られ、遺族は居りますが、その様な昔のことは知る年ごろではありません。
三、［伊奈に入るときに見て写真にまでおさめた］神社は、伊奈久比神社と云って、この話題とは関係ない神社で、関係ある神社は、村の中央部に祭ってある『茂の神』のことです。この神社の隣に、村の集会場である『青年会場』が建っていた訳です。村の集会は、ほとんどこの青年会場で協議されていたのです。集会を四辻で催していたと云うのは、『朝寄り』と云って、急ぐ場合とか、簡単な問題などの場合、四辻集会をしていたのです。
四、私は［中略］昭和六十一年ごろも区長をしていましたが、帳箱の様なものは引継いでいません。私も別のことで昔の事が知りたく、古老に古い書き物はないかとたづねても昔はあったが今はどうだろうかと云う様なことで、いつの時代にかその帳箱は所在不明になったのか非常に残念です」（一九九五年五月四日消印）。
このお手紙をいただいたおかげで、旅のときに抱いたいくつもの疑問が解けた。そしてつくづく、通りいっぺんの旅で正確な事実をつかむのはむつかしいものだと痛感した。また、宮本の文章では斎藤父子と財部父子の混同があること。丸島さんにお話をうかがったときには茂の神での寄りあいの記憶は消え去り、四辻での寄りあいのみが話題にのぼったこと。等々、自分の情報収集力のあやうさをあらためて戒めなければならなかった。ちなみに丸島さんのお宅でお世話になったお連れ合いも、斎藤七左衛門さんのお孫さんの一人とのことだった。

残された疑問はひとつである。宮本の借りた古文書はどこへ行ってしまったのか。当時宮本をふくむ多くのスタッフの一人として漁村資料収集のために各地の漁村を歩いていた網野善彦氏に、ぼくはのちに進学した神奈川大学大学院で顔をあわせることになる。網野氏によれば、このとき方々で借りっぱなしになっていた古文書群は、時間をかけて返却作業がつづけられ、宮本が借用した対馬の漁業資料は、一九八二年十一月十五日、厳原にある対馬歴史民俗資料館に、確かに一括して返却されたとのことだった。おそらく伊奈の区有文書もこのなかにふくまれているものと思われる。これら一連の経緯は、後にまとめられた網野善彦『古文書返却の旅』によって知ることができる。まだ資料館をおとずれ確認をしてはいないが、ともかくも伊奈の区有文書の所在についての確実な情報が得られて、ホッとしている。

観音参り

丸島さんのお宅で、お話はつづいている。

「伊奈でクジラをとっていたのは、大正期まででしょう。よそから業者がきて村の者を使っていました。それより、私が知るようになってからはイワシ漁がさかんでした。昔は伊奈の港は砂浜でした。イワシの網を引く組が五つありました。ヨウヨウグミ・ハリグミ・フクロマチ・シモノクミ・シングミ、この五つです。網を引く順番も、寄りあいで決めていました」。

宮本『対馬漁業史』の伊奈の項に見えるのは、カクノクミ・ハリグミ・フクロマチ・シモノクミの四つであり、組の名も若干異なっている。

宮本は伊奈で話を聞いたあと、佐護から佐須奈へと北に抜けている。佐護から材木を買い付けにきている人たちがこれから帰るからと、彼らの馬に荷物を積んでもらって歩くのである。

「材木、それから木炭、魚というのは、ほとんど朝鮮への輸出品でしたね。佐護の湊から朝鮮半島は目鼻の距離です。むこうで金に変えて米を買って帰ってきたもんです。対馬で米はとれませんから。伊奈にも朝鮮人はたくさんきていました。私が教えた中学校にも朝鮮人の子がおりましたよ。大きく分けて、海の人と山の人がおりました。

佐護川の筏船。対馬でもこの船の利用はここだけ。現地では材木船と呼ばれている。（1950年7月　宮本常一撮影）

海の人はサザエ・ワカメをとって暮らしをたてていて、十世帯ほど。終戦と同時に帰ってゆきました。山の人は炭焼きをして暮らしをたてていて、二十世帯ほど。戦争が終わってもしばらく残っていました。昭和二十七〜八年（一九五二〜三年）ころにはいなくなりました。

山から伐り出した木は牛や馬で運ぶんです。牛は力はあるが遅い。馬は速いが力がない。一長一短がありました。農家には必ず牛馬が一頭ずついて、昭和三十年（一九五五年）ころ車道ができて、昭和四十年（一九六五年）ころ舗装されて、耕耘機が入って。それにつれて徐々に減りました」。

丸島さんのお話から、この地域の時代の変化のありようが浮かぶようである。

宮本は佐護への道の途中、川には橋がかかっておらず、じゃばじゃばと徒歩で渡ったことを記している。また、『民話』の「対馬にて」初出時には佐護川のイカダ船の写真が掲載され（単行本では削除）、渡しに使われたというキャプションを付けている。

「あれは材木船（ゼエモクブネ）とか藻刈船とか呼んでました。材木船というのは材木を運ぶからではなくて、材木をつないでつくるから。海で藻を採る船です。ワカメ・ヒジキ・カジメ・テングサですね。便宜上、川渡しに使うことがあったかもわかりませんが。今も佐護に一人だけ使いよる人がおります」。

佐護についた宮本は、ここで「歌垣」の伝統が生きていることにふれている。佐護の「観音参り」のさいには男も女も歌を掛けあって求愛し、気が合えば一晩をともにするというのである。丸島さんに観音参りについてたずねると、こんな歌を教えてくれた。

佐護川の流れは瀬田よ井出の里
その光さす豆酘の観音

「この歌のなかに、対馬の観音さまのある地名が全部詠みこまれています。佐護・瀬田・井出・曾・佐須・豆酘の六つで対馬六観音と言われています。男女こぞってお正月の十一日にお参りに行きました。対馬の北から南まで観音さまは散らばってますから、全部まわるのに一週間ほどかかります」。

こうした年に一度の参詣に限らず、日常的に夜這いの習慣をもつ地域は多かったが、戦時中には風紀・規律の維持のため、学校長や駐在警官によって徹底的な弾圧の対象となり、多くは姿を消している。

「対馬でそういうことはありませんでした。この頃は農閑期ですから、親も『遊んで来んね』と言って労をねぎらったもんです。いちおう出征した親や兄弟の無事を願い、武運長久を祈るという大義名分がありましたから、村のウルサ型も黙認せざるをえなかったんでしょう」。

ひとくちに性の民俗といっても、このように多様な形態がありえたのだ。しかも、観音参りと武運長久祈願が結びついて、戦争の非常時にもこの行事がしぶとく生きつづけたというのだから、じつに愉快ではないか。

丸島さんはいかがでしたか、とたずねると、照れ笑いを浮かべて、

「私は当時福岡の高校に進学してましたから、観音参りに参加したことはありません」。

対馬にはこの他にも、「天神参り」の習慣もあるという。

「対馬北端の佐護と南端の豆酘の二カ所にある多久頭魂神社に、正月十五日〜二十日

ごろ、若い男女がお参りに行くんです。歩いて往復するのに一週間かかりました。こちらは厄除け（女は十六、二十三、男は十八、二十五）が表向きの目的でしたが……」

やはり男女が別のことを楽しむのが本当の目的だったという。

「それが縁で結ばれる者もありました。未婚の男女にかぎって参加が認められていて、結婚すると参加資格を失いました」。

明治以来の民法のもとでは家父に大きな権限が与えられており、婚姻の自由はなく、父親の合意を得なければ結婚が許されなかった。敗戦まで日本を支配していた民法は封建的であるとして戦後改革のなかで廃止され、本人どうしの自由意思にもとづく婚姻制度が導入され、アメリカ流の自由恋愛が大々的に喧伝された。宮本が「対馬にて」で歌垣の伝統にふれた理由は、ここでもはっきりしている。日本の伝統をすべて否定してアメリカの制度と接ぎ木することの愚を言いたかったに違いない。日本人の貞操観念は、江戸時代には武士身分にのみ見られた儒教道徳を、近代にはいって相当短いあいだに普及させたものではなかったか。薄皮一枚剝げば、対馬の観音参りや天神参りのような性の伝統はいきづいていた。『忘れられた日本人』におさめられた文章に限っても、「土佐源氏」をはじめ、「世間師（二）」、「名倉談義」、「女の世間」などのあちこちで、宮本は庶民の性の民俗について言及している。

丸島さんの話はどれもおもしろく、気がつけばずいぶん夜もふけていた。今晩はどこで泊まるのかと問われ、どこかで野宿するつもりだというと、現在寄りあいの場になっている住民センターに泊めていただけることになった。

翌朝、宮本も馬に荷をあずけて歩いたはずの佐護へむかう一本道を歩いた。志多留という集落の民家のみごとな石垣を見て、満開のソバの花の畑を通り過ぎると、道はにわかに山のなかへ方向を変える。そこからはもう山越えになる。宮本の荷を積んだ馬を走らせていた老人は、このとき歌をうたいだす。そして、歌をうたっていればこんな山のなかでもさびしくないといい、また見通しのきかない山のなかで仲間に自分の居場所を知らせることにもなるという。歌が生活のなかにどのように生きていたのかを宮本は具体的に書きとめている。いま歩いている道は、すでに舗装されていたが、国の天然記念物であるツシマヤマネコの棲息を伝える看板が立っているのを見て、やはり人気のない山であることを実感した。なお、トボトボ歩いていると、小雨が振りだした。弱ったなあと思っていると、そこへ後ろから車が近づいてきて停まった。振りかえると、丸島さんだった。

「雨やけん、乗っていかんね」。

佐須奈まで用事があるから、佐護に行くなら途中で降りたらいいという。「馬が車に化けたのだ」と思いつつ、お言葉に甘えることにした。上県町（現対馬市上県町）

は山林が町総面積の九一%を占めるという凄まじい地形だ（『離島振興三十年史』下巻）。宮本は午後五時に伊奈をたち、三里（約十二キロ）の道を歩けば明るいうちに佐護までつけると考えていたが、じっさいにたどりついたころには民家に灯かりがともっていたという。その道を、丸島さんの車はアッというまに駆け抜けてしまった。

佐護では観音参りで使われたという観音堂を見た。田んぼにポツンと建っていて、ここで大勢の男女がどうやって寝たのだろうと思うほど小さなお堂だった。佐護湊では現役で使われているという材木船を見た。材木を組んでもなお隙間があり、海草を干すのに都合がいい構造なのだと教えられた。帰りは佐護からバスで厳原にもどった。

センダンゴの味

三度目の対馬の旅は、一九九五年九月三日。丸島さんから教えられた、宮本が立ち会った寄りあいの舞台、茂の神を見たかった。宮本が話を聞いたであろう斎藤七左衛門さんのご子息・斎藤彦麿さんや、当時区長をつとめていたという財部魁さんのご子息にもお会いしたかった。そして、宮本は佐護では一番の歌上手という「鈴木老人」に民謡を聞かせてもらい感激している。鈴木老人の関係者もたずねてみたかった。

先の二回の対馬行と同様、この日も博多で野宿して、朝一〇時〇〇分のフェリーに乗り、厳原港に着いたのは一四時三〇分。昼食をすませて、厳原バスセンターを発ったのが一六時四〇分で、仁田で降りたのは一八時三一分になっていた。仁田ではもう夕食の時間である。つくづく対馬の大きさを思う。そりゃ対馬北岸の人たちは朝鮮に出るよな、と思ったりした。

仁田の食堂のおばちゃんに話を聞くと、やはり対馬では米がとれないので昔からムギとイモを食べたという。米が手にはいるようになった今でも、サツマイモはありがたい食べ物だという気持ちがあると話してくれた。

仁田から歩きはじめたものの、伊奈にたどりつく前に犬ケ浦というところで夜になってしまった。歩くのが怖いくらい真っ暗なのだ。仕方なくここで野宿することにする。さいわい仁田—志多留をむすぶバス（一日二本！）の停留所があり、そこの待合室で寝袋にくるまった。

翌九月四日、犬ケ浦からいくつか峠を越えて伊奈へ。

斎藤彦麿さん（一九〇九年生まれ）をたずねる。八十七歳だというのに、かくしゃくたるものだった。庭に椅子を出して腰掛けての会話となった。

農業と林業で暮らしてきた人で、漁業は道楽だ、と言った。畑ではムギ・カンショ（孝行芋と呼ぶ）・野菜・大豆・小豆をつくってきた。米がとれない対馬の農家はみなそうだったという。

「戦中は仁田村村会議員をしよりました。大政翼賛会の推薦で河川の水取りの許可をとって、完成させたのは私の仕事です。ただ、戦後は駐在員がきて公職追放にあって、選挙権もなかった。それからは百姓を熱心にやって、土地を集めて買って、五反つくりました。仁田村壮年団の総務もしたし、伊奈組合長もした。三回ほど区長もしました。道路開発、これは林道。港湾施設、これは防潮堤。いずれも私の仕事。私はそういう仕事が好きでね。はたらきにいっしょうけんめいで、宮本という人がきたことは覚えていません」。

彦麿さんは丸島さんのお便りにあったとおり、宮本常一がこの村をおとずれたことはご存知なく、宮本がどんな人物かということも、『忘れられた日本人』に伊奈のことが書かれているということにも興味がなさそうだった。

「斎藤七左衛門というのは、私の養父です。子がなくて、私が養子に入りました。私は中山の生まれです。父は歴史に詳しい人で、小学校の代用教員をしていました。部落から信頼されていた。ただ、話が長かった。話しかけたら時間がくるのを忘れて」。

ここではじめて彦麿さんから笑みがもれる。

「財部(たからべ)正三郎という人は校長をしていた人。これも歴史に詳しかった。戦後初代の漁業組合長。早くに亡くなりましたが」。

宮本がどのように話を聞いていったのか、だんだんとわかってくる。村の歴史に詳しい教員だった斎藤七左衛門さんをあたり、そして漁業組合に行って漁業関係の資料

幾日もかけて話し合う寄りあいがおこなわれた「茂の神」。保育園になっていた。（1995年9月　著者撮影）

を探し、組合長の財部正三郎さんを知り、寄りあいの席に出ていた区長である息子さんを紹介される。だいたいそういうことだったのではないか。

「息子の財部魁が当時の区長です。寄りあいでは、話が決まらんときは、何日もかけて決をとって。それだけ時間をかければ、自分の欲で言ってる場合は、正しい意見のようでもすぐに欠点が出る。ホラ貝が鳴れば、『今日は寄りあいがあるばい』といって。神社のお祭りも、村の行事はみんなホラ貝で知らせました。合図は一ぺん。何か特別のときは二、三べん、というふうに吹き分けて。区長が吹きます。吹けん人は代理を使って。昭和二十年代まではホラ貝でした。今はマイクがある」。

宮本は当時の対馬調査では米の配給が少なく、昼飯は抜き。あとは民家に泊めてもらってごちそうになるしかなかったと述べている。当時の一般家庭では昼飯はカライモのセンですましていたとか。

「芋の生のものは釜のなかに生けておきます。そのうち大きいのは切って、カズラを刺して通して軒にかけて干します。そうやって切干しにしたのをカンコロといいます。これを炊いて搗いて、握ってそのまま食べる。これはカンコロダンゴ。センというのは、大きいのをとったあと残ったクズ芋を唐臼で搗いて、団子にして、風でさらして、また唐臼で搗いて。固くなったのを水に入れて練って、握って団子にして、日に干して乾かして、保管します。これを魚のだしと醤油で味をつけて食べる。蒸して食べるやり方もあります。ここらではロクベエといってます。名前の言われは知りませんが。おいしかった。ひとつの楽しみでした。一般家庭で食べたのは終戦直後まで。手間のかかるもんで、今は厳原の料亭でなら食べられる」。

てっきり食うに困って食べるものだとばかり思っていたが、彦麿さんはおいしかった、とくりかえされた。話は飛ぶが、帰りがけにのぞいた厳原の雑貨屋で、センダンゴが売られているのを偶然見つけた。おみやげにと買って帰ったが、もったいなくて食べていない。石のように固く乾燥させてあるから、日もちはいいだろう。どんな味がするのか、未知のものである。

「伊奈から佐護までの道は、馬や牛で荷を運びました。馬がやっと通るくらいの道でした。人も歩き方がヘタやったら脇へ落ちるほどでした」。

最後の質問に彦麿さんは、

「観音参りはしたことがない」と答えた。

お礼を言って、かつて寄りあいがおこなわれていたという茂の神への道順を教えていただいて辞去した。

伊奈の集落の路地は舗装こそされているものの、くねくねと入り組んでおり、よほど古くからの道だと思われる。それにあわせて家もあちらこちらを向いて建っている。その中央部に、茂の神はあった。今は保育園になっているものだから、園児が遊んでいるそばを、初めは知らずに通り過ぎてしまった。保母さんにたずねると、保育園の裏の繁みに、現在も小さな祠が建っていると教えられた。ここで宮本が書いたような寄りあいがおこなわれていた光景を想像するのはむつかしかった。丸島さんにたずねたときに、うかつにも「神社」と言ってしまったので、思い浮かべられなかったのだろうと思う。保母さんも若くて昔のことは知らない、と困った顔になったが、そこへ偶然、鍬を肩に乗せておばあちゃんが通りかかった。

「昔は大きなお宮でしたよ。寄りあいをしよった公民館（青年会場）は、昭和三十五年くらい（一九六〇年ごろ）に診療所になって、昭和五十五年（一九八〇年）から保育所になりました。茂の神いうんは荒神様。わたしら、肥桶をかついで前を通るときは『通らせてください』いうて、必ず木の枝を折って立て掛けました。意味はわからん。みんなそうしよった。枝は、お宮の森に大きな木がいくつもあったけん、いくらでも折って。幾抱えもあるようなツシママツ、イチョウ。台風でようけ倒れて、伐られてなくなりました」。

当時区長をされていた財部魁さんの息子さん宅をたずねるが、お仕事で留守。お連れ合いが漁協につとめていらっしゃるというのでうかがったが、当時のことはご存知ないとのこと。後日ご主人にお便りで確認したが、やはり宮本の来訪について知ることはなく、古文書やホラ貝の行方もわからない、とのことだった。

去年お世話になった丸島さんのお宅をたずねるが、比田勝に出掛けていて留守。お連れ合いにごあいさつだけして帰ってきた。

もときた道を仁田まで歩き、バスで佐須奈へ。宮本が民謡を聞いたという鈴木老人の関係者を知りたかった。なんでも佐護には鈴木姓は一軒もなく、佐須奈に一軒だけガソリンスタンドをやっている家があると聞いた。

鈴木石油と看板の出たガソリンスタンドをたずねたが、経営者の鈴木さんは厳原の人で、一九五〇年当時はまだ佐須奈には来ていなかったという。

町の教育委員会をたずねたが、やはり間違いなく鈴木姓は存在しないとのことだった。何かの手掛かりにと「対馬にて」のコピーを残して東京に帰った。

すると後日、このときの教育委員の方から電話があり、その老人は神宮熊之助（一八六二年生まれ、一九五三年没）という人だったことが判明した。宮本が民謡を聞いた当時は八十八歳になっていただろう。佐護の恵古（えこ）というところの人で、民謡の名人として鳴らし、鈴木某という芸名をもっていたことを知らせて下さった。今も七十歳以上の人ならたいてい知っているとのことだったが、それきり対馬をたずねていない。

ちなみに宮本が観音参りについて聞いたのもこの老人だった。

「鈴木老人も声がよいだけでなくきっとそういうことにかけてもこのあたりでは一ばん上手であったにちがいない」と宮本は書いている。

鈴木老人に民謡を聞いた翌年、一九五六年にも宮本は対馬調査におとずれ、佐須奈でひと晩民謡を聞いている。調査団長の渋沢敬三も視察におとずれた。村の女たちが盆踊りのときに踊ったという歌舞伎踊りをおどる。

「腰をうかし、膝でたって、上半身だけの所作が見ていてもシンから美しい。これがただの農家のばァさんとはどうしても思えない。座にいる若い男たちはばァさんたちにぼろくそにやっつけられる。この方は全くの芸なし猿だからである」。

こうした踊りは対馬全域で見られたという。宮本は、対馬の小さな漁村にも高い文化の伝承されていることに目を見張った。

離島振興の出発点

一九九三年三月はじめて対馬を旅したとき、いま考えると大きな出来事があった。三根(みね)という町で峰歴史資料館をたずねたとき、友人は興味がないからとロビーで広報誌を読んで時間をつぶしていた。見学を終えて出てくると、「なんだこれは！」といって指さした雑誌が、『しま』。そう、宮本常一が離島の人びとの暮らしがよくなるようにと、離島振興法制定（一九五三年）に尽力し、全国離島振興協議会の初代事務局長に就任（一九五四年〜五八年。ただし無給）。その機関誌として発行されたのが『しま』（一九五三年〜）だった。このときはじめて、この雑誌を手にとって見たのだった。

友人はこのなかの「島の動き」というコーナーがいたく気に入ったと見えて、どこの島にどこから修学旅行におとずれた、なんてニュースを拾い読みしては笑い転げていた。全国の島という島のローカル情報が満載で、楽しい。全国の島の人びとが、こうして情報交換して手をつないで前進していこう、という宮本の理念が現在も誌面に生きている。

宮本が全力をあげて離島振興に打ち込むようになるのは、対馬、この島の調査が発端だった。

対馬は長い間軍事要塞であったため道路整備がおくれ、当時の交通手段は厳原を起点に東西の沿岸を一日一便就航しているポンポン汽船が主なものだった。バス路線は限られており、あとは歩くしかなかった。対馬の縦貫道が開通したのは、なんとはるかに下って一九七一年のことだという（『離島振興三十年史』下巻）。

調査の後、島の生活をつぶさに島民から聞かされ、宮本は同じ島の出身者として身につまされる。魚の多い漁場はあっても堤防のある港はない。道路整備もおこなわれていない。島に電気は引かれておらずランプで生活するというありさまだった。宮本は、一方的に調査するだけでなく、お世話になった島の人たちに恩返しはできないものかを真剣に考える。そこで、この学術調査を指揮した渋沢敬三にはかり、まず電気設備の手配からはじめている。これがきっかけのひとつとなり、全国離島の「後進性の除去」を目的とする離島振興法制定が具体化してゆくのである。

これらの経緯は、宮本の「離島振興の先達・渋沢敬三先生」という文章によって、おくれて知った。『しま』第一〇〇号の節目に書かれた、初志を忘れまい、という宮本の思いのよくあらわれた文章である。

宮本は、離島振興法施行からおよそ十年後の一九六二年と六三年、さらに十年後の一九七四年にも対馬をおとずれ、法律が島をどのように変えたかをつぶさに検証している。それら一連の対馬の旅は写真が豊富で楽しい『私の日本地図15　壱岐・対馬紀行』でうかがうことができる。

まさに、宮本にとって対馬調査は、終生こだわりつづけることになる離島振興の出発点となった。

『しま』の記念すべき第一号に、宮本は「島の文化」という短いエッセイを寄せている。

「島が現今のように進んだ本土の農村に比べておくれてくるようになったのは近い頃のことだと思います。少なくとも明治中頃以後のことではないでしょうか。それまではかえって島の文化の方が進んでいる点もあったと思うのです」。

そして調査してきたばかりの対馬の事例を列挙してゆく。盆踊りでは若者組によって歌舞伎がおこなわれ、なかには帳箱に脚本が五十五冊も入っていたところもあり、すべて伊勢講のさい上方で買って帰ったものであること。佐護で聞いた盆踊りの口説きは兵庫口説きに近いものであること。また、ここで聞いた馬子唄は明らかに追分節の系統であること。等々。海をつうじて島にも豊かな文化が流れ込んでいたことを示し、文化果つる絶海の孤島という固定化された島のイメージを引っくりかえしている。一九五三年という早い時期に書かれた、じつに痛快な文章である。

しかし同時に宮本は、近代にはいって陸上交通が発達すると、海上交通によらねば移動ができない島民が、次第に時代の流れに遅れをとるようになることにも注意を喚起し、離島の「後進性」を除去するために、国民全体で社会の進歩を目指す方策をさぐるべきだ、と結ぶ。

寄りあいの民主主義、観音参りや歌垣に見る男女の自由恋愛、民謡や歌舞伎踊りをもたらした海の道、……「封建的で遅れた島」という当時の固定観念を打ち崩すこれらの地域文化の数々。こうした地域文化の発掘者の一面と、生活向上のための実践者の一面。この時期以降の宮本の学問は、この二つのあいだを揺れ動きながら進んでゆく。

9 現代版「名倉談義」

「名倉談義」愛知県北設楽郡設楽町名倉の旅

お寺の座談会

愛知県北設楽(したら)郡設楽町名倉(なぐら)には三度おとずれている。

最初にたずねたのは、一九九四年十一月四日だった。よく晴れた秋の日で、東海道本線豊橋駅から飯田線に乗りかえ、本長篠駅下車。ダイヤの都合でここで野宿したあと、奥三河と呼ばれる山地を豊鉄バスでさらに奥へ走り、田口下車。さらに名鉄バスに乗りかえて山をかけ登る。この山の向こうにむらがあるのかな?と思わせるようなヘアピンカーブの坂道をぎゅるぎゅると登って、やがて山のてっぺんを越えると、一直線に坂がゆるやかになり、そこが旧名倉村(現在の正式な字名は東納庫(ひがしなぐら)・西納庫に分かれている)。

「峠」という即物的な名のバス停で降りて坂道を歩いて下って、お寺をさがした。宮本は、一九五六年〜五七年にかけて都合三回、名倉をおとずれたと書いているが、このとき村のお年寄りを集めて座談会を開いたお寺があるはずだった。その座談の模様がそのままの語り口で再現されているのが「名倉談義」という文章である。

坂道を下り切ったあたりで右手を見ると、丘の上にすぐにお寺が見つかった。臨済宗・大蔵寺。山門の前でお寺の名前をノートに書き留めていると、後ろから「何の御用ですかな？」と呼び止められた。振り返ると、お地蔵さんのようににこやかなお爺さんが杖をついて立っている。旅の目的を告げると、

「ああ、宮本先生！」と感に堪えぬように声をあげられた。聞くとこの方がこのお寺の元ご住職で、宮本の調査の便をはかって座談会の場をもうけたご本人だというのである。今度はこちらが驚く番だった。

中村修さん（一九一二年生まれ）、八十二歳。本名は修さんだが、住職としての名は宗修さんという。お寺の木の切り株に腰掛けてお話をうかがった。

「もう名倉で宮本先生を知る者は私くらいなもんだで」。

「名倉談義」に登場する後藤秀吉・金田茂三郎・金田金平・小笠原シウ・松沢喜一・沢田久夫の各氏はみなすでに亡く、中村住職が全員お弔いをした。ご住職が十八代目で、現在は息子さんに譲って隠居している。名倉にあるお寺はここ一つだけ。昔は他

にもあったが、明治初年の廃仏毀釈でつぶされ、この寺だけが残った。名倉十五集落四〇〇軒のお弔いはすべてこのお寺がつとめているという。

「名古屋大学精神医学教室の村松先生とこられて、海型の農村・平野の農村・山型の農村の三つのモデルケースの比較をするフィールドワークとかで、名倉は山型の農村のモデルケースとして選ばれました。その調査が終わった後も、宮本先生は一人でやってきましたよ」。

四十年も前のことを鮮明に記憶されていることにおどろく。後にこの調査の報告書、『日本人――文化とパーソナリティの実証的研究』という大部な本を目にすることができた。

そこでは間違いなく、海型の農村として愛知県幡豆郡一色町〔現西尾市〕の佐久島里部落、平野の農村として岡山県吉備郡高松町新池部落〔現岡山市〕、そして山型の農村として名倉村の猪ノ沢・社脇・大久保の三部落が調査地として選ばれていることが確認できた（さらに大都市として名古屋市、地方都市として岡山市が比較されている）。

名古屋大学精神医学教室の村松常雄を団長とする人間関係総合研究団のなかで、宮本は文化人類学・民俗学班の一員として、名倉の他に佐久島の調査に加わっており、社会学班の田中実との共同執筆で、「名倉村3部落について」「佐久島里部落について」という二つの報告を書いている（ただし執筆分担箇所は明記されていない）。

中村住職の話には出てこなかったが、宮本はこのとき、同時に林業金融調査会の一員としての肩書ももっていた。宮本が離島振興に力を注いだことはよく知られているが、同じ時期、山村振興のための調査にも力を入れている。その拠点となったのが、この林業金融調査会だった。

林業金融調査会結成にいたるまでには伏線がある。一九五二年〜五三年にかけて林野庁が全国二十七町村を選んで国有林の地元利用状況に関する調査をおこなっており、戦後宮本が農業指導に歩くきっかけをつくった平野勝二の誘いを受けて、このうち岡山県御津郡円城村〔現加賀郡吉備中央町〕の調査に参加している。このときの調査報告は『宮本常一著作集　第14巻　山村と国有林』におさめられており、そのあとがきにくわしい経緯の記述がある。

このころ山村生活のおくれが問題となり、東京営林局長を退官した平野勝二によって、一九五四年十二月林業金融調査会が結成され、この会を拠点として全国山村の経済実態の調査がおこなわれることになる。相談を受けた宮本は、新自治協会のころに知り合った高松圭吉（当時東京農業大学助教授）らに呼びかけ、高松の教え子の多くを動員してこの調査にあたった。調査は一九六八年にまでおよび、調査した山村の数は二〇〇カ所をこえ、報告書一三〇冊あまりが出された。

宮本が参加した調査はそう多くはなかったと本人はいうが、『林業金融基礎調査報告』のシリーズにまとめられた調査記録はかなりあって、そのほとんどはいまだ著作集におさめられていない。同じ時期に書かれた「僻地性解消のために」という文章が、わずかに『宮本常一著作集　第2巻　日本の中央と地方』におさめられた程度である(このなかで一項を割いて名倉調査について取りあげている)。

当時高松圭吉の教え子で、林業金融調査会を通して宮本と調査をともにした田村善次郎氏のご厚意で、これらの調査報告書を見せていただいた。そこからわかる宮本が参加した調査は以下のとおりである。

一九五五年夏　広島県山県郡大朝町(著作集第23巻に収録)
　八月二十七日〜三十一日　島根県鹿足郡日原町
　十一月七日〜十三日　秋田県北秋田郡上小阿仁
　十一月十四日〜十九日　宮城県栗原郡栗駒町栗駒、沼ケ森
一九五六年五月中旬〜六月　千葉県東葛飾郡川間村
　七月　静岡県磐田郡水窪町
　十一月五日〜十三日　愛知県北設楽郡設楽町名倉
一九五七年八月十二日〜十九日　石川県石川郡白峰村(著作集第36巻に収録)

このなかの『林業金融基礎調査報告（二五）愛知県北設楽郡設楽町名倉』は、日に灼けて色が変わりボロボロになったガリ版刷りの貴重な報告書だ。宮本常一と川村久二雄の共同執筆で、執筆の分担箇所は明記されていないが、田村氏のご教示により、全七章のうち一〜四までが宮本の執筆によるものだと判明した。

これによると、調査期間は一九五六年十一月五日〜十三日までの九日間にわたり、昼夜兼行一日十七時間労働の調査だったという。調査協力者のなかには、「大蔵寺住職」と見えている。

「とにかくなんでもかんでも、こちらの言うことは書き留めんと気がすまん人でした。特に万歳峠の話には興味をもたれて何遍も聞いてきおりました」。

万歳峠というのは、村の若者の出征を見送るのに、村人が万歳をとなえて別れた峠のことだ。はじめは峠の頂上で見送っていたが、それだとすぐに繁みにかくれて見えなくなってしまうので、日露戦争の時から見送る場所を五丁あまり手前にした。見送られる者は振り返りながらしばらく歩いて峠を下り、その間別れを惜しむことができた。先程の「峠」というバス停はその名残なのだとわかった。峠から村側へかけてゆるやかな坂になっている地形がさいわいしたのだろう。宮本は「こうした事に村共同の意識の反映を強く見ることができる」と述べている。

中村住職の話を聞こう。

「明治になるまでこの峠道はなくて、それまでは猪ノ沢（集落の名前）から藪をかきわけて町に出ていました。よそからは孤立した村でした。昔から貧乏して。この土地でハイスガリいうのは蜂の子のことで、擂鉢で擂り潰してミソの中につけておいて、イロリ端で御幣餅を焼くときに塗って食べて。それからハヤやドジョウやフナを川ですくって煮て。蜂の子や小魚が唯一のタンパク源でした。茶やタバコをつくりはしても、できやせん。あれは暑いところの作物で。蚕にしても夏蚕は飼えても寒すぎて春蚕は飼えなかった。田の肥料にするものも無いから山からシバを刈ってきて田に入れて代わりにしよった。あんなもん肥料になるもんじゃない。それでもみんなよく働いて」。

先の報告書のなかでも宮本は、冬は寒さがきびしく氷点下二十度近くに下がることがあるといい、五月にも霜がおりる日もあると書いている。また、全農家四九四戸のうち専業農家は一戸もなく、たいていは林業その他の兼業をもっている、とも。名倉は農村といいつつ、そこで暮らす人びとの生活は、多様な生業によって支えられていた。

「名倉談義」では、あけすけな性習俗も話題にのぼっている。中村住職も、そのことについて次のように語った。

「盆踊りのときはお寺の中で、下駄の底がペラペラになるまで、みんな夜明けまで踊

むらの人たちが出征兵士を見送った万歳峠。今もバス停にその名が残る。（1994年11月　著者撮影）

『忘れられた日本人』刊行後、NHK番組収録のため「名倉談義」が再び開かれた日。大蔵寺の庫裏の前で記念撮影。（1951年1月20日　宮本常一撮影）

り狂いました。この寺の敷地で盆踊りのヤグラを組んで。私がまだ子どものときに、カンカン帽かぶった若い学生のお兄さんたちが女の人の手をひいて暗い繁みに連れ込むのをよく見て、女の人も嫌がるふうじゃない。どこへ何しに行くんだろうと思って。何もわからず不思議でした。そうした若い衆（若衆制）がさかんだったのは私が小学校のころまでで、警察がやかましく言い出してやまりました」。

当時、大地主がいて多くの小作人を従えているような村ばかりを研究して「封建制」の残存を強調したがる当時の学問の流行にはっきり距離をおいていた宮本は、「名倉談義」の冒頭で、むしろ大きな地主がおらず土地所有が平均している村の方が数からすると多い、としたうえで、「名倉はその典型的なひとつである」と述べている。『忘れられた日本人』中の文章のほとんどは雑誌『民話』の連載をもとに編まれているが、唯一「名倉談義」だけが単行本化するさいに書き下ろされている。どうしてもこれを書きたかった理由が、中村住職の話をききながらもよくわかるような気がした。

「みんな貧しいから助け合いました。飢饉の年には持ってる米をみんなで分け合って食べて。区長も順番で村の全員が交替してつとめました。だから小作の家が区長をやることもありました。昭和二十二年（一九四七年）ごろには一人八町ずつ山を均等に分けたりもして。上手に山を守った人もいればすぐに金に代えて損した人もいます」。

聞きながら、先程の宮本の言葉につづく、「そういう村の村人の気風には山の中にあっても近代性が見られるのである」というくだりが思い浮かんだりした。

「宮本先生は……ハァ、亡くなりましたか。そうでしょうのう。ここへ来たのももう随分前のことになるで……」。

切り株に腰掛けながら中村住職は、いかにも懐かしそうに遠い目をされた。

名倉再訪

名倉を二度目に旅したのは、一九九五年十二月十二日。この時は二人旅で、大学院の友人の運転で中央高速を走り、信州諏訪大社―長野善光寺―戸隠―飯田元善光寺とまわって、ぼくのわがままで名倉に入り、そこから伊那へおり、天竜川をさかのぼって上村中郷で霜月祭りを見学し、天竜川をくだって浜松から東名高速にのって東京に帰った。

大蔵寺に中村修住職をたずね、一年ぶりの再会を期待していたのだが、あいにく体調をくずし入院されているという。息子さんのお連れ合いのみご在宅で、「名倉談義」に登場する方々のご遺族のお名前を教えていただくことができた。とりわけ、沢田淳夫さんのお連れ合いの豊美さんに一度連絡をとられては、という。宮本が話を聞いた沢田久夫さんの息子さん夫婦とのことだった。

沢田久夫さんについては、先の報告書にも協力者に名前があがっており、「名倉談義」にも「この村には沢田久夫さんという大へんな郷土史の百姓学者がいて、村人から尊敬せられているが、この方が調査に際して実によくお世話下さった」とある。また去年中村住職からも、「この村に養蚕を普及させるのに功のあった人。肺を病んでから学問に打ち込んだ。中央の雑誌にもよく論文を書き、『三州名倉』という郷土史の著書もある」と聞いていた。

大蔵寺のおかみさんによれば、沢田豊美さんは義父ゆずりで郷土史を趣味にしているから、ぜひお会いしたらよいでしょうとのことだった。

そんなわけで、一九九六年二月二日、三度目の名倉の旅が実現した。豊美さんに事前にお便りを出すと、ぜひいらしてくださいというお返事。いちばん寒い季節で、町は雪一色。待ち合わせをしていた田口のバス停で降りると、公衆便所には凍結のため水道は使用禁止と注意書があり、停車中の自動車の腹にはツララが下がっていたりした。そんな雪のなか、沢田豊美さんが迎えにきてくださった。

まずたずねたのが、設楽町立奥三河郷土館。館長・鈴木冨美夫さん（一九二六年生まれ）に、ストーブで暖をとりながらお話をうかがう。名倉にお住まいで、先の宮本の報告書の協力者にも名前があがっており、宮本をよく知る数少ない一人だ。

「学者らしからぬ学者。よれよれの服を着て、ネクタイをするタイプではなかった。山口県の大島弁、独特のイントネーションで話されるのが印象的でした。絶えずニコ

「名倉談義」がおこなわれた大蔵寺。（1996年2月　著者撮影）

ニコされて、温和で柔和な方で。当時、テープレコーダーは、でっかいオープンリール式のものしかなかったですから、〔旅には持ち運べない。〕それで筆記の腕をみがかれたんでしょう。あの『名倉談義』もすべて筆記したはずです」。

もともと、奥三河は考古学、民俗学研究のメッカだった。

「先史時代の化石が大量に出土して、この郷土館の建物も、アンモナイトをかたどっています。明治の末には柳田国男が親戚をたずねて初めて入っています。霜月神楽、花祭りが注目されて。昭和五年（一九三〇年）には設楽民俗研究会が、柳田国男のポケットマネー二十円で発足しています。中央からは民俗の宝庫と映ったんでしょうね。ところが奥三河のなかでも、名倉というのは精神文化が稀薄なところでして。信仰や年中行事に見るべきものはありません。これは特徴的なことです」。

そんな状況のなかで、宮本は名倉に注目したのだ。しかも、物珍しい民俗事象の断片を集めるのではなく、人びとがどのように暮らしをたててきたかに関心を寄せた。「名倉談義」を読むと、当時の生活の変化をまるごとつかもうとしていることがわかる。

「宮本先生にとっては、『三州名倉』を書いた沢田久夫さんに出会われたのも幸運でしたな。沢田さんは郷土史研究のパイオニアです。戦前から独自に勉強をはじめられて、戦後の郷土史にも新しい方向づけをされた方でした」。

じつはこのとき、『三州名倉』(一九五一年刊)のコピーを持参していた。鈴木さんの言葉を聞きながら、冒頭に記された次のような一節を思い浮かべていた。

「民衆の歴史、それはとりもなおさずわが家の歴史であり、わが村の歴史です。家がわかり、村の歴史がととのつて、地方の歴史がまとまり、国の歴史がわかるのです。今までのように国の歴史だけがあつて、地方の歴史はよく分らず、村や家の歴史は考えたこともないというのでは困ります」。

戦時中の皇国史観を克服し、戦後の地方史研究を新たに打ち立てようとする郷土史家の意気込みがストレートに伝わってくる文章ではないか。

「私は、宮本先生とは晩年までおつきあいをさせていただきました。一九七一、二年ごろでしたか、京都の国際会館で世界の民族学者が集まったとき、ステージに奥三河の花祭りをあげたいと提案されてきて、東栄町の花祭りをご披露しました。車に乗せて会場までご案内したのは私です。お会いしたのはそれが最後になりました。大変気さくで、その土地の人になりきる。偉ぶるところがない。地域のなかに入って、何のくったくもなく話をききとる。その後の私もだんだんフォークロア（民俗学）に引き込まれて。最も影響を受けた方でした」。

鈴木さんが館長をつとめる郷土館には、一人で集めたという数々の民具が、どれもケースに陳列されることなく、見学者が手に取れるように並べられている。宮本がもっとも理想とするであろう郷土館がつくりあげられていた。

その後、鈴木さんには名倉の戦中・戦後史の全般にわたってお話をうかがった。じつはその晩、沢田さんのお宅に、「名倉談義」に登場する宮本が話を聞いた人びとの息子さんお孫さんたちに集まっていただき、「現代版・名倉談義」を開催することを提案して、豊美さんにすべて段取りをお願いしていた。そこで取りあげてみたい話題の予備知識をいくつもいただいて、郷土館をあとにした。

沢田さんのお宅に到着して、いくつかの資料を拝見。

沢田久夫さんの遺稿集『設楽の語りべ』の年譜によると、久夫さんは宮本の二つ年長の一九〇五年生まれ。教員をしながら農業に従事。一九三〇年前後は名倉村青年団長。一九三一年から設楽民俗研究会会員。一九三三年、ガリ版技術の腕を買われて東京の日本青年館に奉職。秋、結核にかかり帰郷。長い療養生活ののち、一九三八年から名倉村史編纂。一九四〇年前後は翼賛壮年団長、神職養成講習会を受講して村社津島神社社掌。戦後は公職追放となり、郷土伝説に材をもとめて青年演劇の戯曲を書き、演劇活動にかかわる。一九五一年、郷土誌『三州名倉』発刊。その後、名倉村教育委員、郷社八幡神社宮司、をへて奥三河郷土資料館づくりに励む。資料館の内容整備がおおよそ完了した一九七八年秋を機に、郷土研究から一気に遠ざかり短歌に没入。一九八二年、歌集『黒曜石』発刊。一九八五年、永眠（七十九歳）。

教員としての経験をもち、結核療養中に郷土研究に打ち込んでゆくあたり、宮本の人生との共通点も多い。年齢もそう変わりなく、宮本とも話が合ったのではないか。豊美さんの案内で拝見した蔵書棚には宮本の著作もズラリと並んでいて、地方の農村文化人に宮本の学問がどのように受けとめられていたかをかいま見るようだった。

アルバムには、宮本を囲んで老人たちが一堂に会したスナップがはられており、「名倉談義」の模様だと思われた。久夫さんの書き込みによれば、宮本常一・沢田久夫・金田金平・金田茂三郎・後藤さわ・鈴木久世・後藤秀吉・中村和尚・鈴木冨美夫、そして黒野郷八郎（ＮＨＫ）とあり、日付は一九六一年一月二十日。『忘れられた日本人』刊行直後であり、どうやらＮＨＫの番組のために、あらためて座談会が組まれたようだ。

それを裏付けるように、宮本から送られてきたという『忘れられた日本人』初版単行本の「名倉談義」の頁には、久夫さんあての一枚のハガキがはさんであった。差出人は、「東京都芝区三田綱町十番地、日本常民文化研究所、宮本常一」とあり、消印は一九六一年一月三十日。まだ宮本が渋沢邸に居候していたころのものだ。以下のような文面で、宮本独特のちいさな文字でびっしりと書かれている。それにしても「名倉談義」がNHKの番組になっていたことを示す貴重な資料だといえる。

「拝啓。其後御健勝にて何よりに存じます。今度は参上いたしましていろいろお世話になり、まことにありがとうございました。二十六日にくりあげになり、黒野さんは徹夜で編集したとの事ですが、割合よくまとまり二、三の人から感想もききましたが、よかったという評判なので喜んでいます。ただ座談会のほとんどを時間の都合できってしまわなければならなくなったのはおしいことでした。きってしまうとそれまでになってしまうので、座談会のとき筆記でもしておけばよかったと思った次第です。黒野さんもこうした形で村の人に接したのははじめてで、とても喜んでいました。とりあえずお礼まで申し上げます。一月二十九日」。

その後、夕食にはこの地方の名物である御幣餅をごちそうになる。日もすっかり暮れて、ご主人の沢田淳夫さんがご帰宅。やがて、豊美さんが連絡をとってくださっていた方々が続々と集まってきた。宮本の「名倉談義」に登場する老人たちの息子さんお孫さんたちばかりである。お名前を紹介する。上が宮本が話を聞いた人、（　）内は住まいの字名。下が今回お話をうかがった方。

沢田久夫（猪ノ沢）――息子・沢田淳夫さん（一九四五年生まれ）県庁勤務
　　　　　　　　　　　　豊美さん（一九四七年生まれ）主婦
金田茂三郎（猪ノ沢）――孫・金田博久さん（一九三六年生まれ）宗教家
後藤秀吉（大久保）――息子・後藤亥左夫さん（一九一一年生まれ）新聞配達
小笠原シウ（社脇〔やしろわき〕）――孫・小笠原豊さん（一九三八年生まれ）郵便局
松沢喜一（社脇）――孫・松沢敏勝さん（一九三八年生まれ）役場
金田金平（社脇）――孫・金田金愛さん（風邪のため欠席）

宮本は座談会を通して、明治から戦前までの村の生活の変化を浮かびあがらせているが、今回の座談会はその続編、戦中戦後から現在までの村の生活の変化が話題にのぼった。だれかが発言すると、その話の継ぎ穂をだれかが引き受けて、また話が展開してゆく。宮本がわざわざ「談義」というスタイルで文章を書き下ろしたのも、うなずけるような気がする。連想が連想を呼んで話はとどまるところがなく、こちらは黙って聞き役にまわっていればよかった。午後六時三〇分～一〇時まで、あっというまに夜が更けていった。

現代版「名倉談義」

◆圃場整備のころ

亥・圃場整備は、いつごろだったか？

豊・昭和三十九年（一九六四年）、オリンピックの年。

博・昭和三十九年に計画して、四十一年（一九六六年）から四十七年（一九七二年）までに実施した。

亥・沢田さんの田が最初。役員だったから。

博・全国一早かったから、モデルがなかった。

敏・はじめ四人で機械化グループつくって。農協の下請けで、外国製のフォードのトラクター入れて。小さい田を十枚の田んぼを一枚にしてしまう。一枚一枚持主が違うから、一人でも反対があるとできない。口説くのに大変だったはず。

豊・二反四畝（二四〇〇平米）をだいたい一区画で区切った。

敏・みんな自分の田んぼが大切だから。再分配で泣く人もある。十五年くらいかけて、全域の圃場整備が終わった。昔はユイといって共同作業をしたもんだが。

豊・一軒おくれるとあそこだけ、と言われるんで、みんなで手伝ったね。自分だけ済んでもよくない。

亥・区長が農休みの触れを出して、みんなで休んだもんだ。そうしなけりゃ、休めない。

博・子どもにも農休みが一週間あった。稲武（名倉の隣村）は三日しかないのに。名倉は田が多かったからな。

豊美・昔はハウスがなくて、自然に育てたから、苗が遅かった。

豊・四月終わりに霜で苗が枯れた年に、五月六日に種籾をまいたとき、普通、田植えのころなのに、それでもできた苗を試験的に植えてみると秋には穂が実った。

亥・構造改善前、昭和三十年前後は苗代にモミまいたあと、温床紙といって、油紙をかぶせて。そのうちビニールになった。昔は収穫も一反で三俵。今は十俵とるのにヘノチョンだで。

淳・新城では八俵とるのにやっとだって。十俵とるというと、ヘーッと驚かれます。

豊美・圃場整備をした一年目はよく米がとれて。

博・前が悪すぎたのよ。

亥・圃場整備の前まで、ウナギの寝床みたいに細長い田もあったし、段差もあった。

博・うちのとこなんか、八アール（八〇〇平米）に二十一の田んぼがあった。鳳来町には千枚田がいまもある。あそこは斜面にあるから、圃場整備ができなかった。実際には七〇〇枚あるそうだ。

豊・構造改善したあとは水が引き乾田となった。昔の猪ノ沢の田んぼは沼田だったのに。

亥・へそまで入る田もあったな。

博・レンコンをつくれるほど水が深かった。

豊・板で船つくって稲刈りしたもんな。冬も水が引かない。

博・田んぼに浮かべる一畳ほどの四角い船があった。人が溺れたときに助ける棒もあった。

豊・かえって腰を曲げなくていいから稲刈りは楽だったな。それと、昔は自然の川から水がきていたのでよかった。構造改善で水をとったから、今は下のほうまで水がいかない。あとで用水のことで土方とケンカしたことがある。上は大きくて下は細くしていいという。これじゃ、設計が悪い。上の方から田に水を入れていけば下の方は細くてもいいということらしい。

亥・それじゃ、雨が降ったときどうする。下の方が大きくなるのが天然だろうに。学問やる者は、下へいくほど小さくと思うらしい。わしは名倉川からポンプで自分で水を汲み上げた。昔はイネの根が水面より下へ三十センチも伸びて。今は根が横へ広がって伸びる。

博・下が深けりゃ、一メートル五十は伸びるもの。

敏・除草のとき目を突くので、頭にかぶるものがあった。ちょうど手がとどくところで目を突いたから。

豊美・うちのおばあちゃんは、イネで目をついて失明したんです。除草剤を使うようになって、そういう心配もなくなったけど。

豊・除草剤使う前は、ツボ（タニシ）もいた。

亥・煮て食うとうまかった。

豊・今、池で飼ってるけど、まずいもの。

淳・昔はドジョウもいて。

豊・寒ドジョウは栄養にいいと聞いて、氷を割ってクワで掘った。ナベに入れて、塩入れて、フタしないと飛び出す。玉子、豆腐入れると頭をなかに入れる。

亥・圃場整備以降、絶えたな。

豊・おらんくなった。ネギハチってのもいたな。

淳・針があって、刺すと痛かった。

亥・頭がガンコでヒゲがある。

豊・ナマズを小さくしたようなものです。

淳・イナゴも、神子谷下（地名）の人が買ってくれて。缶詰にするというんで。でもつづかなかったな。缶詰工場がつぶれた。

博・缶詰のような時代じゃなかった。五、六年やってつぶれた。今なら売れるのに。十五、六年前から農薬を使わなくなって、イナゴも増えだした。

敏・今年はイナゴがバカにおって、私の嫁のおふくろ、どえらい好きで。

豊美・私の実家ではゆべしも昔からつくったけど。味噌、みりん、胡麻、砂糖を蒸して乾燥させて。保存食よね。

博・普通、ユズを入れるもんだけど、ここでは寒くてユズがとれないから。

豊・ユズがなったの、みたことないもんな。

◆むらの現金収入

豊・構造改善では、田の面積を広くするのに、わしが農業機械の運転手をした。高低差があるのを平らにして。丸太棒が入ってたり、苦労して。耕耘機が入れるように、生活の合理化のために。ただ、一年に一日二日使うだけの機械のために大変な投資をする。採算があわない。ローンを払うのに土建業で稼ぐ。

博・ビニールハウスも基盤整備とセットできて。ものすごい金かかる。補助金がおりて、それを前借りさせられて。なかなか返せるもんじゃない。改善以前は村の外で金を得る道はなかった。それを境に、土木事業で外に出て働けばお金になることを覚えた。

敏・昭和三十九年（一九六四年）当時、男は二〇〇円。女の人も一日九十円の日当で。女が出られるのは画期的だった。

亥・女だって力仕事は機械がやるんだから、男以上の働き。バカにできない。

博・土木作業というのは道路工事。自分たちのつくった道で、どんどん若い人が出ていってしまって。豊田、名古屋、豊橋へ。

敏・換金するものつくらにゃ、というので、田んぼつぶしてハウスに変えて。それでだんだん広まっていった。現金収入つったら、わしら小さいころは、マユの選別の仕事だけだったな。目方を量って。父母から聞いた話だけど、カイコを背負って一本橋渡ったところで転んで、マユをしめらしちゃった。一年かけて一生懸命つくったものを川へ落として出荷できない。怒られたって。それだけマユは貴重だった。

豊・おカイコは食べ盛りのときは昼も夜もない。名倉じゃ、春蚕は飼えなかった。寒くて桑が芽吹かないから。夏蚕と秋蚕を飼った。

博・中学、高校のときまで手伝った。昔は部活動なんてなかったから。

敏・葉っぱを一枚ずつつんで。葉をほぐして、キリ吹きや口で水をまかないと。暑くなるとイキれる（蒸れる）。二階で飼った。

淳・葉をおくだけで相当な広さをとった。

亥・金をとるにはおカイコしかない。山のある人には木を売るしかない。

豊・田を他人に売ることもできない。農業委員の許可がないとダメ。今でも。

亥・わしも農業委員を十五年間やった。水稲の被害調査委員。反ごとに共済金かける。三十％被害があれば金がおりる。調査に大変だった。

豊・そうでしょう。みのってから稲がたおれてもダメ、青いうちにたおれなければ。そのへんの見極めがむずかしいところ。

敏・それまで米をつくれつくれっていってたのが、昭和四十五年（一九七〇年）には第一次減反政策だもんね。

◆山林と動物たち

豊・植林は戦後からです。

敏・伊勢湾台風のころは（一九五九年九月）、林業がよかった。住宅を建て直すのに木が必要だったから。木材がよく売れた。林業よかったのはあのときだけ。

亥・今は木が安くて売れない。けっきょく外材におされて、林業不振。昔は共有林だったから、下刈りは盆休みにみんなで総出でやったもんだが。今は森林組合まかせ。

淳・今は山へ入らなくなって、山の境がわからなくなったと言っている。

豊美・スギとヒノキなら幹の太さで境もわかるけど、雑木林だともうわからない。

亥・それより前は炭焼きで山に泊まっていたが。

博・昭和四十五年（一九七〇年）くらいから電気ごたつ。それより以前は炭ごたつだった。

敏・じいさんが炭焼きするとき、炭釜の前の川でハヤが釣れるというんで、ゴハン粒をハリの先につけて、じいさん私の守りして炭焼きしていたなあ。炭焼きが仕事だった。

豊・山からよくイノシシがおりてきた。ハクビシンも畑のトウモロコシ食べに。明日収穫、という前日にとりにくる。今も家のカス漬けまで食べにくる。

豊美・カモシカは山のなかで出会うだけ。

博・キツネも出る。

亥・キツネは減った。

豊美・ひと秋に二匹、死んだのを見たけど、やせていた。病気かしら？

博・皮膚病が流行して、キツネが減って、イノシシやハクビシンが増えた。

豊・サルははぐれザルが流れてくるぐらいで。

豊美・ちょっと寒いから住めないんじゃないかしら。

淳・カモシカは増えると困る。天然記念物だから〔捕獲ができない〕。十頭はとれるように環境庁に陳情にいった。

豊美・カモシカは同じところにフンするのよ。山のように。

豊・崖の急なところにいる。二メートルほどのところをポンポンとんでゆく。目が悪いのかポーッと見てるときがある。

淳・警戒心ない。逃げれへん。

豊美・稲武（いなぶ）では本当のシカが出て、大豆が全部食べられたって。去年はクマが出たって。

淳・足助（あすけ）の方からずっときた。

博・そうそう、朝田町とか。

亥・サルとかクマははぐれてくるだけで、昔から名倉にはおらん。

敏・野ウサギはようおった。同じとこ通るので、罠を仕掛けた。今は許可がいる。

亥・イタチは今も朝ちょくちょく見るぞ。ネズミの大きいようなの。

豊・ツバメは減ったような気がする。

敏・ツバメはおらんようになった。田んぼにダダーっといたのに。電線にとまるとダーっと。農薬強くして減ったの。また最近増えだした。トンボもホタルも増えてきた。農薬減らしたため。

豊・公会堂のわきにわき水があるので、ガンジラ（カワニナ）がいると、ホタルが出る。

亥・はじめは大きいヤンボシ（ゲンジボタル）が飛んで、あとで小さいヌカボタル（ヘイケボタル）が飛ぶ。

敏・水路にブヨが多いので薬をまいて、タニシもドジョウも死んだ。昔は考えもしなかったのに。

◆芝居、映画、テレビ

亥・わしくらいいろんなことやった人はないぞ。人殺しと泥棒だけはないが（笑）。牛乳配達から村会議員まで。今は八十五歳になるが新聞配達も二十年つづけている。名倉だけでも三三〇戸くばる。戦前、氷、アイスキャンディーも売った。自転車のうしろに荷台をおって。パチンコ屋も経営したことある。五十五年前、終戦前のことだで。三十台ほど置いて。出ない、と評判よくなかった（笑）。じきにやめて。

敏・（そのパチンコ屋は）昭和座のとなりにあった。昭和座は芝居やるところ。映画とか。昭和三十年代。鞍馬天狗なんかよく見たな。時代劇ばっかりだった。

淳・もともと農協の建てたもので、共同で使っていたんじゃないかな。

豊・村の持ち物だったよ。

淳・戦後、すわらじ劇団なんかもがよそからきた。学校には体育館もなかったから、学芸会もみんなそこでやった。ニュース映画も一カ月おくれできて、野球でどこが勝ったとか、台風でどこで被害が出たとか。そのあと本編の映画をやるんだよね。今は空き地になって草ボーボーになっている。

博・昭和四十五年（一九七〇年）ころ壊したんじゃなかったかな。

亥・ボロ炭焼いてて火が出たことがあった。

敏・そうそう、家で寝てるとき火事だ火事だ、つってバケツ叩いて。あわてて外に出たけどツルツルに凍ってて歩けない。物凄い雪の日だった。魚を飼う池から水汲んで消した。飛び込め！　と言われて、泉屋というお店の、社脇の本宅も火事で燃えた。

豊・昭和十一年（一九三六年）、八幡神社の宵祭りの日、社脇の加藤家も火事で焼けた。

亥・風の強いとき。

豊・昭和座で佐倉宗五郎の芝居をしたあと、餅をまいた話をしたら、祖父が「そうか、昔、社脇の土屋家で佐倉宗五郎の芝居のあと、餅をまかなかったので、その後、火事で家が焼けた」と話してくれた。昔から、佐倉宗五郎の芝居のあとに餅をまかないと災いがあるという言い伝えがあるそうです。

淳・村の青年団の青年演劇なんかもさかんにやってた。(手元の資料を見ながら)第一回は一九四六年十月十六日、とある。

敏・沢田久夫さんが脚本書いて、郷土のことを芝居にしたりしてた。

豊・分団ごとに競って。おでんつくって売ったり。あれは名倉の風物詩でした。

敏・あれはわしのころで終わりでしょう。昭和三十二、三年(一九五七、八年)、結婚する前、二十二、三歳のころで。

博・わしもやった。二十五歳で青年団終わりだで。

豊・旧正月にやったんだ。毎晩けいこして。いちばんの娯楽で。

博・名倉は全国的にテレビの普及率は高かった。

豊美・早い人は皇太子(現上皇)結婚のころテレビ入れたけど、ほんのわずかで、オリンピックで増えて、そのころには全部入った。「しばらくお待ちください」といつも出ていて。放送時間が限られていたから。

淳・うちはおそかった。名倉でも最後にテレビを入れて。父が学校の勉強しなくなるというので。よその家に見に行くから迷惑がかかるというので、ずいぶん親は気をつかっていた。エノケンなんかが出てたな。

豊美・「お笑い三人組」とか。

淳・それはもっとあと（笑）。「少年探偵団」、「まぼろし探偵」。主題歌うたって学校から帰った。他に動く画面は映画しかなかった。

博・昭和四十五年（一九七〇年）ごろから家を引っ越す人が増えはじめたな。青年団がつぶれ、婦人会もつぶれた。豊田に出ていったりして。農家の嫁不足が深刻。人口が昭和三十年（一九五五年）ごろから半減してる。

淳・合併して設楽町ができたころが（一九五六年）一万二〇〇〇人。いま六〇〇〇人を切ってる。半分以下。名倉にも空き家が多くなって。

豊・外人も嫁に来ておる。ブラジルあたりからも。

亥・フィリピンからも。

博・インドネシアからも。

亥・そういうふうでもいいと思う。

豊・他に男ができて逃げたのもおる。トイレだけでも汲み取り式では抵抗あるだろうし。

◆水の利用

博・名倉の水洗普及率は高い。

淳・便所・台所・風呂がいちばん変わった。

豊・宮本さんがきた時分、井戸が遠くにあっておどろかれた。かついで汲みにいって。

敏・今も井戸は使ってる。昔はつるべだったけど、今はポンプで汲む。

淳・飲むのは井戸水。風呂と洗濯は水道。水道は基本料金ですむくらい、このへんは井戸水の清水は味がいい。

豊・お茶の味もずいぶん違うな。

亥・夏でも冬でも13℃。

淳・ふつう15℃くらいだそうですね。13℃というのは本当の清水です。

豊・二十年ほど前、個人で井戸を掘る機械を買った人がいて、十二メートル掘ったって。構造改善で川を下げたから（田が下がるので、水をかぶらんように川底も下げたんです）、水位も下がったんでしょう。

敏・井戸にネコが死んでても気づかず飲んだこともある（笑）。

豊美・ヘビはあるわ。

博・ネズミはある。

亥・知らんいうものはいいものだで（笑）。風呂は外ブロで、マキを焚いて。

豊・うちは納屋のなかでした。屋根はまっくろけでね。となりに牛がいた。

敏・お風呂の水も肥料に使うから、小便溜めるところに流れるようにしてね。

亥・石鹸なんて、肥料に使えなくなるんで使わなかった。

博・六人家族でも、一個使うのにしばらくかかったもんなあ。

淳・宮本先生がきたころは、カマドで火を炊いていましたよ。

豊・風呂もへソ風呂。マキをくべるところがヘコんでた。そのあとから五右衛門風呂。

敏・皿の上に風呂釜がのってるから、少しゅすると湯がもった。

豊・風呂の火を焚くのが子どもの仕事で。男女問わず子どもの仕事でした。そこでニンニク焼いて食うのが楽しみで。

淳・体にいいというんで食べた。

亥・ランプのホヤそうじも子どもの仕事だったよ。

博・風呂焚くのに、二時間かかったので、午後五時くらいから焚き出さにゃ。いい薪は売るから、わるい木しか残らない。それでそんなに時間がかかった。

豊・松の木の方が火力がある。栗はあまりよくない。

博・シイ、ナラもよくないね。堅い木は沸いた湯が体に突き刺すような熱さを感じるから。

淳・桑の木も、カイコに葉をやって、残った枝を風呂の焚きつけに乾かした。

亥・杉の葉も焚きつけよかった。

豊美・トヨ（雨ドイ）に杉の葉がよくつまって。それを集めて焚きつけにしたわ。

豊・ちょこちょこ茅葺きしましたね。

博・昭和三十五年（一九六〇年）にはなくなった。木の皮葺きとか。みんなで共同作業する余地があったのに。木の皮は木を伐るときためておいて。束にして売れたもんです。うちはトヨがないので軒にツララが下がる。食べながら学校に行ったたな。瓦になって屋根を葺きかえるということもなくなった。

亥・木の皮をとるとき、木から落ちて手がなかった人がいた。

豊・右手。親父と同級生の人でした。左手で字を書いていた。

豊美・保険もない時分で大変だったでしょうね。頭をうたず手だけですんでよかった。

豊・宮本さんが書いている万歳峠。うちの親父は昭和十九年（一九四四年）六月召集。私がその年の四月に小学校入学だから。大平というところの小学校で挨拶して行進をはじめて。清水の楽団が送ってくれた。今の郵便局のところからはバスに乗り出征して行った。峠まで見送ったのを覚えてる。

敏・うちにも見えて。戸をガラガラっと開けて、「こんばんは。宮本です」って。えらいニコニコした人だった。偉い先生だってことも知らず、わしが百姓はじめたところで、ちょっとものをたずねられた。家計簿のことを聞かれたな。宮本さんがきた時分を境にいちばん変わりましたよ。

10　ふたたび島へ

「女の世間」「子供をさがす」
山口県大島郡東和町長崎・沖家室島、久賀町（現周防大島町）の旅

女の世間

『忘れられた日本人』におさめられた残る二篇は、「女の世間」と「子供をさがす」。前者は『民話』第十三号に「年よりたち」連載第六回として発表され、単行本にまとめられるとき、『日本読書新聞』にのせた「農婦たちの聖話」を加えたもの。後者は『教師生活』に発表されたものである。舞台はともに一九五〇年代後半の周防大島。女・子どもという視点から、古い共同体が崩壊してゆく予感が描かれている。

周防大島を再訪したのは、一九九五年五月十三日〜十五日。二年ぶりのことである。その年の一月十七日には阪神淡路大震災が起こり、それからすでに四カ月が経過しているというのに、途中の三ノ宮―神戸―明石駅あたりの車窓からの光景は、ビルが真

っ黒に焦げて崩れ落ちたままになっていて、凄まじいものがあった。『忘れられた日本人』の舞台となる土地をひととおり歩き終え、とりあえずのしめくくりのつもりで、ふたたびこの島をたずねた。宮本家には、またまた二泊三日お世話になった。

宮本アサ子さんからは、「女の世間」をテーマに、ゆっくりお話をうかがうことができた。

アサ子さんが周防大島にやってきたのは、一九四六年一月。

「お正月を大阪で終えて、汽車で大畠（おおばたけ）まできて、そこから船に乗ってね。外入（とのにゅう）に船が着いたのを覚えてるわ。あら、そういえば、なんで長崎じゃなかったのかな。たまたま大畠発の船が久賀（くか）まわりじゃなくて南の方をまわる船だったんだわ、多分。まだバスはなくて、島のなかも船で移動してたの」。

外入とは、白木山をはさんで南岸の集落である。そこから宮本の実家のある北岸の長崎までは歩きだった。大阪の家を空襲で焼かれた宮本は、調査ノートをすべて失い、学問の世界をいったんはあきらめたという。郷里で百姓にもどるつもりでこの島に妻子を連れてもどってきたのだ。しかし、ひと月もたたないうちに、宮本は大阪の百姓たちから農業指導の声がかかり、それをきっかけに再び旅の人になってしまう。

一九四六年八月二十五日、次男の三千夫さんが生まれている。しかし皮膚病に丹毒を併発し、十月十四日には夭逝するという痛ましい出来事も、宮本の旅行中に起こった。その出来事は「萩の花」に書かれている。

アサ子さんに「萩の花」の話題を持ち出すと、

「主人の方が遠くにいた分、悲しみが大きくてあんな文章を書いたんじゃないかしら。私はただオロオロするばかりで……」。

と、それきり涙声になってしまった。あわてたのはこちらの方で、おさびしかったでしょう、と言うのが精一杯だった。

「周囲が出稼ぎの家ばかりでしょう。盆と正月にしか主人が帰ってこないなんて当たり前だったから。自分だけ悲痛ぶっていられなかったわ」。

そんな返事に、また不意を打たれる。アサ子さんの言葉は、「強がり」など微塵も感じさせず、むしろ「強さ」に聞こえた。当時アサ子さんも身をおいていた「女の世間」に描かれる世界は、たしかに周防大島の歴史抜きには語れない。男の出稼ぎと対をなすかのように、女も若いうちに島を出て奉公の経験をつまなければ一人前とは見なされなかったといい、驚くべきことに藩制時代から女の一人旅がしばしば見られたというのである。田植え仕事の合間には、女どうしでエロ話がふんだんに交わされ、そうした会話をとおして男への批判力を獲得していったとも、宮本は書きとめている。

アサ子さんは宮本について、こんなふうにも語った。

「いつも一人旅で孤独だったと思うの。とてもさびしがりやだったから。真の男友だちと言える人、ひとりもいなかったんじゃないかしら。仕事上のライバルとか弟子とかには恵まれていたかもしれないけれど」。

大阪玉造の理髪店の娘として生まれ、大阪で教師をつづけ、農業の経験なんてゼロだったアサ子さんに、この島で暮らす道を教えたのは、宮本ではなく、宮本の母・マチだった。

「おマチさんは、体格のよい働き者で、おおらかで明るくて、優しい人。嫁姑のトラブルなんてなかった。百姓仕事を一からぜんぶ教えてくれて。白木山が入会地（いりあいち）だったから、釜や風呂の薪を二人でオイコをかついでとりに行ったり」。

のちに『渋沢敬三著作集』第四巻所収の「旅譜と片影」を見ていたら、「宮本常一氏郷里山口県大島、白木山麓の柴刈り。宮本母堂と夫人」というキャプションの付いた一九四七年十月の写真が出ていた。撮影者は宮本常一とある。宮本の母・マチさんは、アサ子さんが回想するとおり、杖こそついているけれど立派な体格で、カメラを見て笑っているその笑顔からも、人柄のよさがしのばれた。後ろをついて歩くメガネをかけた細身の女性が若き日のアサ子さんで、体の倍以上もある山のような柴を背中にしょって、押し潰されそう。まだ百姓仕事が板についていないのか、少々たよりなげに見える。

「私がきたころは、『女の世間』に出てくるような光景がまだ見られたわ。田植組といって、娘ばかりが一列になって田を植えてゆくのね。田植えは女の仕事だったのよ。男もたまに参加したけど、ヘタだから。みんなで追いあげて困らせたりして」。

宮本も、田植えのときには女の方がえらく、苗を渡すのがおそい男には泥をぶちかけたり、田のなかへ突っ込んだりしたという話を書きとめている。しかし、そういった田植えの光景も一九五二、三年ごろを境に見られなくなったとアサ子さんは言う。

「そのころ、水田に赤土で水止めの盤が敷いてあるのをみんなで壊して、ミカン畑に変えたわ。農協の強力な指導があってね。それでも、摘果（いい実を残して摘む）は共同作業だったし、消毒も四〜五回、ヤノネカイガラムシっていう害虫を駆除するの。一軒だけやっても他に害虫が集まってきたらぜんぶダメになるから、これも共同作業。ミカンがあったから子どもを育てられたって、四十年前ごろをふりかえって言うおばあさんが今もいるけど、それくらいミカンづくりは盛んだったの。でも、いつのまにか共同作業もなくなっていって」。

アサ子さんによると、五月十五日がミカンの花盛りと言われていて、この島にミカンの匂いがたちこめるのだそうだが、偶然お話をうかがったその日にはそれほどでもなく、今年は遅い、とのことだった。

「昭和三十七年（一九六二年）三月におばあちゃん（マチさん）が畑で亡くなって。八十四歳だった。それで杉山のおじいちゃん（第一章に登場した宮本の従弟の杉山友

宮本家付近の海岸。子どもたちの遊び場だった。やがてこの渚の埋め立てが進められてゆく様子を宮本は克明に定点観測して写真におさめている。現在は道の駅や町の陸上競技場となっている。（1961年4月18日　宮本常一撮影）

一さん）に家の管理をたのんで、四月ごろ東京へ出たの」。

前年、宮本は『日本の離島』で日本エッセイスト・クラブ賞を、また瀬戸内海の産業文化開発に功績ありとして中国文化賞を受けており、『瀬戸内海島嶼の開発とその社会形成――海人の定住を中心に』によって東洋大学より文学博士の学位を授与されている。文名も上がり、生活にもようやく少しのゆとりができて、東京都府中市に家を構え、長年居候生活をつづけた渋沢邸を出ている。そして母マチが他界したのをきっかけにアサ子さんを東京に呼び寄せたわけだ。この年には柳田国男が死去、翌年には渋沢敬三も死去している。宮本の転機となる出来事がたてつづけに起こった時期だった。

やがて三男のＨＫさんがこの島で農業をするようになり、宮本が亡くなってから、アサ子さんもふたたびこの島にもどり、畑仕事を手伝っている。

「ゲートボールとか、はじめはやっていたんだけど、他の人みたいに勝負ごとには熱中できなくて。性にあわないのでやめたの。畑で草とりしてた方が楽しい」。

そういって笑った。

子どもをさがす

「子供をさがす」という文章は、テレビを買ってくれとせがむ子どもを親が叱りつけたことが原因で、行方不明になってしまうところからはじまる。村じゅう大騒ぎとなり、けっきょく子どもは家の戸袋の隅からひょっこり出てくるのだが、その間、Ａは山畑の小屋へ、Ｂは池や川のほとりを、Ｃは子どもの友だちの家を、Ｄは隣部落へというふうに、それぞれさがしにまわっていた。指揮者があって、手分けしてそうしたのでもなければ、申しあわせてそうなったのではない。村の共同体が生きていて、子どもの家の事情や暮らし方をすっかり知りつくして自然にそうなったというのである。

ちなみに宮本には「民衆の生活と放送」という一篇があり、同じ話が反復されているが、ここでは行方不明になるこの子どもは、宮本自身の「末の子」、つまりＨＫさんだったとされている。

「おなじような事件がもう一つ村の中におこった。そこで子供のある家では皆無理をしてテレビを備えつけるようになったのである。おなじようなはなしを私は旅さきでよく聞いた。だからテレビを普及させた第一の功績者は子供たちだと思っている」。

ふつう、テレビ普及の第一の要因としては、皇太子結婚と東京オリンピックを挙げるのが常套だが、ここでも宮本は自らの見聞を中心に据え、子どもたちの役割を重視しているところがおもしろい。

現在の宮本家には、もちろんテレビもあり、二度目の訪問のときには、終日オウム真理教事件がワイドショーをにぎわしていた。三人のお孫さんたちは、テレビゲームで遊んでいる。

「おじいちゃんの本は読んだことある？」

ＨＪくん、Ｔくん、Ａくんに聞いてみると、あまり読んだことはないけれど、「宮ホーホー」という化け物の話は知っている、と答えた。宮本の「私のふるさと」という文章にも出てくるこの化け物は、下田八幡(したた)の石段の上の方に腰をかけ、足は石段の下にとどいていて、ニタニタ笑っているという。この話を、三人は口々に眉をひそめて、心から恐ろしそうな声色で聞かせてくれる。これを宮本は祖父の寝物語に聞いて夢に見るほど恐ろしかった、と書きつけているが、それが知らないところで三人のお孫さんにも生きている、というのが愉快だった。

また、『家郷の訓(おしえ)』の「子供仲間」の章に出てくる亥(い)の子行事は現在もおこなわれていて、近所の子どもたちはみんな参加するという。十月の亥の日に、子どもたちが組になって一戸一戸を門付けする行事で、お礼にお菓子をもらって歩くのが楽しみだと言った。

学校のクラブ活動に入ってからは、外で遊ぶことも少なくなったが、それでも夏休みには白木山にセミやクワガタをとりにでかけるという。

宮本の少年時代については、観光文化研究所発行『あるくみるきく』宮本常一追悼特集号に、HKさんN子さんご夫婦が、「ふるさとの海辺の村で」という一文を寄せており、かなりくわしくうかがうことができる。そこでは宮本の少年時代のノートや日記類、またそのころをよく知る近所の古老からの聞き書きがまとめられている。

今回の旅では、アサ子さんの紹介で、そこには登場しない方にお話をうかがうことができた。

浜岡久吉さん（一九〇八年生まれ）。八十六歳になるというのに、宮本家のある長崎のとなりの地区、下田(したた)で達者に一人暮らしをされている。

「学校へあがる前の子どもは、西方(にしがた)・下田・長崎と三部落の子どもにへだてはなかったです。下田八幡のお宮の石段わきで、板を尻にしいてすべり台をしたり、いま保育園のあるところがもと広場になっていて、お宮の馬場といいました。そこで草野球をしたり。お宮のシイの実をとって、煎って食べるんです。ただ子供組に入ると、その三部落の組はそれぞれ違っていたので、互いに対抗意識を燃やしていっしょに遊ばなくなりました。戦争がはじまると、その三組はひとつの青年団に合併されましたが」。

浜岡さんの口からシイの実をとって食べるという言葉が出たとき、思わず声をあげた。故郷の高知県でも、子どもたちがシイの実をひろって、家で煎ってもらって食べる。今でも忘れないのは、小学校三年生のとき、東京でも近所の公園の木にシイの実がなっているのを見つけて、それをひろって煎ったものを担任の先生にもっていったら、その場でゴミ箱に捨てられたことがある。年老いた先生だったから、当然シイの実を食べることを知っているだろうと思って得意になって持って行ったのだが、シイの実が食べられるということを知らなかったらしい。シイの実を食べる文化がどこにでもあるわけではないことをそのとき知った。かたや周防大島に、子どもがシイの実をとって食べる文化があったのである。

「私は宮本さんの一級下でしたが、級長どうしだったものでよく顔をあわせました。私の担任の先生が、かつて宮本さんの担任をしていて、宮本さんのことを話してくれたのを覚えています。授業中、わかった人は手を挙げて、ときいても、みんな手を挙げているのに、宮本君だけ挙げない。たしかに、運動は不得手で、泣きみそで、活発な子ではなかったが、勉強はよくできたんです。先生が不審に思って、わからないの？　ときくと、手を挙げた人よりわかっていて、くわしい答えができる。ではなぜ手を挙げないの？　ときくと、とことん得心がなければわかったとは思わない。深く掘り下げないとわかったという意思表示をしない。そういう人でした。のちに宮本さんの同級生、藤井正君という人からきいた話ですが、担任の先生に将来なにになりたい？　とクラスの生徒一人ひとりがきかれたとき、文学者になりたい、と答えたそうです」。

浜岡さんは一人っ子だったため、出稼ぎの多いこの島にあって両親に外に出してもらえず、役場へつとめた。宮本が島を出て大阪で逓信局につとめていたころ役場に戸籍をとりに来たときに再会。そのころ浜岡さんは「西方だより」というガリ版のふるさと便りを出郷している出稼ぎの人びとにあてて配っていた。それを知った宮本は大阪へ帰ってから長い手紙をくれたという。小さい字で五〜六枚もかけて、「西方だより」の発刊をはげます内容だった。それがきっかけで、村の広報の編集を担当していたとき、原稿をお願いしたこともあるという。

「宮本さんが学者になられてからは交渉はなくなりました。それは私の方から遠慮したためです。もっといろいろお話ししておけばよかったと、今にして残念に思います」。

現在はお連れ合いに先立たれ、若い時からの短歌、そしてゲートボール、囲碁、読書、旅行を楽しんでいる。

「趣味が無いと年とったら困りますね」。

炊事はだめだが、この土地の習慣で、茶粥だけは炊くことができる。

「一合のお米を十七分炊いて、ちょうど食べごろ。それで二食分できます」。

と、最後に教えてくれた。

サツマイモの島

浜岡さんのお話をうかがったあと、神宮寺へ宮本の墓参をすませ、午後からＨＫさんの農園で、お手伝いをした。

二年前に初めて周防大島をたずねたときには、ＨＫさんがこの畑でサツマイモの苗に水をやるのに立ち会ったのだった。そのときＨＫさんは苗を指さし、

「これは葉が上へ伸びて元気そうに見えるけど、新芽が引っ込んでて、ほんとは弱い苗なんじゃ。これは葉が下へ垂れて元気がないように見えるけど、新芽が葉より上に突き出ていて、丈夫な苗になるんじゃ」。

と教えてくれた。また、そのとき、

「サツマイモは、苗の時点でいためつけないと、あとで強く育たない。ハウスで育てるにしても、水・湿度・日光をうまく調節して適度に痛めつけてやる。伸びのび育てるのが必ずしもいいわけじゃないんじゃ」。

といって、弱々しい新芽に、ホースの水を荒っぽくぶつけているのを印象的にながめた思い出がある。

このときHKさんが水をやっていた苗は、ぼくがたずねる直前に、埼玉県川越市にあるサツマイモ資料館の井上浩さんがたずねてきていっしょに植えたものだと聞いた。東京に帰って、自宅から近くの花小金井駅から西武新宿線に乗り、終点・本川越駅からかなり歩いて、サツマイモ資料館をたずねたのは、一九九四年四月六日のことだった。このとき井上さんにお話をうかがったときのことを書いておきたい。

「私は宮本常一さんとは面識はないんです。ただ、こうやってサツマイモの資料館を任されていますから、宮本さんには著作を通して学恩があります。それで周防大島のHKさんのお宅にお邪魔して、苗の植えつけをごいっしょさせていただいたというわけで」。

いまも東京郊外には、冬になるとさかんに焼芋屋がやってくる。この焼芋屋、いったいいつごろから日本に出現したかというと、江戸時代後期、場所は江戸城下ということらしい。今でいう埼玉県川越産のものが出回ったとのこと。

川越といえば、「栗よりうまい十三里」のサツマイモ産地。江戸時代にもなると川越から江戸城下にサツマイモが出荷されていて、焼芋屋の出現となる。当時からすでにサツマイモの産地として川越の名もとどろいていたらしい。「栗よりうまい」の洒落も、そのときできたという。ところが。

「川越というところは大穀倉地帯で、米がたくさんとれるんです。年貢を納めてもまだ余る。農民は米を食べていた。だからサツマイモは専ら江戸への出荷のために作るだけで、川越ではついにサツマイモの食文化は育たなかったの」。

井上さんの言うことはいちいち意外なのだ。現在では川越を歩けばサツマイモの看板を掲げない店がないほどで、店頭にはサツマイモのお菓子が幾種類も並べられている。しかしこんなものはすべて、ここ何年かの間に地域おこしの一環として作られたものにすぎず、伝統でもなんでもないというのだ。

「あなたは東久留米から来たの？　ああ、あのあたり、多摩の農民は米なんか作れやしないから、サツマイモと麦ばかり食べてたんだ。明治になって山梨県や長野県あたりで製糸業がさかんになるでしょう、女工哀史の。女工さんたちは休みもなしで仕事して、立ちっぱなしで食事をさせられたから、食べるものはサツマイモをふかしたやつね、あれだけ。多摩一帯の農村からは、山梨県や長野県にむけてずいぶんサツマイモが出荷されたわけね。だけど今ほど良いイモじゃないよ。スジの多いイモしかとれないんだから。それでも女工さんたちのお腹を満たして、それが日本の資本主義成立を下から支えたんだからね、たいしたもんだ」。

なるほど。

「じゃあこのサツマイモ、どこが原産地か知ってる?」

そう問われても沈黙するしかない。

「赤道直下の中南米。コロンブスのアメリカ到達と同時にヨーロッパに伝来した。大航海時代の波にのって東南アジアの各地に伝播して、中国と関係の深かった琉球にもたらされ、琉球を支配していた薩摩から、瀬戸内海を東漸。またたくまに西日本全域へと伝わった。当時は享保の大飢饉の真っ最中、イモをつくってた村は助かり、イモを知らない村は全滅ってなこともあったらしい。サツマイモが飢饉から人を救ったんだね。ただし、誰が誰へと伝えたか、古文書には書かれていません。すべて無名の人びとがだれにも命令されずにやったこと。学校では青木昆陽が広めたように教えてるけど、彼が目をつけたころには西日本ではすでに盛んに作られていた。熱帯の作物だから霜に弱くて、関東一帯では栽培が困難だったのを、青木昆陽が苗床の改良に成功して東日本でも栽培を可能にした、というのが実情でね」。

ぼくらがとらわれている江戸中心史観、人物中心史観がいかに根深いものかを教えられる。こんな大切なことを研究する人は今では少ないし、サツマイモ資料館も、ここが全国で唯一だという。井上さんは、宮本常一の『甘藷の歴史』がサツマイモに関する空前絶後の研究だと讃えた。この資料館のロビーでは、この本が売られている。

サツマイモは租税の対象外だったから、古文書には登場せず、聞き取りをもとに歴史を復元するほかない。サツマイモを作る農家が年々減少しているために昔のサツマイモの作り方についての伝承が途絶え、古老からの聞きとり調査としては宮本のものが最後であり、いま同じ話を聞きとりで掘り起こそうとしても不可能なのだという。

この本の冒頭で宮本は、こんなに大切な作物が軽視されてきたことに憤慨している。「私もイモとムギメシによって成長した。しかし、日常これを食べているとき別に屈辱は感じたことはなかった。（中略）／ところが、成長して物心がついてから島外のものから『イモ食い』といってしばしば物笑いせられるようになってから、なぜ笑われなければならぬかにいきどおりをおぼえた」。

この本は双書・日本民衆史の第七巻にもかかわらず、第一回の配本として刊行されたところを見ても、宮本のなみなみならぬ意気込みを感じさせる。全体からして、稲作中心にしかモノを見なかった柳田民俗学への無言の批判にもなっている。

「あなたは高知県の人？　サツマイモを干して乾かしたのを、蒸してモチ米に混ぜてついてダンゴにしたりするでしょう。川越とちがって、サツマイモの食文化が生活に根を下ろしてるんだ」。

高知ではイモモチといえばポピュラーな冬の食べ物だ。おなじものを九州五島列島を旅したとき、カンコロモチと呼んでいるのを見た。ところがこの食べ物、宮本の本の「甘藷（かんしょ）の食べ方」という項にも載っておらず、九州出身の友人に聞いても、五島列島以外ではつくられていないらしい。日本でつくられているのが五島列島と高知県だけだとしたら、いったいどうしてなのか。これはいまだに解けない謎として残っている。宮本をめぐる旅をつづけていると、こういう問題発見がたびたびあって、楽しい。

話を二度目の周防大島の旅にもどす。

そのときは、去年HKさんと水をやったときの日付よりわずか十日ほどしかたっていないのに、葉が見ちがえるほど伸び盛っていておどろいた。サツマイモの苗というのが、こんなに成長が早いとは。今日の作業はサツマイモのツルを切り、五十本ずつ束ねる作業だ。このツルは島内のサツマイモ農家で、また苗として使われる。

作業にはHKさんN子さん夫婦と、アルバイトのおばちゃん二人、そして近所の男性が加わった。皆さんに島の話をうかがおうと思っていたが、ツルを五十本数えるのに、おしゃべりをしていると数がこんがらがっていけない。けっきょく黙々とツルを束ねる作業に熱中してしまって、ろくにお話をうかがえずにお別れしなければならなかったのが残念だった。

久賀へ

周防大島への三度目の旅は、一九九六年三月二十六日〜二十七日。大畠駅までHKさんが末っ子のAくんを乗せて車で迎えにきてくださっていた。またまた宮本家に一泊お世話になる。

ちなみにこの年の三月十六日のＪＲダイヤ改正を機に、ずいぶん旅のスタイルも変わった。①青春18きっぷがこの年の春期間から、五枚つづりでなくなり一枚に五つスタンプを押す現在の形式に変わったこと。金券ショップや大学生協でのバラ売りができなくなり、旅好きの学生にとっては痛手である。②普通列車の喫煙車両がすべて廃止されたこと。嫌煙権の主張が目に見えるかたちになってあらわれはじめた最初の頃ではないかと思う。③合理化の影響で地方に無人駅や、終電の時刻まで待たずに駅員がいなくなってしまう駅が増えたこと。これは野宿の旅をしている者にとっては少し歓迎していいことかもしれない。こうした節目はいつのまにか忘れ去られてゆく。ここに明記しておきたい。

今回の旅は、東和町から橘町をはさんで西隣に位置する久賀町をたずねるのが目的だった（いずれも現周防大島町）。ここには宮本が指揮をとって完成した『山口県久賀町誌』の編纂メンバーがご健在であり、また宮本の協力で設立された久賀町立久賀歴史民俗資料館がある。のちにこの資料館では「郷土の宮本常一」という報告が出され、久賀町と宮本との関わりが詳細に紹介されている。

河本勢一さん（一九二〇年生まれ）。宮本アサ子さんの紹介で、久賀のお宅でゆっくりお話をうかがうことができた。

「昭和二十七年（一九五二年）、久賀町が町制施行五十周年を迎えるんですね。そのときに記念事業として町誌を編纂することになったんです。升井五郎左衛門というのが当時の久賀町長で、宮本先生に町誌を書いてくれんかと。それが出発点です。

役場の方では口を出すなと、約束どおり私がやるから、と。編集委員を決める前に、まあ顔合わせでもと食事したさい、先生にひかれて集まった地元の有志たちを前に言われたんです。山階芳正さん（東大地理学教室）や河岡武春さん（日本常民文化研究所）など、外部からまねいて書いていただいたところもありますが、ほとんど地元の素人の集まりでした。そんな素人の原稿を先生一人で直すのは大変だったと思います。

一九五四年、『久賀町誌』は完成しました。項目立てが他の町誌と違うし、名士の息のかかった人の顕彰はぜんぶやめました。あの時期に出された町誌としては画期的だったろうと思います」。

このときの調査を通じて、民間療法として利用されていた石風呂が注目されることになる。これは宮本の推薦で、一九五八年に国の重要有形民俗文化財に指定された。

河本さんのお宅には、宮本からとどいたハガキが大切に保管されていた。そのすべてをここで紹介することはできないが、一通だけ、『久賀町誌』編纂にあたって調査の真っ最中にとどいたものから一節を引く。

「ヨーロッパのすぐれた学者はすべて野育ちでした。スミス、マルサス、マルクス、デッケン、ベーベル…。日本でも野育ちの我々の意見こそ最も正しく新しいものである事を示しましょうや。／「一九五三年」八月九日」。

河本さんは、現在はやりの「生涯学習」という言葉が大嫌いだと言われた。老人クラブにも入っていない。自分で目標をたてて生きたい、といい、目下少しずつではあるが、郷土史の研究をすすめ、その成果を自費出版で小さな冊子にまとめられている。

河本さんのお宅を辞去したあと、久賀町立歴史民俗資料館を訪ねた。

現在館長の宮田乙治郎さんは宮本と直接の面識はなかったというが、いろいろなお話を聞かせてくださった。

宮本は東和町の実家への行き帰りに、久賀で船を待つあいだ、鶴田書店に立ち寄っては地元の元町誌編纂委員との雑談を楽しんだという。そんななかからこの資料館の設立の話が持ち上がった。

当時武蔵野美術大学の教授だった宮本は、一九七一年から教え子の学生と地元の有志を中心に、民具の収集を開始する。おびただしい数の民具は、置き場に困って農協の醤油工場に運び込まれた。

一九七六年にオープン。当時は、この醤油工場がそのまま展示に使われていたという。収蔵資料は一万六〇〇〇点。一九七八年には二七〇七点が「周防久賀の諸職用具」として国指定重要有形民俗文化財となった。たずねたこの時には、一九九三年に新たな建物で再オープンした現在の八幡生涯学習のむらの敷地内にある資料館となっていた。

見学して印象に残ったのは、ハワイ移民が使った荷物箱。予想した以上に大きい。第一章で、この島が多くの移民を生んだことを述べたが、ここの展示で具体的な移民のイメージを得ることができた。

さらに、久賀船。明治初年から対馬や壱岐へと出漁した漁師たちが使用した船で、第七章で紹介した梶田富五郎翁も幼少のとき、この船に乗って対馬の浅藻にたどりついたと思うと、また格別な思いがする。船に甲板があるのは、遭難をきっかけに浸水をまぬがれるようにと改良されたためで、遭難を人知のとどかぬものとするのではなく、人知によってはたらきかけていこうとしたことがよくわかる、と説明板にあった。民衆の主体的な生き方を民具を通して明らかにしている点に、宮本の影響を色濃く感じる。

宮本の生家がある東和町には宮本の遺産が目に見えるかたちでひとつも残されていないのに対して、となりの久賀町にはこうしたかたちでそれが残っているのを、なんだか不思議な思いでながめながら、資料館を後にしたのだった。

橋をかける

最後に、話を東和町への初めての旅と、それから二年ぶりの再訪の旅の日付にもどす。このとき、二度とも宮本家で自転車を借りて、沖家室島へわたった。現在橋が架けられているが、東和町にふくまれる島である。

一九七七年、宮本は武蔵野美術大学を退職し、晩年、故郷周防大島の東和町で二つの大きな仕事に取り組んだ。『東和町誌』の作成と、郷土大学の開講である。

沖家室島では、木村新之助さんにお会いした。二年前にたずねたときにはお元気だったお連れ合いの頼子さんを亡くされていた。木村さんのお宅の井戸はまだ健在で、その水でいれたお茶をごちそうになりながらお話をうかがった。

木村さんは晩年に宮本と知りあい、『東和町誌』の調査に協力している。宮本の教え子たちを家に泊め、家の間取りの実測や家財道具の調査をしたという。薬屋さんをしているが、船ももっていて時々漁に出る。戦時中は梶子として台湾にまで船を出していたという。

「櫓を漕いでいくんですか」と幼稚な質問をすると、

「そりゃそうさ」と木村さんは胸を張った。

沖家室から豊後水道をくだって九州に出て、島づたいに沖縄、台湾まで漕ぎ出して漁をしていたというからすごい。対馬や朝鮮半島へと出かけた一群もあった。

納屋に入れていただくと、漁師道具が山のように積んである。なかには「若連中」

と書かれた木の箱があって、開けると蛭子神社への寄進帳が出てきた。なんでも木村家は若者組のトマリヤをやっていたのだそうだ。未成年の男子が、商家や漁師の家で寝泊まりして社会勉強をするのである。こうした家が沖家室だけで十軒もあったという。島の六十代の人まではこうした宿に泊まった経験をもっている。

「町誌編纂の調査で、沖家室の北岸に長州藩の参勤交代の船をなおす修理場の石垣が残っていること、対岸の牛ケ首には幕末にシーボルトが上陸したこと、対岸の地家室からは女郎が船でやってきていたこと。いろいろ宮本先生から教わりました」。

『東和町誌』は宮本の死後、岡本定との共著というかたちで刊行された。

帰りに木村さんがとったというメバル・ハゼ・ギザミ（キュウセン）を生きたまま船のイケスから網ですくって、おみやげにともたせてくださった。太平洋に面した高知県の海ではどれも食べない魚ばかりで、瀬戸内海ではこんな魚を食べるのか、とおどろきだった。魚ひとつとっても日本の食文化は多様である。宮本家に持ち帰り、ハゼは刺身、メバルとギザミは煮付けにして、おいしくいただいた。

次にたずねたのが、泊清寺住職の新山玄雄さん（一九五〇年生まれ）。こちらも二年ぶりの再会である。

宮本は、亡くなる一年前の一九八〇年三月、故郷の東和町で郷土大学という私塾を開講した。新山さんは、この郷土大学をとおして宮本を知った。

「中央にあこがれて人がでていくのは、郷土に魅力的な文化がないからだ。それならみんなで郷土に魅力的な文化をつくろうじゃないかと。文部省の認可がなくても、学問ができるというところを見せてやろうじゃないかと。先生のそんな言葉に熱くなりました」。

郷土大学の開校記念講演記録は、宮本の七回忌にあたる一九八七年一月三十日に、東和町むらおこし実行委員会から小さな冊子として発行された。それを読むと、「規格化された知識よりも企画する知識を」、「郷土でものを見て考える場を」、「連帯感が文化を生む」、といった熱っぽい呼びかけがつづく。そして最後はこんな言葉でしめくくられる。

「東和町がこの地球の中の真ん中である、そういう意欲を持って町作りにいそしんでいただきたいという感を深くするのです」。

離島振興に足を踏み入れたころの宮本は、けっしてこういう認識はもっていなかった。それは第八章で、『しま』の創刊号に対馬の文化にふれて書かれた文章について見たとおりである。それまでの宮本の「離島」観は、あくまでも海上交通をつうじて中央と結びついていたからこそ高い文化がもたらされた、という認識であり、それが近代になって陸上交通が発達するにともなって置き去りにされたことを問題にしていた。そこから導かれる宮本の離島振興論は、中央資本の経済に押し潰されないだけの基盤を島の人たちで力をあわせてつくろうと呼びかけてはいるが、あくまでも中央資本の経済につながることを前提としており、中央と切れたところで文化を構想するという視点は弱かった。

郷土大学では、まず郷土の歴史を知るところからはじめようということで、宮本は周防大島の古代史から講義をはじめている。東和町から刊行された講義録を見ると、いかに壮大な構想で一地域の歴史を語ろうとしていたかがわかる。この講義は八回つづいたところで、未完のまま途絶えた。一九八一年一月三十日、宮本が胃ガンで他界してしまったからである（享年七十三）。

晩年、宮本は海から見た日本文化形成史というテーマで、海外からの民族や文化の流れをとらえなおす試みに没頭していた。一九七五年七月にはアフリカのケニア・タンザニアを、一九七七年十月には韓国済州島を、一九七九年九月には台湾を、一九八〇年九月には上海〜昆明までの中国西南部を、それぞれ旅している。すべて日本の農耕や漁撈の起源となる地域ばかりであり、宮本が何を意図して歩いたかは明白である。

近畿日本ツーリストが設立した日本観光文化研究所の所長として、武蔵野美術大学退職後、学生たちを前に講義したのもこのテーマだった。十一回の講義録と未完の原稿が残され、死後、『日本文化の形成』三冊として刊行されている。ここでは、日本列島に住む人々が大陸から一方的に文化を受け入れたわけではなく、北方・南方・西方からさまざまな交流をとおして文化が形成されてきた、という視点を打ち出している。

また、ある時期から離島行政批判にまわったために、久しく原稿を書くことの途絶えていた『しま』にも、「島と文化伝承」というテーマで、日本の島の古代史から説き起こす連載をはじめている。この第一回のタイトルは「島の文化を見直す」であり、それまでの宮本の「離島」観を根本的にあらためて、島の通史を描こうとした画期的な試みだった。これも、宮本の死によって、九回連載したところで途絶えた。

これらの平行して進められていた研究の集大成は、いずれも未完のまま終わってしまったのである。

しかし晩年、当初の離島振興への思いを、すっかり断ち切ってしまったわけではなかった。この沖家室島と周防大島には五〇〇メートルあまりの橋が架けられているが、この橋の建設に宮本は尽力している。実際に橋が架かったのは宮本の死後、一九八三年のことだった。

新山さんは、宮本の死の直前、病床からこんな手紙をもらっている。

「橋の袂へ記念碑などたてる計画もあるでしょうが、私は国民の税金によってできたものだから、『此の橋、全国同胞の協力によってできました。感謝します。沖家室島民』というような碑をたててほしいと思います。政治家や知事の彰徳碑はどこでもたてますが、世話をして口をきいてくれただけで一文も金を出してはいません。金を出した者に対してお礼を言った例は公共事業にはないのです。ただ目立たないようにし心ある者がそれを知ればよいと思います。すると大変心あたたまる橋になります」。

新山さんが「宮本先生の遺言」と呼んだとおり、沖家室大橋の沖家室側の橋のたもとに、この言葉が彫られた自然石が置かれていた。

「宮本先生とは晩年わずかのおつきあいでしたが、郷土大学の理念というのは、現在全国でおこっている村おこしの先駆的なものだと考えています。なんとか引き継いでいきたい。宮本先生のお宅の先の海の埋め立てがすすんでいます。そこにはスポーツ施設といっしょに、宮本常一記念館のようなものも建てたいと考えています。ご遺族のＨＫさんなんかには反対されているんですが、なんとか立派なものをと、中身の充実をめざして検討しているところです」。

久賀町とちがって、東和町の事業は、現在進行中というわけだ。

沖家室から帰って、ＨＫさんにお話をうかがった。ＨＫさんの、これらの事業への態度は、たいへん慎重なものだった。

「宮本常一記念館、つくるのは簡単でも維持するのが大変じゃろ。町費で建てる意味があるのかと思うんよ。記念館設立にしても、町長や議員の業績づくりのためで、町民には知らされてないもんね。郷土大学にしても、当時親父の講義に出てなかったよ

「大島大橋をタダにしよう」の幟旗。本州と島のあいだを流れる大畠の瀬戸に大島大橋が架橋されたのは1976年。住民の署名活動がみのって無料化されたのは20年後の1996年からだった。（1993年5月　著者撮影）

うな議員まで、いま、記念館の設立委員の幹部に名をつらねているもの。十年以上も前に死んだ人の名前をいま口にしなければならないのは、後ろ向きだと思うんじゃ。村おこしに親父の名前を利用されるんやったらごめんじゃ。山口県というのは首相をいちばん多く出して、大臣も多い。みんな他力本願で、住民一人ひとりが本気でがんばろうという気力がない。宮本常一の名にすがって、なんにもがんばらないんだったらいやじゃ。当時郷土大学の世話役にぼくも加わっていたけど、親父が死んだあと、辞めた。郷土大学を町長選挙の母体にしようとする人たちと、政治と学問は切り離そうとする人たちと二つに割れた。それで嫌になって辞めたんじゃ。そんなで宮本常一記念館が中途半端なものなら、つくらん方がええ」。

ＨＫさんがこの島で農業をはじめてから、いまのペースをつかむのに十年かかったという。つくるだけではなく、売るのも、宣伝するのも、何もかも一からのスタートだった。ひとつのことを成すのには、それだけ時間がかかる、息の長い作業が必要だ。ＨＫさんの言葉は、ご自身のそんな経験に裏打ちされているようにも思えた。

個人の意見を言わせてもらえば、宮本常一の顕彰碑だとか銅像とか、そんなものは必要ないと思う。頼むからやめてほしい。ただ、宮本の残した膨大な資料の整理・公開は、どこかの専門的な機関がスタッフをそろえて、やる必要があるのではないか。もっとも財政のことを考えると、果たして東和町にそれができるのか、新山さんとＨＫさんのお話をうかがいながら、むつかしい問題だと思った（その後、関係者の十年以上におよぶ努力の結果、東和町平野〔現周防大島町〕に宮本の資料を一堂に集めた周防大島文化交流センターがオープンしたのは二〇〇四年五月のことである）。

周防大島からバスで本州に渡る大島大橋は、一九七六年に山口県出身の元総理大臣・佐藤栄作によって架けられた。二年前、この島を初めておとずれたときには、島のあちこちに「大島大橋をタダにしよう」というのぼりを見かけたものだ。橋を渡るのに二〇〇〇円、島の住民でも往復一二〇〇円余の通行料を払わされるという。住民の署名運動がみのって、一九九六年から無料で通れるようになるということだった。

離島振興と、住民の熱意と。橋をバスが通過するとき、いろんな言葉がぐるぐると頭のなかをかけめぐり、複雑な思いだった。この旅で抱えた問題については、じっくり時間をかけて考えつづけたい。

島を去るとき、N子さんが夜食のおにぎりをもたせてくださった。そして下田のバス停まで、アサ子さん、HKさん、N子さん、HJくん、Tくん、Aくんの家族全員が見送りにきてくれたのが、とてもうれしかった。

参考文献

全体に関わるもの

- 『忘れられた日本人』(未來社、一九六〇年。のち『宮本常一著作集　第10巻　忘れられた日本人』未來社、一九七一年。岩波文庫、一九八四年)
- 「あるいて来た道」(『民俗学への道』岩崎書店、一九五五年。のち『宮本常一著作集　第1巻　民俗学への道』未來社、一九六八年)
- 『民俗学の旅』(文藝春秋、一九七八年。のち、講談社学術文庫、一九九三年)

1　ふるさとの島より

- 「私の祖父」(『民話』第三号、一九五八年十二月)
- 「世間師(一)」(『民話』第十五号、一九五九年十月)
- 「村の移転と話の運搬」(『郷土研究』第六巻第一号、一九三二年三月。のち『宮本常一著作集　第40巻　周防大島民俗誌』未來社、一九九七年)
- 「俚談防長征伐」(『嶋』第一巻第六号、一九三三年十月。のち『宮本常一著作集　第41巻　郷土の歴史』未來社、一九九七年)
- 「渡り者のことなど」(『ドルメン』第四巻第四号、一九三五年四月。のち、前掲『宮本常一著作集　第40巻　周防大島民俗誌』)
- 「年寄と孫」、「よき村人」(『家郷の訓』三国書房、一九四三年。のち『宮本常一著作集　第6巻　家郷の訓・子供は愛情と共に』未來社、一九六七年。岩波文庫、一九八四年)
- 「御一新のあとさき」(『村里をゆく』三国書房、一九四三年。のち『宮本常一著作集　第25巻　村里をゆく』未來社、一九七七年)
- 「篤農家の経営」(一九四八年ごろかかれたもの。のち『宮本常一著作集　第19巻　農業技術と経営の史的側面』未來社、一九七五年)
- 「書評　民話の会編『民話の発見』」(『文学』第24巻5号、一九五六年五月。のち「農民の発見を」と改題され、『庶民の発見』未來社、一九六一年。『宮本常一著作集　第21巻　庶民の発見』未來社、一九七六年。講談社学術文庫、一九八七年)
- 『中国風土記』(広島農村人文協会、一九五八年。のち『宮本常一著作集　第29巻　中国風土記』未來社、一九八四年)
- 「御一新のあとさき(一)～(三)」(『日本発見』創刊号～第3号、一九六三年七月～九月。のち、前掲『宮本常一著作集　第41巻　郷土の歴史』)

・「島のくらしと出稼ぎ――周防大島の場合」（『展望』第88号、一九六六年四月。のち『宮本常一著作集　第2巻　日本の中央と地方』未來社　一九六七年）
・『私の日本地図9　瀬戸内海Ⅲ　周防大島』（同友館、一九七一年）
・「海ゆかば」（『エナジー』第35号、一九七三年四月。のち、川添登との共編『日本の海洋民』未來社、一九七四年）
・「逃げ場のない差別のヒダ（上・下）」野間宏・安岡章太郎との鼎談（『朝日ジャーナル』一九七七年四月二十九日、五月五日。のち野間宏・安岡章太郎、他『差別、その根源を問う（下）』朝日新聞社、一九八二年）
・鶴見俊輔「解説」（『日本の百年10　御一新の嵐』筑摩書房、一九六四年）
・尾崎秀樹「解説」（篠原鉱造『増補　幕末百話』岩波文庫、一九九六年）

2　**世間師に会いにゆく**

・「世間師（二）」（『民話』第十六号、一九六〇年二月）
・『とろし』（ガリ版、一九三五年。のち『宮本常一著作集別集一巻』未來社、一九八二年）
・『河内国滝畑左近熊太翁旧事談』（アチックミューゼアム、一九三七年。のち、『宮本常一著作集　第37巻　河内国左近熊太翁旧事談』未來社、一九九三年）
・「左近翁に献本の記」（『アチックマンスリー』第三三号、一九三八年三月。のち、前掲『宮本常一著作集　第37巻　河内国滝畑左近熊太翁旧事談』）
・『河内滝畑の民俗』大阪府文化財調査報告書・第二四輯（大阪府教育委員会、一九七二年。のち同題の復刻版、財団法人大阪府文化財センター、一九七三年）。
・『滝畑ダム工事誌』（大阪府農林部耕地課、一九八二年）
・『河内長野市史　第九巻　別編一　自然地理・民俗』（河内長野市役所、一九八三年）
・安丸良夫『日本の近代化と民衆思想』（青木書店、一九七四年）
・『近畿民俗』宮本常一先生追悼特集、第八八号（近畿民俗学会、一九八一年）
・「座談会・私たちのクロンボ先生をしのんで」（『あるくみるきく』宮本常一追悼号、一七四号、日本観光文化研究所、一九八一年）

3　**文字をもつということ**

・「文字をもつ伝承者（一）」（『民話』第十九号、一九六〇年四月）
・『宮本常一著作集　第19巻　農業技術と経営の史的側面』（未來社、一九七五年）
・『宮本常一著作集　第23巻　中国山地民俗採訪録』（未來社、一九七六年）
・栗山一夫「農業技術の調査に就いて」（『島根民俗』第一

巻第三号、一九三九年二月）
・田中梅治『粒々辛苦・汗流一滴　島根県邑智郡田所村農作覚書』（アチックミューゼアム、一九四一年）
・『瑞穂町史　第二集　現代史』（瑞穂町教育委員会、一九六六年）
・牛尾三千夫『太田植と田植歌』（岩崎美術社、一九六八年）
・赤松啓介『非常民の民俗境界』（明石書店、一九八八年）
・渋沢敬三「旅譜と片影」（『渋沢敬三著作集　第四巻』平凡社、一九九三年
・鶴見太郎『柳田国男とその弟子たち』（人文書院、一九九八年）
・田中梅治文書（個人蔵）

4　篤農家の消えたあとで

・「文字をもつ伝承者（二）」（『民話』第二十一号、一九六〇年六月）
・「解説」（『おしらさま図録』日本常民文化研究所、一九四三年）
・「百姓を消していった戦後農政」（『政治公論』第六二号、一九七一年。のち『宮本常一著作集　第12巻　村の崩壊』未來社、一九七二年）
・『宮本常一著作集　第19巻　農業技術と経営の史的側面』（未來社、一九七五年）
・『宮本常一著作集　第32〜33巻　村の旧家と村落組織Ⅰ〜Ⅱ』（未來社、一九八六年）
・柳田国男『時代ト農政』（聚精堂、一九一〇年。のち『柳田国男全集　第2巻』筑摩書房、一九九七年）
・「農村研究所だより」（『新自治』第十〜十二号、一九四六年十月〜十二月）
・高木誠一『磐城北神谷の話』（日本常民文化研究所、一九五五年）
・網野善彦『東と西の語る日本の歴史』（そしえて、一九八二年）
・「新自治協会のころ——谷内明夫氏に聞く」、「補遺Ⅰ高松圭吉」、「補遺Ⅱ　米山九蔵宛宮本常一書簡」（『日本観光文化研究所　研究紀要5』日本観光文化研究所、一九八五年）
・岩崎敏夫『民俗調査の細道』（錦正社、一九九三年）
・渋沢敬三「旅譜と片影」（『渋沢敬三著作集　第四巻』）
・大林太良「宮本常一における文化領域——東日本・西日本論を中心に」（『特集　研究・宮本常一——キミよ、歩いて考えよ』『総研レビュー』第九号、徳山大学総合経済研究所、一九九六年）
・安藤耕己「忘れられぬ日本人——宮本常一の地域リーダーへの視点」（『「宮本常一」論——高桑ゼミ民俗論集』（筑波大学歴史・人類学系民俗学研究室、一九九八年三月）

5 それぞれの「土佐源氏」

- 「土佐源氏」（『民話』第十一号、一九五九年八月）
- 「雪の伊予土佐採訪記」一～三（『大阪民俗談話会会報』第二巻第四号・五号・六号、一九四一年四月十五日・五月十五日・六月十五日）
- 「土佐檮原の乞食」（『日本残酷物語　第一部　貧しき人々のむれ』平凡社、一九五九年）
- 「土佐で稼いだ長州大工」（扇谷正造監修『とっておきの話』ＰＨＰ研究所、一九八〇年）
- 柳田国男編『山村生活の研究』（郷土生活研究所、一九三七年。復刻版、国書刊行会、一九七五年）
- 桜田勝徳「伊予の浮穴へ」（『民間伝承』第十九巻第九号、一九五五年九月。のち『桜田勝徳著作集』第七巻　名著出版、一九八七年）
- 『檮原町史』（高知県高岡郡檮原町、一九六八年）
- 司馬遼太郎『街道をゆく　第27巻　因幡・伯耆のみち、檮原街道』（朝日新聞社、一九八六年）
- 『坂本長利「土佐源氏」の世界』（劇書房、一九七九年）
- 作者不詳「土佐乞食のいろざんげ」（青木信光編『好いおんな』第六巻　図書出版美術館、一九八二年）
- 『檮原町史2』（高知県高岡郡檮原町、一九八八年）
- 山田一郎「土佐風信帖・うみやまの書　6　宮本常一『土佐源氏』」、「22　宮本常一『忘れられた日本人』上」、「23　宮本常一『忘れられた日本人』下」（『高知新聞』一九九一年三月十六日、六月十九日、六月二十六日。いずれも総合版）
- 益三兵衛『龍王様と私』（白菊園、一九九一年。一九七三年発行『海に生きる』の一部を復刻したもの）
- 坂本正夫『東和町誌　資料編一　長州大工』（山口県大島郡東和町、一九九三年）
- 毛利甚八「宮本常一を歩く　第19回　高知県高岡郡檮原（中編）」（『ラピタ』第15号、一九九七年三月。のち、『宮本常一を歩く　下』小学館、一九九八年）
- 「土佐源氏つうしん」（坂本長利応援団、一九九六年七月二十日～年四回発行中）
- 井出幸男「『土佐源氏』の成立」（『柳田国男年報3　柳田国男・民俗の記述』岩田書院、二〇〇〇年）
- ＥＮＧＩＮＥ『君のために歌をつくった』（スタジオ歌亀、一九九六年）

6 山に生きる人びと

- 「土佐寺川夜話」（未発表、『忘れられた日本人』が初出）
- 『民間暦』（六人社、一九四二年。のち『宮本常一著作集　第9巻　民間暦』未來社、一九七〇年）
- 『山に生きる人びと』（未來社、一九六四年）
- 「土佐の寺川」（『ひまわり』一九七八年十月。のち『宮本常一著作集　第18巻　旅と観光』未來社、一九七五年）
- 「放浪者の系譜」（『伝統と現代』一九六九年三月。のち

『宮本常一著作集　第10巻　忘れられた日本人』、未來社、一九七一年）
- 「山と人間」（『民族学研究』第三二巻第四号、一九六八年。のち『山に生きる人びと』第二版、一九六八年から収録）
- 「すばらしい食べ方　4　田楽」（『料理手帖』一九七四年七月。のち『宮本常一著作集　第24巻　食生活雑考』未來社、一九七七年）
- 『山の道』（八坂書房、一九七四年。のち新装版、八坂書房、一九八七年）
- 小川正子『小島の春』（長崎書店、一九三八年。のち長崎出版、二〇〇三年）
- 『本川村史』（高知県土佐郡本川村、一九七九年）
- 長島愛生園入園者自治会編『隔絶の里程――長島愛生園入園者五十年史』（日本文教出版社、一九八二年）
- 森本香代『現代語　寺川郷談』（高知・氷室の会、一九九三年）

7　**海をひらいた人びと**
- 「梶田富五郎翁」（『民話』第七号、一九五九年四月）
- 「梶田富五郎翁との出あい」（『国語通信』第六〇号、一九六三年六月）
- 「親はなくとも」（『日本の子供たち』岩崎書店、一九五七年。のち『宮本常一著作集　第8巻　日本の子供たち・海をひらいた人びと』未來社、一九六九年）
- 「民衆の生活と放送」（『放送文化』一九六六年一月。のち『宮本常一著作集　第2巻　日本の中央と地方』未來社、一九六七年）
- 『宮本常一著作集　第28巻　対馬漁業史』（未來社、一九八三年）
- 川島武宜『日本社会の家族的構成』（学生書房、一九四八年。のち新装版、日本評論社、一九五〇年）
- 九学会連合編『九学会年報　第四集　漁民と対馬』（一九五二年）
- 九学会連合対馬共同調査会編『対馬の自然と文化』（古今書院、一九五四年）
- 西日本新聞社編『ふるさととは何か――臥蛇・対馬・由布院を行く』（未來社、一九七三年）
- 鹿野政直『戦前・「家」の思想』（創文社、一九八三年）
- 毛利甚八「宮本常一を歩く　第1回　長崎県・対馬にて（前編）」（『別冊ビーパル　ラピタ』一九九五年冬号、一九九四年十二月。のち『宮本常一を歩く　上』小学館、一九九八年）
- 和田健「昭和20年代の宮本常一――その伝承者観と漁村調査に対する問題意識の確立」（前掲『「宮本常一」論――高桑ゼミ民俗論集Ⅱ』）

8　**島の文化**
- 「対馬にて」（『民話』第五号、一九五九年二月）

- 「寄りあい制度」（『民話』第九号、一九五九年六月。「村の寄りあい」と改題され、『忘れられた日本人』へ）
- 「島の文化」（『しま』創刊号、一九五三年十二月）
- 『宮本常一著作集　第11巻　中世社会の残存』（未來社、一九七二年）
- 『私の日本地図15　壱岐・対馬紀行』（同友館、一九七六年）
- 「離島振興の先達・渋沢敬三先生」（『しま』第一〇〇号、一九七九年十二月）
- 『宮本常一著作集　第28巻　対馬漁業史』（前掲）
- 阿部謹也・網野善彦・石井進・樺山紘一『中世の風景（下）』（中公新書、一九八一年）
- 笹本正治『辻の世界』（名著出版、一九九一年）
- 『離島振興三十年史　下巻　島々のすがた』（全国離島振興協議会、一九九〇年）
- 「弘法大師の元祖ホラ貝本物だった／唐から持ち帰り全国に広まる？／熊本大・木下助教授調査」（『読売新聞』一九九五年九月二十日夕刊）
- 網野善彦『古文書返却の旅』（中央公論社、一九九九年）

9　**現代版「名倉談義」**

- 「名倉談義」（『忘れられた日本人』のための書き下ろし）
- 『国有林野地元利用状況調査の総括分析』（島田錦蔵・稲葉泰三との共著。林野庁、一九五五年。のち『宮本常一著作集　第14巻　山村と国有林』未來社、一九七三年）
- 『林業金融基礎調査報告（二五）愛知県北設楽郡設楽町名倉』（川村久二雄との共著。全国森林組合連合会・林業金融調査会、一九五六年十二月）
- 「僻地性解消のために」（『離島僻地新生活運動の根本問題』一九六一年十二月。のち『宮本常一著作集　第2巻　日本の中央と地方』未來社、一九六七年）
- 「名倉村3部落について」（田中実との共同執筆。名古屋大学精神医学教室人間関係総合研究団『日本人――文化とパーソナリティーの実証的研究』黎明書房、一九六二年）
- 沢田久夫『三州名倉――史的変遷篇』（愛知県北設楽郡名倉村、非売品、一九五一年）
- 『設楽の語りべ――沢田久夫遺稿集』（奥三河書房、一九八六年）

10　**ふたたび島へ**

- 「女の世間」（『民話』第十三号、一九五九年十月）
- 「農婦たちの聖話」（『日本読書新聞』一九五九年八月十七日）
- 「子供をさがす」（『教師生活』一九六〇年一月）
- 「私のふるさと」（未発表、一九四七年十月。のち『庶民の発見』未來社、一九六一年。『宮本常一著作集　第21巻　庶民の発見』未來社、一九七六年）

- 「萩の花」（『愛情は子供と共に』馬場書店、一九四八年。のち、前掲『宮本常一著作集　第6巻　家郷の訓・子供は愛情と共に』）
- 「子供仲間」（前掲『家郷の訓』）
- 『山口県久賀町誌』（編著　山口県大島郡久賀町、一九五四年）
- 『甘薩の歴史』（未來社、一九六二年）
- 「民衆の生活と放送」（前掲『宮本常一著作集　第2巻　日本の中央と地方』）
- 「島と文化伝承」一～九（『しま』第九四号～第一〇四号、一九七八年五月～一九八一年一月）
- 『日本文化の形成』講義1、講義2、遺稿（そしえて、一九八一年。のち、ちくま学芸文庫、一九九四年）
- 『東和町誌』（岡本定との共著。山口県大島郡東和町、一九八二年）
- 『夢と情熱——郷土大学開校記念講演』（山口県大島郡東和町むらおこし実行委員会、一九八七年）
- 『郷土の歴史とは何か——東和町郷土大学講義録』（山口県大島郡東和町、一九八九年。のち、前掲『宮本常一著作集　第41巻　郷土の歴史』）
- 宮本光・紀子「ふるさとの海辺の村で」（前掲『あるくみるきく』第一七四号）
- 渋沢敬三「旅譜と片影」（前掲『渋沢敬三著作集　第四巻』）
- 久賀町立久賀歴史民俗資料館「郷土の宮本常一」（前掲『総研レビュー』第九号）

その他

- 岩波文庫創刊六〇周年記念アンケート「私の三冊」（『図書』第四五四号、一九八七年五月）
- 岩波文庫創刊七〇周年記念アンケート「私の三冊」（『図書』第五七一号、一九九六年十二月）

おわりに

『忘れられた日本人』の舞台をたずねる旅は、ここでいったん終わる。

ふりかえってみると、この作品には、宮本が生涯の節目々々に出会った重要な出来事が網羅されていることがわかる。

生まれ故郷周防大島で影響を受けた両祖父の人生、明治維新の体験者からの聞き書き、大阪教員時代の左近熊太翁という一人の人物からの徹底した聞き書き、世間師という役割の評価、アチックミューゼアムに入ってから初めての中国山地の調査、田中梅治翁の原稿出版への協力、東日本と西日本の差異の発見、東北地方の旅と高木誠一翁という篤農家への思い、敗戦前後の農業技術指導、土佐檮原で山間を往来していた盲目の元馬喰からの女性遍歴の聞き書き、土佐寺川の山で生きる人びとへの着目、対馬浅藻での海をひらいた人びとへの着目、九学会連合共同調査から受けた刺激、中世社会の発見、島の文化の発掘と離島振興への傾斜、愛知県名倉での山村経済調査、談義というスタイルでの文章化、ふたたび故郷周防大島にもどって女・子どもという視点から見た戦後における共同体解体の予感。

この本の出版された一九六〇年以前に、宮本が興味をもってとりくんだ問題が、ほとんど出尽くしている。『忘れられた日本人』が、宮本民俗学の結晶と言われるゆえんであろう。そしてまた、のちにつづく宮本の関心の萌芽も、この作品にすでに数多くはらまれていることも確認できる。この作品は、宮本常一の生涯を見わたす展望台のような位置を占めている。

一連の旅の途中、不思議なことに宮本常一再評価の風が吹きはじめた。

象徴的なのは、宮本を知るきっかけとなった岩波書店『図書』のアンケートだ。ちょうど十年後の岩波文庫創刊七十周年に「私の三冊」が再度特集されている（『図書』第五七一号、一九九六年十二月）。比較をしてみるとおもしろいことがわかる。

一九八七年に『忘れられた日本人』を挙げていたのは、飯倉照平、石井進、司馬遼太郎、益田勝実の四人にすぎなかった。ちなみに同じ宮本の『家郷の訓』を挙げたのは網野善彦ただ一人。

ところが、十年後の一九九六年には、『忘れられた日本人』を挙げた人数は倍増し、井上章一、色川大吉、谷川健一、中務哲郎、春名徹、水尾比呂志、宮崎駿、宮田登、安丸良夫の九人となった。これは全アンケートの中でも九鬼周造『「いき」の構造』を選んだ十人に続いて第二位の数を集めたことになる。いっぽう『家郷の訓』を挙げた人はゼロ。

宮本常一を知る手がかりがまったくなかった時期を知っている者にとって、短期間でのこの評価の上がり方は異様に思える。

また、この十年余の間に、絶版で入手不可能となっていた著作が続々と文庫化されたり復刊されていった。さらに、宮本の評伝がいくつも現れた。

宮本常一を知るのが少しでもおくれていたら、これらの再評価の大合唱に食傷して、こんな旅はする気にならなかったかもしれない。彼の旅した土地を愚直に歩き、自分の目で少しなりとも宮本常一の人物像をつかもうと悪戦苦闘できたことは、幸運だったと思っている。『忘れられた日本人』の舞台以外の土地を旅した報告は、いずれあらためてまとめてみたい。〔『宮本常一を旅する』として河出書房新社より、二〇一八年に上梓。〕

ここに集めた文章は、東京の自宅で発行してきた、ひとり新聞『みるきくあるく』その他に連載したものである。このミニコミ紙は、一九九二年八月二十四日に創刊。八年後の二〇〇〇年八月二十四日、一二二号を出して休刊した。旅の報告を中心に、音楽、映画、マンガ、野球観戦など、テーマは特にこだわらずにつづけてきた。不特定多数の読者は想定せず、周囲の仲間五十人だけに配り、読者の数はあえて増やさなかった。ときおり宮本常一が晩年に所長をつとめた日本観光文化研究所から発行されていた雑誌『あるくみるきく』の模倣かと言われたりもしたが、直接は何の関係もなく、その雑誌の存在を知ったのは、『みるきくあるく』を創刊した後のことである。

本書では、すっかり手を加え原型をとどめていないが、いちおう初出年月日の順にあげておく。

- 「列島をあるく　連載一　宮本常一のふるさと周防大島の旅」(『みるきくあるく』第二八号、一九九三年七月十五日)
- 「列島をあるく　連載五　『土佐寺川夜話』の本川村寺川をゆく」(『みるきくあるく』第三四号、一九九三年十二月七日)
- 「列島をあるく　連載六　『土佐源氏』の檮原町茶ヤ谷をゆく」(『みるきくあるく』第三五号、一九九三年十二月七日)
- 「列島をあるく　連載十六　宮本常一の大阪時代」(『みるきくあるく』第五二号、一九九四年十月二十日)
- 「列島をあるく　連載十七　文字をもつ伝承者」(『みるきくあるく』第五五号、一九九五年一月一日)

・「列島をあるく　連載十八　名倉談義」（『みるきくあるく』第五六号、一九九五年一月十二日）
・「列島をあるく　連載十九　世間師に会いにゆく　河内長野市滝畑の旅」（『みるきくあるく』第五七号、一九九五年一月二十九日）
・「列島をあるく　連載二十　対馬にて」（『みるきくあるく』第五九号、一九九五年三月二十七日）
・「漁師がひらいた村の話　対馬浅藻にて」（亀岡市民文芸同人誌『松の実』第七号、一九九五年四月二十六日）
・「列島をあるく　連載二十一　磐城北神谷の話」（『みるきくあるく』第六〇号、一九九五年五月三日）
・「列島をあるく　連載二十八　サツマイモは人類を救う　埼玉県川越市サツマイモ資料館で聞く」（『みるきくあるく』第七二号、一九九六年一月八日）

本書のもとになった『宮本常一の軌跡――『忘れられた日本人』の舞台を旅する』は、私家版、限定五十部で、まだ大学院生だった二〇〇〇年にまとめておいたものである。旅先でお世話になった方たちに発送したところで、おおかたの役目は終えたつもりでいた。それに目をとめてくださったのは、河出書房新社編集部の西口徹氏である。

宮本常一をめぐる状況の変化を思うと、これをそのまま出版することはためらわれた。しかしいっぽうで、インターネットであらゆる情報が手軽に入手できるようになったこんにち、自分の足で歩き、目で見、耳で聞き、自分で立てた問題を解いてゆく楽しみを伝えることは、新たな意味があるように思われた。それまでも一人旅は好きだったけれど、宮本常一の書物と出会いその足跡をたどる旅をはじめてから、旅での歩き方や見るもの聞くものが変わった。旅先で食事や宿のお世話になることも多かった。人とのコミュニケーションの大切さを学んだ。旅はいつも発見に満ちていて、自分の狭い固定観念が打ち崩されてゆく興奮を何度も味わった。自分の知らないところに、いろいろな人たちの思いもよらない人生があったことを教えられた。

本書が新たな読者を得て、宮本の著作を手にとり、彼の魅力に触発されて、自分の足で、目で、耳で、独自の旅をはじめる仲間が一人でも増えるとしたら、こんなにうれしいことはない。こうして若干の加筆修正をおこなっただけで、五年前の私家版をほぼそのままのかたちで世に出してくださった西口氏には、あらためて感謝したい。

本文でもふれたが、田村善次郎氏（武蔵野美術大学名誉教授）にも感謝している。田村氏の作成した詳細な宮本常一著作目録が導きとなって、著作集以外の埋もれた宮本の文章を数多く目にすることができた。「つまみ食いはするな。全体をつかめ」と、おりにふれてアドバイスくださった田村氏の言葉を、これからも忘れずにいたい。

そして、旅先で出会ったすべての人に感謝。ほとんどがあてずっぽうの旅で、お約束もなしにたずねる場合が多かったにもかかわらず、じつに懇切にお話を聞かせてくださる方ばかりだった。とりわけ、宮本アサ子さんから受けたご支援ははかりしれない。はじめて周防大島を訪ねたとき、アサ子さんに出会わなかったら、その後につづく一連の旅はまちがいなく実現しなかった。このつたない本を、宮本アサ子さんに捧げる。〔宮本アサ子さんは、その後二〇一〇年に逝去された。〕

二〇〇四年春からは、思いがけず東京から周防大島に移り住むことになった。宮本常一の残した資料を一堂に集めてオープンした周防大島文化交流センターという施設の学芸員として、宮本の残した資料を、どうしたら未来へ継承できるか、静かに考える毎日を送っている。この島で新たに出会った多くの人たちに支えられながら、宮本の魅力を伝える仕事をできるだけ息長くつづけてゆきたいと思う。〔その後、退職し現在に到る。〕

二〇〇五年十月、宮本常一と出会って十五年目の秋に

木村哲也

文庫版あとがき

本書の単行本は、二〇〇六年に刊行された。今から十八年前。私の初めての単行本なので感慨深い。さいわいにして、多くの新聞雑誌の書評で取り上げられ、重版もかかり、たくさんの読者を得ることができた。

さまざまな反響があったが、そのうちのひとつ。九州の七十歳を過ぎた男性から、あなたの本を読みましたと職場に電話がかかってきたことがある。第六章「土佐寺川夜話」の聞き書きに出てくる「ゼンさんハルさん」（一九六頁）というのは私の祖父母ではないだろうかと言うのだ。

舞台となった高知県の寺川というところは、焼畑を主体とした山奥の土地である。私はそこで、伊予から「ゼンさんハルさん」という名の行商人の夫婦がやって来たという話を聞き、紹介している。

電話の方の祖父は明治初年の生まれで、愛媛県の松山で漁師をしていて、自分のところで獲れた魚を干物にしては売って歩いていたという。ただ、あなたが書いている時期というのはもう割と豊かになっていたはずで、行商にはあまり出ていなかったと思っていたけれども、わざわざ寺川のような山奥まで行商に出ていたと知って驚いたというのだった。

私の方が驚く番だった。私がその本の中で「ゼンさんハルさん」という名前を記さなかったら、当然その方はそういう電話をしてこなかったのだ。小さな記憶の断片には、人の歴史、家族の歴史、地域の歴史が含まれており、さらに地域どうしのつながり、そして歴史の移り変わりまで知る手がかりとなるのだ。それを未来に向けて記録することの意味を、読者から教えられた次第であった。

各地への訪問から三十年になり、かなりの方が鬼籍に入られたであろう。改めて貴重なお話を聞かせてくださった方々に感謝したい。

本書が出た二〇〇六年以降に、私たちの住む社会に何が起こったか。

父の実家のある高知県土佐清水市の漁村では、高齢化を理由に漁業組合が解散して、衝撃を受けた。ここに人類が住み着いてから何万年というあいだ、魚をとって暮らしを立てるという営みが、ついに途絶えたことになる。こうした事態をふまえて、この先の日本列島の民俗をどう描けるのだろうか。

『忘れられた日本人』というタイトルは、「日本人」という枠組みから「忘れられた」人びとという意味で、そういう人たちを忘れまいとして付けられた書名だ。場所や時代を変えても必ず「忘れられた」人びとは生み出されている。

二〇〇〇年代以降、非正規雇用拡大の動きは止まらず、二〇〇八年にはリーマンショックで大量の派遣切りが社会問題となった。日比谷公園の年越し派遣村が話題となり、やがてみんな忘れていった。

二〇一一年には、東日本大震災と福島第一原発事故が起こっている。その後、私も何回か被災地をあるき、本書で訪ねた福島県いわき市も大きな影響を受けたことを知った。

この本で野宿の旅について書いているが、年越し派遣村や震災・原発事故の避難所生活を見るにつけ、私たちは行政の不備によっていつ野宿同然の暮らしを迫られるかわからず、つねにその心構えだけはしておいたほうがいいと思う。

旅のあり方も変わった。本書の旅の大半を支えてくれた快速ムーンライトながらは二〇二一年に運行終了を発表。日本列島各地を結んでいた海上航路は不採算を理由に次々と廃止。路線バスも運転手の人手不足で十分な運行ができなくなっている。文中に登場する列車、バス、船便などの運行状況は当時と相当変わっているはずだが、情報は訂正せずそのままとしてある。悲観していても仕方がない。新たな旅を模索するしかない。

二〇一〇年代を通じて普及したスマートフォンなどの通信機器の発達も、私たちの住む社会を根底から変えた。ＳＮＳ時代を迎え、誰とでも瞬時につながれる反面、人間どうしのつながりは稀薄になった。

立場の弱い人に向けて匿名で悪意を剝き出しにする人たちが増え、「生きづらさ」が時代のタームになっている。人とのつながりへの希求は増している。

そんなおり、本書が文庫化されるのはうれしい。地べたと人を忘れるな。宮本常一は、そう私たちに呼びかけている。私もまた、この文庫を通じて新たな読者と出会えるのを楽しみに待っている。

二〇二四年三月二十九日　　木村哲也

＊文庫化にあたり、若干の字句を訂正したほか、〔　〕で補記をおこなった。

◉文庫解説――

若いころに、こんな旅をしていたら

赤坂憲雄

あらためて、この『『忘れられた日本人』の舞台を旅する』という、なんとも真っすぐなタイトルの本を読みなおして、わたしのなかに浮かんだ感想は、どこか場違いなものだったかもしれない。若いころに、こんな旅をしてみたかったな、と心から思ったのだ。わたしが宮本常一という民俗学者に、まともに出会ったのは三十代になってからのことだ。まず柳田国男と出会い、それから折口信夫を経て、ようやく宮本の『忘れられた日本人』に辿り着いた。だから、この本の著者のように、学生のときに『忘れられた日本人』を読んで、その足跡を追いかける旅に出ることはなかった。いや、精神的な揺らぎのなかで内向きに閉じていた若き日のわたしには、こんな過酷といっていい旅ができるはずはなかった。周遊券を携えて、ユースホステルを梯子して、信州のあちこちを徘徊するのが精一杯だった。念のために、木村哲也さんとわたしは世代的には二十年ほどの隔たりがある。

木村さんとはたぶん、何人かの学生たちと周防大島を訪ねたとき、周防大島文化交流センターでお会いしたのが初めてではなかったか。数えてみれば、二十年足らずの昔である。そこで、宮本常一の蔵書を見せていただき、宮本自身の著書や原稿を執筆した雑誌や報告書の一端に触れて、呆然としたことを思いだす。その多作ぶりが尋常ではなかった。日記を読んでいると、列車のなかで雑誌の依頼原稿を三十枚書いた、五十枚まで書き進んだとか、といった記述があって、痛みのような感慨を覚えたものだ。二百字詰めの原稿用紙であったと思うが、むろん手書きの時代であった。わたしなども新幹線の車内で、締め切りに追われて、仕方なくiPadに数枚の原稿を打ち込むことはあるが、とても疲れる。原稿書きで食べてゆくのは、いまも昔もたやすいことではない。

木村さんに再会したのは、何年前であったか、東村山市にある多磨全生園を訪ねたときのことだ。周防大島を離れたことは、人伝てに聞いて知っていた。いまは、国立ハンセン病資料館の学芸員として働かれている。木村さんの佇まいからは、とても静かに、しかし筋を通して生きていることが感じられて嬉しかった。今年になって、木村さんが編集された『内にある声と遠い声　鶴見俊輔ハンセン病論集』（青土社）という本を見かけた。やはり、思わずほくそ笑んでしまった。

この『『忘れられた日本人』の舞台を旅する』という本は、木村さんの初めての著書である。初版の刊行は二〇〇六年であるから、まだ三十代の半ばであったか。高校を出てすぐに『忘れられた日本人』を読んで、衝撃を受けて、その舞台となる場所を訪ね歩くようになった、という。まだ学生時代のことだから、本の刊行からは十年以上も遡る。一九九〇年代の半ばである。普通列車とバスとヒッチハイクと徒歩、そして、駅や神社で寝袋を広げる野宿の旅だ。支出を徹底して切り詰めた貧乏旅行が選ばれたのは、むろん、宮本常一の跡を辿るためにはそれがふさわしいと考えたからだろう。

宮本が七十三歳で亡くなったのは一九八一年一月であった。同時代に生きて、宮本の教えを受けたり、その影響下で研究者や物書きになった人々は、きわめて多かったはずだ。それゆえ、逆に、その残した仕事の巨大さもあって、没後しばらくは静かな残響はあれ、宮本常一について真っ向から語る人は少なかったのかもしれない。佐野眞一の『旅する巨人』が刊行され、大宅壮一ノンフィクション賞を受賞した一九九七年あたりから、宮本が再発見される時代が幕をあけた。年若い木村さんが宮本探しの旅に出たのは、その少し手前であり、まだ信頼すべき評伝や導きとなる本もなかったにちがいない。

だから、この本には独特の手探り感があって、それが魅力にもなっている。どこでも、宮本の足跡を追って訪ねてきたのは初めてだ、と言われたらしい。そこに何度も足を運んで、ゆかりの人を探し当て、宮本常一や『忘れられた日本人』に登場する人々の消息を聞き書きしている。録音テープは回さずに、記憶したか、メモを取ったと思われるが、かなり精緻なフィールド・ノートが作られていたことが想像される。旅の記録もまた詳しく作られたはずだ。日付けどころか、列車やバスの時刻が詳しく示されていることからも知られる。

いずれであれ、宮本常一の足跡を辿る旅が、一人の若者によってこのように実践されたのは、昭和が終わり、バブル経済がはじけて、神戸の震災とオーム真理教の事件が起こった、そんな一九九〇年代半ばであった。それはきっと、偶然であって、偶然とは片づけきれない。実は、わたし自身が東北をフィールドにして集中的に聞き書きの旅を重ねたのは、まさに同じその時期であった。高度経済成長期をくぐり抜けた日本列島は、人も風景も精神のありようも大きな変容を遂げていた。宮本が歩いた昭和という時代は、たちまち色褪せ遠ざかった。宮本は聞き書きのなかで、民衆が明治維新の変革をどのように体験したのかを知ろうとした。われわれはそれに匹敵するか、それ以上に巨大な過渡と変容の時代を体験したはずだ。それを常民生活史として記録するためには、宮本の残してくれた膨大な庶民の聞き書きほど豊饒な資料は、おそらく存在しない。

木村さんの前には、宮本による高度経済成長期以前の村とそこに暮らす人々の生活誌、その結晶のような『忘れられた日本人』があった。木村さんは文庫本を携えて、その半世紀後に生きる人々から聞き書きを重ねた。その間の変容の跡を辿ろうとした。第九章に挿入されている、「名倉談義」の現代版としての子どもや孫たちによる再演は、とても興味深いものだ。宮本の「名倉談義」が、明治から戦前までの村の生活の変化を浮かび上がらせていたのにたいして、こちらはその続編として、戦中・戦後から現在までの変化がつれづれに語られていた。そうして、遠い中世の残響に耳を傾けながら、変容してゆく民俗の根っこを凝視し、いまを生きるための知恵や技を掘り起こそうとする民俗学者として、宮本常一は再発見されることになった。たしかに、稲や常民に縛られた柳田国男への留保と、同時代の都会派インテリへの厳しい批判とを抱え込んだ宮本常一は、依然として、われわれの未来を照らす羅針儀でありえている。ただそれを、木村さんと共に確認しておきたい気がする。

そういえば、この『忘れられた日本人』の舞台を旅する』のなかには、さりげなく、「いろんな動機が重なり、一九九六年あたりからぼくは全国のハンセン病療養所をたずねて入所者の方々の聞き書きをすすめている」と見える。そして、全国の離島を歩いた宮本常一が、なぜ、瀬戸内海の長島愛生園や大島青松園を訪ねて聞き書きをしなかったのか、と問いかけながら、「その気になりさえすればいつでも話を聞く機会はあったはずなのに」という呟きの声を書き留めていた。この著書のなかでは、唯一といっていい、宮本その人への留保が語られていた箇所であった。『忘れられた日本人』の「土佐寺川夜話」の一節に見えていた、土佐山中でのハンセン病者との出会いの場面は忘れられない。関心がなかったはずはない。たしかに、ハンセン病者の隔離施設は離島に多いのではないか。全生園などかつては、武蔵野の広大な雑木林のなかに浮かぶ「もうひとつの離島」のようなものであったかもしれない。

さて、この本は河出文庫に収められることで、あらためて『忘れられた日本人』を読むための導きの書となることだろう。若い世代の読者のなかから、『忘れられた日本人』と『忘れられた日本人』の舞台を旅する』、この二冊の文庫を携えて旅をする人たちが現われるかもしれない。彼らはそこで、さらに変容を遂げた列島の村々とそこに暮らす人々に出会うはずだ。もうひとつの紀行が生まれることを想像して、少しだけ嬉しくなる。

（民俗学者）

＊本書は、二〇〇六年二月に河出書房新社より刊行された同名書を文庫にしたものです。

『忘れられた日本人』の舞台を旅する
宮本常一の軌跡

二〇二四年七月一〇日　初版印刷
二〇二四年七月二〇日　初版発行

著　者　木村哲也
発行者　小野寺優
発行所　株式会社河出書房新社
〒一六二-八五四四
東京都新宿区東五軒町二-一三
電話〇三-三四〇四-八六一一（編集）
〇三-三四〇四-一二〇一（営業）
https://www.kawade.co.jp/

ロゴ・表紙デザイン　粟津潔
本文フォーマット　佐々木暁
本文組版　株式会社ステラ
印刷・製本　中央精版印刷株式会社

Printed in Japan　ISBN978-4-309-42125-4

海に生きる人びと

宮本常一　41383-9

宮本常一の傑作『山に生きる人びと』と対をなす、日本人の祖先・海人たちの移動と定着の歴史と民俗。海の民の漁撈、航海、村作り、信仰の記録。

辺境を歩いた人々

宮本常一　41619-9

江戸後期から戦前まで、辺境を民俗調査した、民俗学の先駆者とも言える四人の先達の仕事と生涯。千島、蝦夷地から沖縄、先島諸島まで。近藤富蔵、菅江真澄、松浦武四郎、笹森儀助。

山に生きる人びと

宮本常一　41115-6

サンカやマタギや木地師など、かつて山に暮らした漂泊民の実態を探訪・調査した、宮本常一の代表作初文庫化。もう一つの「忘れられた日本人」とも。没後三十年記念。

生きていく民俗　生業の推移

宮本常一　41163-7

人間と職業との関わりは、現代に到るまでどういうふうに移り変わってきたか。人が働き、暮らし、生きていく姿を徹底したフィールド調査の中で追った、民俗学決定版。

山窩奇談

三角寛　41278-8

箕作り、箕直しなどを生業とし、セブリと呼ばれる天幕生活を営み、移動暮らしを送ったサンカ。その生態を聞き取った元新聞記者、研究者のサンカ実録。三角寛作品の初めての文庫化。一級の事件小説。

山窩は生きている

三角寛　41306-8

独自な取材と警察を通じてサンカとの圧倒的な交渉をもっていた三角寛の、実体験と伝聞から構成された読み物。在りし日の彼ら彼女らの生態が名文でまざまざと甦る。失われた日本を求めて。

サンカの民を追って

岡本綺堂 他 41356-3

近代日本文学がテーマとした幻の漂泊民サンカをテーマとする小説のアンソロジー。田山花袋「帰国」、小栗風葉「世間師」、岡本綺堂「山の秘密」など珍しい珠玉の傑作十篇。

被差別部落とは何か

喜田貞吉 41685-4

民俗学・被差別部落研究の泰斗がまとめた『民族と歴史』２巻１号の「特殊部落研究号」の、新字新仮名による完全復刻の文庫化。部落史研究に欠かせない記念碑的著作。

異形にされた人たち

塩見鮮一郎 40943-6

差別・被差別問題に関心を持つとき、避けて通れない考察をここにそろえる。サンカ、弾左衛門から、別所、俘囚、東光寺まで。近代の目はかつて差別された人々を「異形の人」として、「再発見」する。

部落史入門

塩見鮮一郎 41430-0

被差別部落の誕生から歴史を解説した的確な入門書は以外に少ない。過去の歴史的な先駆文献も検証しながら、もっとも適任の著者がわかりやすくまとめる名著。

弾左衛門と車善七

塩見鮮一郎 41984-8

2008年刊の『弾左衛門とその時代』『江戸の非人頭車善七』を合わせて１冊に。江戸以前から明治維新までの被差別民支配の構造が、1冊でより明解に。今なお最高の入門書。弾左衛門年表を新たに付す。

貧民の帝都

塩見鮮一郎 41818-6

明治維新の変革の中も、市中に溢れる貧民を前に、政府はなす術もなかった。首都東京は一大暗黒スラム街でもあった。そこに、渋沢栄一が中心になり、東京養育院が創設される。貧民たちと養育院のその後は…

吉原という異界

塩見鮮一郎　41410-2

不夜城「吉原」遊廓の成立・変遷・実態をつぶさに研究した、画期的な書。非人頭の屋敷の横、江戸の片隅に囲われたアジールの歴史と民俗。徳川幕府の裏面史。著者の代表傑作。

性・差別・民俗

赤松啓介　41527-7

夜這いなどの村落社会の性民俗、祭りなどの実際から部落差別の実際を描く。柳田民俗学が避けた非常民の民俗学の実践の金字塔。

禁忌習俗事典

柳田国男　41804-9

「忌む」とはどういう感情か。ここに死穢と差別の根原がある。日本各地からタブーに関する不気味な言葉、恐ろしい言葉、不思議な言葉、奇妙な言葉を集め、解説した読める民俗事典。全集未収録。

葬送習俗事典

柳田国男　41823-0

『禁忌習俗事典』の姉妹篇となる１冊。埋葬地から帰るときはあとを振り返ってはいけない、死家と飲食の火を共有してはいけないなど、全国各地に伝わる風習を克明に網羅。全集未収録。葬儀関係者に必携。

日本迷信集

今野圓輔　41850-6

精霊送りに胡瓜が使われる理由、火の玉の正体、死を告げるカラスの謎……“黒い習俗”といわれる日本人のタブーに対して、民俗学者の視点からメスを入れた、日本の迷信集記録。

知れば恐ろしい　日本人の風習

千葉公慈　41453-9

日本人は何を恐れ、その恐怖といかに付き合ってきたのか?!　しきたりや年中行事、わらべ唄や昔話……風習に秘められたミステリーを解き明かしながら、日本人のメンタリティーを読み解く書。

知っておきたい日本の神様

武光誠　41775-2

全国で約12万社ある神社とその神様。「天照大神や大国主命が各地でまつられるわけは？」などの素朴な疑問から、それぞれの成り立ち、系譜、ご利益、そして「神道とは何か」がよくわかる書。

隠された神々

吉野裕子　41330-3

古代、太陽の運行に基き神を東西軸においた日本の信仰。だが白鳳期、星の信仰である中国の陰陽五行の影響により、日本の神々は突如、南北軸へ移行する……吉野民俗学の最良の入門書。

神に追われて　沖縄の憑依民俗学

谷川健一　41866-7

沖縄で神に取り憑かれた人をカンカカリアという。それはどこまでも神が追いかけてきて解放されない厳しい神懸かりだ。沖縄民俗学の権威が実地に取材した異色の新潮社ノンフィクション、初めての文庫化。

四天王寺の鷹

谷川健一　41859-9

四天王寺は聖徳太子を祀って建立されたが、なぜか政敵の物部守屋も祀っている。守屋が化身した鷹を追って、秦氏、金属民、良弁と大仏、放浪芸能民と猿楽の謎を解く、谷川民俗学の到達点。

ツクヨミ　秘された神

戸矢学　41317-4

アマテラス、スサノヲと並ぶ三貴神のひとり月読尊。だが記紀の記述は極端に少ない。その理由は何か。古代史上の謎の神の秘密に、三種の神器、天武、桓武、陰陽道の観点から初めて迫る。

ニギハヤヒと『先代旧事本紀』

戸矢学　41739-4

初代天皇・神武に譲位した先代天皇・ニギハヤヒ。記紀はなぜ建国神話を完成させながら、わざわざこの存在を残したのか。再評価著しい『旧事記』に拠りながら物部氏の誕生を考察。単行本の文庫化。

三種の神器

戸矢学　41499-7

天皇とは何か、神器はなぜ天皇に祟ったのか。天皇を天皇たらしめる祭祀の基本・三種の神器の歴史と実際を掘り下げ、日本の国と民族の根源を解き明かす。

日本書紀が抹殺した　古代史謎の真相

関裕二　41771-4

日本書紀は矛盾だらけといわれている。それは、ヤマト建国の真相を隠すために歴史を改竄したからだ。書記の不可解なポイントを30挙げ、その謎を解くことでヤマト建国の歴史と天皇の正体を解き明かす。

応神天皇の正体

関裕二　41507-9

古代史の謎を解き明かすには、応神天皇の秘密を解かねばならない。日本各地で八幡神として祀られる応神が、どういう存在であったかを解き明かす、渾身の本格論考。

天皇と賤民の国

沖浦和光　41667-0

日本列島にやってきた先住民族と、彼らを制圧したヤマト王朝の形成史の二つを軸に、日本単一民族論を批判しつつ、天皇制、賤民史、部落問題を考察。増補新版。

日本の聖と賤　中世篇

野間宏／沖浦和光　41420-1

古代から中世に到る賤民の歴史を跡づけ、日本文化の地下伏流をなす被差別民の実像と文化の意味を、聖なるイメージ、天皇制との関わりの中で語りあう、両先達ならではの書。

お稲荷さんと霊能者

内藤憲吾　41840-7

最後の本物の巫女でありイタコの一人だった「オダイ」を15年にわたり観察し、交流した貴重な記録。神と話し予言をするなど、次々と驚くべき現象が起こる、稲荷信仰の驚愕の報告。

陰陽師とはなにか

沖浦和光　41512-3

陰陽師は平安貴族の安倍晴明のような存在ばかりではなかった。各地に、差別され、占いや呪術、放浪芸に従事した賤民がいた。彼らの実態を明らかにする。

日本怪談実話〈全〉

田中貢太郎　41969-5

怪談実話の先駆者にして第一人者の田中貢太郎の代表作の文庫化。実名も登場。「御紋章の異光」「佐倉連隊の怪異」「三原山紀行」「飯坂温泉の怪異」「松井須磨子の写真」など全234話。解説・川奈まり子

実話怪談　でる場所

川奈まり子　41697-7

著者初めての実話怪談集の文庫化。実際に遭遇した場所も記述。個人の体験や、仕事仲間との体験など。分身もの、事故物件ものも充実。書くべくして書かれた全編恐怖の28話。

日本怪談集　奇妙な場所

種村季弘〔編〕　41674-8

妻子の体が半分になって死んでしまう家、尻子玉を奪いあう河童……、日本文学史に残る怪談の中から新旧の傑作だけを選りすぐった怪談アンソロジーが、新装版として復刊！

日本怪談集　取り憑く霊

種村季弘〔編〕　41675-5

江戸川乱歩、芥川龍之介、三島由紀夫、藤沢周平、小松左京など、錚々たる作家たちの傑作短篇を収録。科学では説明のつかない、掛け値なしに怖い究極の怪談アンソロジーが、新装版として復刊！

戦前のこわい話〈増補版〉

志村有弘〔編〕　41971-8

明治から戦前までにあった、怪談実話、不可解な物語、猟奇事件を生々しく伝える、怪奇と恐怖の実話アンソロジー。都会や村の民間伝承に取材した怖ろしい話。2009年版に、山之口貘「無銭宿」を増補。

口語訳 遠野物語

柳田国男　佐藤誠輔〔訳〕　小田富英〔注釈〕 41305-1

発刊100年を経過し、いまなお語り継がれ読み続けられている不朽の名作『遠野物語』。柳田国男が言い伝えを採集し簡潔な文語でまとめた原文を、わかりやすく味わい深い現代口語文に。

南方マンダラ

南方熊楠　中沢新一〔編〕 42061-5

日本人の可能性の極限を拓いた巨人・南方熊楠。中沢新一による詳細な解題を手がかりに、その奥深い森へと分け入る《南方熊楠コレクション》第一弾は、熊楠の中心思想＝南方マンダラを解き明かす。

南方民俗学

南方熊楠　中沢新一〔編〕 42062-2

近代人類学に対抗し、独力で切り拓いた野生の思考の奇蹟。ライバル柳田國男への書簡と「燕石考」などの論文を中心に、現代の構造人類学にも通ずる、地球的規模で輝きを増しはじめた具体の学をまとめる。

浄のセクソロジー

南方熊楠　中沢新一〔編〕 42063-9

両性具有、同性愛、わい雑、エロティシズム――生命の根幹にかかわり、生成しつつある生命の状態に直結する「性」の不思議をあつかう熊楠セクソロジーの全貌を、岩田準一あて書簡を中心にまとめる。

動と不動のコスモロジー

南方熊楠　中沢新一〔編〕 42064-6

アメリカ、ロンドン、那智と常に移動してやまない熊楠の人生の軌跡を、若き日の在米書簡やロンドン日記、さらには履歴書などによって浮き彫りにする。熊楠の生き様そのものがまさに彼自身の宇宙論なのだ。

森の思想

南方熊楠　中沢新一〔編〕 42065-3

熊楠の生と思想を育んだ「森」の全貌を、神社合祀反対意見や南方二書、さらには植物学関連書簡や各種の論文、ヴィジュアル資料などで再構成する。本書に表明された思想こそまさに来たるべき自然哲学の核である。